本书为2023年度广西高校中青年教师科研基础能力提升项目：广西壮族自治区文化遗产保护与利用的PPP模式研究（编号2023KY0924）部分研究成果

U0812466

非遗·传承：
非物质文化遗产保护研究

游珈　著

天津出版传媒集团
天津古籍出版社

图书在版编目（C I P）数据

非遗·传承 ： 非物质文化遗产保护研究 / 游珈著
. -- 天津 ： 天津古籍出版社, 2025.1
ISBN 978-7-5528-1462-0

Ⅰ. ①非… Ⅱ. ①游… Ⅲ. ①非物质文化遗产－保护
－研究－中国 Ⅳ. ①G122

中国国家版本馆CIP数据核字(2024)第086601号

非遗·传承：非物质文化遗产保护研究
FEIYI CHUANCHENG : FEIWUZHI WENHUA YICHAN BAOHU YANJIU

游 珈 / 著

出　　版　天津古籍出版社
出 版 人　张　玮
地　　址　天津市和平区西康路35号康岳大厦
邮政编码　300051
邮购电话　（022）23517902

责任编辑　吴曈曈
美术设计　韩静茹

印　　刷　河北万卷印刷有限公司
经　　销　全国新华书店
开　　本　710毫米×1000毫米　1/16
印　　张　18.25
字　　数　245千字
版次印次　2025年1月第1版　2025年1月第1次印刷
定　　价　98.00元

版权所有 侵权必究
图书如出现印装质量问题，请致电联系调换（022—23517902）

前　言

在全球化的浪潮下，非物质文化遗产的保护和传承成为各国文化保护的重要议题。非物质文化遗产是一个民族文化的精髓和根基，它包括了传统的知识、技能、表达、表演艺术、社会实践和自然宇宙观等多方面的内容。中国作为一个拥有五千年文明历史的国家，非物质文化遗产的保护和传承尤为重要。本专著《非遗·传承：非物质文化遗产保护研究》旨在深入探讨非物质文化遗产的保护和传承问题，为相关领域的研究者和实践者提供理论参考和实践指南。

第一章“走进非物质文化遗产”主要介绍了对非物质文化遗产的基本认识、特征及功能、分类与价值。通过对非物质文化遗产的基本认识，读者可以更好地理解非物质文化遗产的内涵和外延。同时，对非物质文化遗产的特征及功能、分类与价值的分析，可以为后续章节的论述提供基础。

第二章“非物质文化遗产的保护”着重讨论了非物质文化遗产保护的发展历程及价值、基本理念和原则、保护主体与保护方式。本章旨在通过对非物质文化遗产保护的全面分析，为非物质文化遗产的有效保护提供理论支持。

第三章“非物质文化遗产的传承”主要探讨了非物质文化遗产的传承人、传承载体和传承途径。对非物质文化遗产传承的深入研究，旨在找出非物质文化遗产传承的有效途径，为非物质文化遗产的长远发展提供保障。

第四章“非物质文化遗产保护名录体系的构建”主要讨论了非物质文化遗产代表性项目名录体系、项目代表性传承人名录和文化生态保护区名录与非物质文化遗产生产性保护示范基地名录的构建问题，为非物质文化遗产的系统保护提供了重要参考。

第五章“地方政府主导下的非物质文化遗产保护”主要进行了地方政府在非物质文化遗产保护中的角色和实证分析，以及分析地方政府主导下的非物质文化遗产保护强化策略，为地方政府在非物质文化遗产保护中的作用提供理论和实践指导。

第六章“文化与科技融合的非物质文化遗产保护机制”探讨了基于文化与科技融合的非遗保护机制概述、模型构建和实现路径，为非物质文化遗产保护的创新提供了新的思路和方案。

第七章“文旅融合的非物质文化遗产保护性开发——以广西武鸣‘三月三’歌圩为例”通过具体案例分析了文旅融合与非物质文化遗产保护性开发的可能路径和实践，为非物质文化遗产的保护性开发提供了有益的参考。

本专著试图通过系统的研究和实证分析，为非物质文化遗产的保护和传承提供全面而深刻的理解，希望能为我国非物质文化遗产的保护和传承工作提供有益的理论支持和实践参考。由于作者水平有限，书中可能存有疏漏之处，望广大读者批评指正。

目　录

第一章
走进非物质文化遗产

第一节　对非物质文化遗产的认识

一、文化、遗产与文化遗产

文化、遗产与文化遗产是三个相互关联但又各具特色的概念，它们在人类社会的发展和历史中扮演着重要的角色。

（一）文化

从宏观的角度来看，文化代表着人类在物质和非物质生产中所获得的全部生产能力，这种能力是人类与自然界其他生物的基本区别。人类能够通过文化，传承知识、经验和技能，不断地改善和优化生活环境，推动社会进步。

文化在广义上，包括了人类社会中所有物质和非物质生产的成果。物质生产的成果往往可以直观地呈现在人们的眼前，如各种建筑物、工具、衣食等；而非物质生产的成果则主要体现在人们的思想、知识、艺术、道德、法律、宗教、风俗等方面。这些非物质生产的成果，构成了人类社会的精神世界，为人类的生活提供了精神支撑和道德指引。从狭义的角度，文化主要关注于精神生产能力及其所产生的精神产品。其中包括了所有的社会意识形式，如思想观念、价值观、信仰、道德规范、法律体系、艺术创作等。精神生产能力是人类社会不断进步的重要驱动力，它影响着人们的思想行为和社会关系，也塑造着社会的基本格局和发展方向。

文化是个开放、动态和多元的系统，它既受到传统的影响，也受到新思想、新知识的推动。不同的文化之间存在交流和融合，使得文化得以丰富和发展。同时，文化也具有一定的地域性和特定性，不同地区和不同民族的文化有着各自独特的特点和价值。

（二）遗产

遗产是一个多层次、多维度的概念，它涵盖了人类社会历史进程中积累的物质和非物质的财富。在广义上，遗产是过去时代传递给现代的所有形式的财富，它是历史的见证，也是文明的载体。遗产的存在，让现代人能够窥见历史的面貌，感受先人的智慧，同时也为未来提供了宝贵的资源和启示。在狭义上，遗产通常分为物质遗产和非物质遗产两大类。物质遗产包括了历史建筑、文物、古迹等具有形态的、可触摸的遗产。这些遗产往往具有很高的历史、艺术和科学价值，是人类文明进程中的重要标志。非物质遗产则包括了传统文化、民俗、语言、音乐、舞蹈等不可触摸但却能感知的文化表现形式。非物质遗产是民族文化的重要组成部分，它传承了民族的历史记忆，展现了民族的创造力和多样性。

遗产的保护和传承是每个国家和民族不可推卸的责任。通过对遗产的保护，可以使历史得以延续，文化得以传承。同时，遗产的保护和利用也能为社会经济的发展提供支持。例如，许多具有历史价值的遗产地区成为旅游胜地，吸引了大量的游客，推动了当地的经济发展。同时，非物质遗产的保护和传承也能促进文化产业的发展，丰富人们的精神文化生活。

（三）文化遗产

在国际法律的早期文件中，文化遗产被赋予了“文化财产”的名号。这一命名不仅仅是对文化遗产的简单标识，更是对其价值和重要性的一种明确表述。在历史的长河中，文化财产的概念得到了不断的发展和深化。回顾历史，1954 年的《关于发生武装冲突时保护文化财产的公约》和 1970 年的《关于禁止和防止非法进出口文化财产和非法转让其所有权公约》中，都明确使用了“文化财产”这一称呼。这两个公约的出台，标志着国际社会对文化财产保护的重视和认知的提升。在这一时期，文化财产的概念主要集中在有形的物质客体上，这些客体被认为具有可继承性和交换价值，它们是文化传承和历史记忆的重要载体。

文化遗产这一概念并非自古有之，而是在 1972 年联合国教科文组织第 17 届会议上，通过《保护世界文化和自然遗产公约》得以明确和规范。该公约为文化遗产的保护和传承提供了明确的框架定义，同时也推动了全球范围内的国际合作，旨在共同守护这些无价的遗产。在该公约中，文化遗产被赋予了特定的定义，这一定义不仅仅是表面的，而是涵盖了多个层面，展现了文化遗产的多维性。它包括了具有历史、艺术或科学价值的文物、建筑群、遗址，这些都是物质的文化遗产，是文化和历史的有形体现。同时，这个定义还包括了与特定文化或人类历史发展有关的非物质元素，这些非物质文化遗产，如传统手艺、民间艺术、仪式和社会实践等，是文化和历史的无形体现，它们共同构成了文化遗产的完整图景。这个定义的确立，不仅仅是对文化遗产的认识和理解达到了新的高度，更是对全球文化和自然遗产保护意识的提升。通过这个公约，各国开始更加重视文化和自然遗产的保护工作，也开始了更为深入的国际合作。这种合作不仅仅是在物质文化遗产的保护和修复上，更是在非物质文化遗产的传承和保护上，共同努力，让这些珍贵的文化和自然遗产得以传承，让后人能够了解和认识到人类文明的发展和多样性。

文化遗产的保护和传承，不仅仅是对过去的尊重，更是对未来的负责。每一个文化和自然遗产都是人类文明的独特见证，它们讲述了不同文化、不同历史的故事，是人类共同的精神财富。通过这个公约，全球的文化和自然遗产得到了更为有力的保护，也为世界文化的多样性和人类文明的丰富多彩添上了浓墨重彩的一笔。

二、物质文化遗产与非物质文化遗产

非物质文化遗产是近年来在文化领域中受到广泛关注的一个概念。它与物质文化遗产不同，不是具体的、有形的文物或建筑，而是人们在长期的社会实践中创造出来的、代代相传的文化传统和表现形式。

（一）物质文化遗产

物质文化遗产，又称为"有形文化遗产"，是指那些具有历史、艺术或科学价值的实物和场所。这类遗产以其实物形态存在，为人们提供了直观的、具体的历史见证。它们是过去时代的产物，通过它们，现代人能够窥见历史的面貌，理解不同文化和时期的特色。物质文化遗产包括了多种多样的实物和场所。例如，古建筑和古城、考古遗址、纪念碑、博物馆收藏的文物、古籍等。这些遗产是人类文明的重要组成部分，它们见证了人类社会的发展变迁和文化的积累。每一件物质文化遗产都是一个历史的记忆，它们讲述着过去的故事，展现着不同文化的独特魅力。

物质文化遗产的分类和评定标准是根据《保护世界文化遗产和自然遗产公约》来确定的。这一公约为国际社会提供了一个共同的框架，以确保世界各地的文化遗产得到有效的保护和管理。根据公约的规定，物质文化遗产的分类主要包括七类。这七类物质文化遗产涵盖了人类文明的各个方面，从古代建筑、雕塑、绘画到近代的技术成果和社会制度，都可以在这些分类中找到其位置。每一类物质文化遗产都有其独特的价值和意义，它们共同构成了人类文明的丰富多彩的画卷。

对于每一类物质文化遗产，都需要有一套明确的评定标准，以确保其真实性、完整性和代表性。这些评定标准不仅是对物质文化遗产本身的评价，更是对其在人类文明史中的地位和价值的确认。通过这些评定标准，可以确保物质文化遗产得到合理的保护和管理，避免因为人为因素或自然灾害而遭受损失。评定物质文化遗产的标准主要从历史价值、艺术价值和科学价值三个方面来进行。

（1）历史价值。物质文化遗产往往具有悠久的历史，它们是历史的见证者，通过它们可以追溯到某个时期甚至某个重要历史事件或人物。它们的存在让后人有机会更好地理解过去，感受到历史的厚重和连绵。例如，古建筑、古战场、古墓葬等，都具有不可替代的历史价值，它们让人们能够直观地感受到历史的痕迹和时间的流逝。

（2）艺术价值。很多物质文化遗产都具有很高的艺术价值和美感，它们是人类艺术创造力的结晶。通过对物质文化遗产的保护和传承，可以让更多的人欣赏到人类艺术的美好和多样性。例如，古代的雕塑、绘画、建筑等，都是艺术价值的体现，它们的艺术形式和表现力让人感受到不同文化和时期的艺术风格。

（3）科学价值。物质文化遗产中的很多项目都体现了古人的智慧和科学技术的成就。例如，古代的建筑工艺、冶金技术、水利工程等，都展现了古人在科学技术方面的卓越成就。通过研究这些物质文化遗产，可以为现代科学技术的发展提供宝贵的经验和启示。

物质文化遗产的评定是一个系统而严谨的过程，需要从多个方面来综合考虑，以确保其真正的价值得到充分的体现和传承。

（二）非物质文化遗产

在 2003 年 10 月 17 日，联合国教科文组织的第 32 届大会通过了一项重要的公约——《保护非物质文化遗产公约》。这一公约不仅为非物质文化遗产确立了规范的概念，而且对其进行了详细的界定，为未来的研究和保护工作奠定了坚实的基础。根据这一公约的定义，非物质文化遗产的范畴非常广泛，包括了许多不同的领域。非物质文化遗产是一个国家或地区文化传统的重要组成部分，它反映了人们的历史、信仰和生活方式。与物质文化遗产不同，非物质文化遗产更加强调文化的传承和活动的实践。它包括了口头传统、表演艺术、社会实践、仪式、节庆活动，以及与自然和宇宙相关的知识和技能。这些非物质文化遗产是人类文化多样性的重要体现，也是人类共同的精神财富。《保护非物质文化遗产公约》的通过，标志着国际社会对非物质文化遗产保护重要性的认识达到了新的高度。公约的实施为非物质文化遗产的保护、传承和推广提供了法律和制度保障。各国通过实施这一公约，加强了对非物质文化遗产的保护力度，也促进了非物质文化遗产的国际交流和合作。

然而，每个国家的文化背景和实际情况都有所不同，中国也不例外。虽然《保护非物质文化遗产公约》为非物质文化遗产的保护提供了基本的指导，但与中国的实际情况存在一些不匹配的地方。中国有着丰富多彩的非物质文化遗产，这些遗产是中华民族长期历史发展的产物，也是民族文化的重要标志。为了更好地保护和传承这些非物质文化遗产，需要有针对性的措施和方法。在这种背景下，国务院针对我国的实际情况，制定了《国家级非物质文化遗产代表作申报评定暂行办法》。这一办法为非物质文化遗产的保护和传承提供了具体的操作指南和评定标准。通过这种方式，可以确保非物质文化遗产得到有效的保护，同时也为传承提供了有力的支持。《国家级非物质文化遗产代表作申报评定暂行办法》的制定，显示了我国对非物质文化遗产保护的重视和决心。通过制定具有中国特色的非物质文化遗产保护办法，可以为非物质文化遗产的长期发展提供有力的保障。同时，也为世界各国在非物质文化遗产保护方面提供了宝贵的经验和参考。在该办法中，非物质文化遗产的定义被重新界定为："各族人民世代相承的、与群众生活密切相关的各种传统文化表现形式（如民俗活动、表演艺术、传统知识和技能，以及与之相关的器具、实物、手工制品等）和文化空间。”[①] 这个定义更加具体地描述了中国的非物质文化遗产，并强调了其在历史、艺术、文化等方面的独特价值。通过重新界定非物质文化遗产的概念，我国能够更好地发掘、保护和传承这些珍贵的文化遗产。

（三）非物质文化遗产与物质文化遗产的区别

1. 形态上的不同

非物质文化遗产主要是指那些无形的、传统的文化表现形式，它们往往通过口耳相传、模仿和实践的方式得以传承。这类文化遗产包括了语言、口述传统、表演艺术、社会实践、仪式、节庆活动、手工艺技能等。非物质文化遗产是活的文化遗产，它们随着时间的推移和社会的变迁而不断演变，具有很强的生命力和创造性。而物质文化遗产则主要是指那些具有物质形态的文化遗产，它们是人类历史和文化的实物见证。物质文化遗产包括了历史建筑、古迹、文物、考古遗址等。这类文化遗产往往通过实物的保存和展示，使得后人能够直观地感受到历史的厚重和文化的传承。物质文化遗产是固定的、不易变化的，它们往往需要通过专业的保护和修复来确保其完整性和持久性。

2. 传承方式上的不同

非物质文化遗产的传承主要依赖于口耳相传和示范传授，它的存在和发展离不开人的参与和实践。例如，民间艺术、传统手艺、民俗仪式等，都需要通过师徒相传、家庭传承或社区的共同参与来实现其传承和

① 国务院办公厅．国家级非物质文化遗产代表作申报评定暂行办法[EB/OL].（2005-03-26）[2023-08-31].https：//www.gov.cn/gongbao/content/2005/content_63227.htm.

发展。这种传承方式使得非物质文化遗产具有生命力和创造性，它能随着时间的推移和社会的变化而不断地演变和创新。相对而言，物质文化遗产的传承更多依赖于实物的保存和展示。物质文化遗产包括了历史建筑、文物、考古遗址等，它们是通过实物的形态来传递历史和文化信息的。这些实物往往需要通过专业的保护和修复来保持其原有的状态，以便让后人能够直观地感受到历史的痕迹和文化的底蕴。物质文化遗产的传承方式相对固定，它的价值和意义主要体现在其历史性和稀缺性上，而非物质文化遗产则更注重传统技艺和文化精神的传递。

非物质文化遗产的传承方式更强调人的主体性和参与性。每一代人都是非物质文化遗产传承的主体，他们通过实践和创新，使得非物质文化遗产得以延续和发展。这种传承方式使得非物质文化遗产能够紧密地与社区的生活联系在一起，成为社区文化认同和凝聚力的重要源泉。而物质文化遗产的传承则更多依赖于外在的保护和管理，它的传承和展示往往需要专业的技术和资金支持。

3. 价值体现上的不同

非物质文化遗产主要是通过某些传统的表现形式，如舞蹈、音乐、戏剧、手工艺等来传递特定文化的精神和价值。它们是活的文化表现，能够随着时间的推移而不断演变，反映了一个社区或民族的历史、传统和身份。非物质文化遗产的价值不仅仅体现在其独特的艺术形式和技艺上，更体现在其对社区凝聚力和文化多样性的贡献上。物质文化遗产则是通过具体的、有形的文物和遗址来体现文化价值。它们是历史的见证，是过去时代的实物印记。物质文化遗产的价值体现在其独特的历史、艺术和科学价值上。它们是不可再生的文化资源，一旦遗失或破坏，便无法复原。通过保护和展示物质文化遗产，人们能够直观地了解和感受到一个文化的历史和艺术成就，同时也为未来的研究和教育提供了宝贵的资源。

在价值体现的方式上，非物质文化遗产更侧重于传递文化的精神和情感，它们是活的、动态的文化表现，能够随着社区的变化而变化，反映了文化的生命力和创造力。而物质文化遗产则更侧重于展示文化的历史和艺术成就，它们是静态的、固定的文化表现，能够为人们提供直观的历史和艺术体验。

4.保护措施上的不同

物质文化遗产的保护主要侧重于对具体文物和历史遗迹的保护，通过对其进行修复、维护和保养，确保其原貌得以保存，让后人能够直观地感受到历史的痕迹和文化的积淀。例如，古建筑的修复、文物的清洗保养、历史遗址的维护等，都是物质文化遗产保护的重要措施。而非物质文化遗产的保护则更为复杂，它侧重于对传统文化、技艺、仪式、表演等非物质文化形式的传承和保护。非物质文化遗产的保护不仅仅是对某一具体形式的保护，更是对一个民族文化精神和传统智慧的保护。例如，通过对传统手艺人的培训、非物质文化遗产项目的推广、传统文化教育的普及等方式，使得非物质文化遗产得以传承和发扬。

在保护措施的实施方面，物质文化遗产的保护往往需要大量的资金投入，包括但不限于修复费用、维护费用、展示费用等，而且需要具备一定的物质基础和技术支持。同时，物质文化遗产的保护也面临着自然环境和人为因素的双重威胁，如何在保护和开发之间找到一个平衡点，是物质文化遗产保护面临的重要问题。相比之下，非物质文化遗产的保护则更为依赖于人的传承和社区的参与。通过组织各类非物质文化遗产活动、培训传统技艺传承人、推广非物质文化遗产知识等方式，使得非物质文化遗产得以在社区和社会中得到传播和传承。非物质文化遗产的保护更多地依赖于人们对传统文化的认知和尊重，需要社会各界的共同参与和支持。

第二节　非物质文化遗产的特征及功能

一、非物质文化遗产的特征

非物质文化遗产的特征是其在文化领域中的独特标识，它与物质文化遗产有所不同，更多地体现在人类的思想、行为和传统中。

（一）传承恒定性

非物质文化遗产，作为人类文化的重要组成部分，具有鲜明的恒定性特征。这种恒定性并不意味着它是静态的或不变的，而是指其在长时间的历史进程中，能够持续地、稳定地传承下去，成为各个时代人们共同的文化记忆。

1. 口传心授的传承方式

口传心授的传承方式与现代的文字记录、数字化存储等方式截然不同，它更加注重人与人之间的直接交流和互动。非物质文化遗产通常是通过口口相传、师徒传承等方式进行的。这种传承方式不仅仅是简单的言语交流，更是一种深入骨髓的文化熏陶。在这个过程中，传承人会将其掌握的技艺、知识、经验等通过口头方式传授给后人。这种传承方式不依赖于文字、图像或其他外部媒介，而是直接让信息从一个人传递到另一个人，确保了文化的原汁原味和真实性。口传心授的传承方式强调师徒之间的心灵契合和身体接触。这种契合不仅仅是技艺上的传承，更是一种精神上的交流和沟通。师傅会通过各种方式，如示范、指导、纠正等，帮助徒弟掌握技艺，同时也会将自己的人生经验、价值观、思想观念等传递给徒弟。这种传承方式更加注重感受、体验和亲身实践，使得徒弟能够真正理解和掌握非物质文化遗产的精髓。此外，口传心授的传承方式还具备最初的文化特质。这意味着这种传承方式能够保持文化的连续性和稳定性，确保非物质文化遗产在传承过程中不会被曲解或失真。

2. 社会性的传承环境

非物质文化遗产的传承，深受其社会性的传承环境所影响。传统的家庭、社群、宗教团体和行业组织等，都为这种传承创造了一个丰富而有活力的背景。这些社会环境不只是简单的传承场所或机会，它们更是一个完整的生态系统，涵盖了传承人、学习者以及传承知识和技能的资源。正是这样的环境，为非物质文化遗产的传承提供了必要的条件和支持，使其具有恒定性。

3. 沉淀在生活中的文化记忆

非物质文化遗产的传承与那些沉淀在生活中的文化记忆紧密相连。这些文化记忆，如口头传统、社会习俗、宗教信仰、传统医药、传统手工艺等，都是一个民族深层次的文化内容，它们具有稳定的特征，为非物质文化遗产的传承提供了坚实的基础。

4. 可持续的传承机制

非物质文化遗产的传承恒定性是其核心特征之一，而这种恒定性正是基于一个可持续的传承机制。这种机制的建立和运行，依赖于政府、社会组织、学术机构等多方面的共同参与和努力。例如，为了确保这些宝贵的文化遗产得以传承并得到恰当的保护，政府采取了一系列的措施，并制定相关的政策法规，确保非物质文化遗产的传承活动在一个明确、合法的框架内进行。同时，政府还通过扶持传承人、资助传承活动等方式，为非物质文化遗产的传承提供了实质性的支持。这种支持不仅确保了传承活动的顺利进行，还为传承人提供了一个稳定的环境，使他们能够更好地传承和发扬这些文化遗产。而社会组织和学术机构通过深入的研究，为非物质文化遗产的传承提供了科学的理论指导。同时，它们还通过培训、普及等方式，提高了公众对非物质文化遗产的认识和了解，从而为其传承创造了一个良好的社会环境。此外，社会组织和学术机构还通过各种保护活动，确保非物质文化遗产得到了有效的保护，避免了其在传承过程中的损失和破坏。

（二）活态流变性

非物质文化遗产主要以活动、技能和知识的形式存在，这使其更容易受到外部因素的影响。与物质文化遗产相比，非物质文化遗产更加灵活和多变，它不是一个固定不变的实体，而是一个不断发展和变化的过程。这种流变性是非物质文化遗产的本质特征，也是其得以传承和发展的关键。

1. 适应社会变迁

非物质文化遗产的特征之一是其活态流变性，这意味着它具有随着时代和社会环境的变化而适应和发展的能力。随着社会的进步和变迁，非物质文化遗产面临着如何与现代生活方式结合的问题，这是为了确保它能够继续在人们的日常生活中发挥作用。例如，传统节日与现代生活方式的结合可以创造出富有民族特色的现代节庆活动。这种结合不仅能够让传统节日在现代社会中得到新的生命，还能够为人们提供一个了解和体验传统文化的机会。此外，非物质文化遗产也可以与旅游业相结合，利用旅游业的资源优势来推广非物质文化遗产。例如，开发以非物质文化遗产为主题的旅游产品，可以让游客在游玩过程中深入了解和体验传统文化，从而增强他们对非物质文化遗产的认识和欣赏。

在社会变迁的过程中，非物质文化遗产的传承模式也面临着挑战。

传统上，非物质文化遗产的传承往往依赖于社区和家族的支持。在现代社会中，为了确保非物质文化遗产能够得到有效的传承，需要维护和发展这种传承模式，这意味着需要在社区和家族中创造一个有利于非物质文化遗产传承的环境。例如，通过组织各种活动和培训来提高人们对非物质文化遗产的认识和兴趣。非物质文化遗产的活态流变性体现了它与时俱进的特点。为了确保非物质文化遗产能够在现代社会中继续发挥作用，需要不断地创新和发展。这种创新和发展不仅仅是为了适应社会的变迁，更是为了确保非物质文化遗产能够在未来得到更好的传承和发展。

2. 创新与发展

非物质文化遗产在传承过程中，往往不是简单地复制或模仿过去的形式，而是在保持其核心精神的基础上进行适应性的创新和发展。这种活态流变性是非物质文化遗产的一个显著特征，它确保了文化遗产在时代的洪流中不被淹没，而是与时俱进，焕发出新的生命力。传承者在传递非物质文化遗产时，会根据自身的理解、技能和创造力，对传统技艺、表演形式等进行适当的创新。这种创新并不是对传统的背离，而是一种对传统的深入理解和再创造。它旨在使文化遗产更加贴近现代人的审美和生活，从而增强其在当代社会中的吸引力和影响力。以传统戏剧、舞蹈和音乐为例，这些艺术形式在历史的长河中已经积累了丰富的经验和技巧，但在现代社会，人们的审美观念、生活方式和技术手段都发生了巨大的变化。因此，传统的艺术形式如果想要在现代社会中得到更广泛的认同和欣赏，就必须进行适应性的创新。例如在音乐的编曲、舞蹈的编排、戏剧的表演方式等方面，这种创新可能是融入现代元素，形成新的艺术风格。

非物质文化遗产的创新与发展具体体现在艺术形式的创新、技艺的改进与发展、传统节日与现代生活方式的结合、文化传播方式的创新、跨界融合与创新等方面。

（1）艺术形式的创新。社会的变迁和技术的进步为艺术形式的创新提供了广阔的舞台。随着时代的发展，人们的审美观念也在不断地变化，这就要求艺术形式也要与时俱进，满足现代人的审美需求。但这种创新并不意味着完全摒弃传统，相反，它是在传统的基础上，融合现代的审美观念和技术手段，创造出新的艺术形式。非物质文化的传统艺术形式是一个民族文化的积淀，它承载了一个民族的历史、文化和情感。而现代的审美观念和技术手段则为这些传统艺术形式注入了新的生命力。通过这种融合，新的艺术形式既保留了传统的魅力，又具有现代的特色，更加贴近现代人的审美需求。例如，一些传统的音乐、舞蹈和戏剧，在经过现代的重新编排和演绎后，不仅保留了其原有的韵味，还增添了现代的元素，使其更加富有创意和新意。这种融合不仅为传统艺术形式赋予了新的生命，还使其在现代社会中得到了更广泛的传播和认同。

（2）技艺的改进与发展。非物质文化遗产中的传统技艺如同生命一般，总是在不断地流变和发展。在传承的过程中，这些技艺并没有停留在原点，而是与时俱进，结合现代的技术和材料，进行了改进和发展。传统技艺的核心价值在于其独特的技法和文化内涵，但为了在现代社会中得到更广泛的应用和推广，必须对其进行适当的改进。这种改进并不是简单地摒弃传统，而是在保留其核心精髓的基础上，结合现代的技术和材料，使其更加完善和高效。例如，某些传统的纺织技艺，在古代可能需要手工操作，耗时耗力，但在现代，可以通过结合现代机械技术，提高纺织的速度和质量。这样，不仅可以大大提高生产效率，还可以降低生产成本，使这种传统技艺在现代市场中更具竞争力。再如，一些传统的陶瓷制作技艺，原本可能受限于原材料的种类和质量，但在现代，可以通过引入新的材料和技术，创造出更加坚固、美观的陶瓷作品。这不仅可以满足现代消费者的审美需求，还可以扩大其市场份额，使其在现代社会中得到更广泛的应用。这种技艺的改进与发展，不仅可以提高其实用性，还可以使其更加适应现代社会的需求。在一个日新月异的世界中，任何事物都需要不断地适应和发展，才能保持其生命力。传统技艺也不例外。只有不断地改进和发展，才能确保其在现代社会中的生存和繁荣。而这种改进与发展，并不意味着对传统的背离或否定。相反，它是对传统的尊重和继承。只有真正理解和掌握了传统技艺的核心精髓，才能在改进和发展的过程中，确保其文化内涵不受损失或不被稀释。

（3）传统节日与现代生活方式的结合。在现代社会中，尽管人们的生活方式经历了巨大的变革，但对于传统节日的热爱和纪念依然如故。这种对传统节日的情感，不仅是对历史和文化的尊重，也是对祖先和传统的怀念。传统节日承载了丰富的文化和历史信息，它们代表了一个民族的记忆、情感和价值观。现代生活方式的快节奏、高效率和技术导向，为传统节日的庆祝提供了新的可能性。通过将传统节日与现代生活方式结合，节日的庆祝形式得以创新和丰富，更能满足现代人的生活需求。例如，传统的庙会、舞龙舞狮等活动，可以与现代的音乐、灯光和技术手段相结合，创造出新的庆祝方式，既保留了传统的韵味，又增添了现代的文化元素。此外，现代通信技术的发展，使得人们可以在任何地方、任何时间参与到节日的庆祝中来。无论是通过社交媒体分享节日的照片和视频，还是通过线上活动参与节日的庆祝，都为传统节日带来了新的生命力。这种结合，不仅使得节日的庆祝更加便捷和普及，也使得更多的人能够了解和参与到传统节日的庆祝中来。

（4）跨界融合与创新。非物质文化遗产，作为深厚文化底蕴的承载者，具有与其他领域进行跨界融合与创新的巨大潜力，从而形成新的文化产品。这种融合与创新不仅可以为传统文化注入新的活力，还可以使其更好地适应和融入现代生活。例如，将非物质文化遗产元素融入时尚，可以为时尚设计带来独特的魅力和深度，比如传统的绣花、编织或染色技艺可以被应用到现代的服装设计中，使其既具有传统的美感，又具有现代的风格。这种结合不仅可以为消费者提供更加丰富和多样的选择，还可以使传统技艺得到更广泛的传播和应用。设计领域同样可以从非物质文化遗产中汲取灵感。无论是家居设计、产品设计还是平面设计，都可以通过融入传统文化元素，使其更加富有文化内涵和创意。例如，传统的图案和符号可以被用于现代的家居装饰或产品包装，使其既具有文化的深度，又具有现代的审美价值。

3. 文化交流与融合

非物质文化遗产在全球化进程中，往往与其他文化发生互动，实现跨文化的传播和交流。这种交流不仅是文化之间的碰撞，更是文化之间的融合与创新。当非物质文化遗产“遭遇”其他文化时，可能会受到其影响，从而导致某些方面的改变，进而形成新的文化形态。例如，民间手工艺品在与其他文化交流的过程中，可能会吸收其他文化的设计元素，从而形成新的创作风格。这种新的创作风格不是简单的模仿或复制，而是在保留原有文化特色的基础上，融入了其他文化的精髓，从而创造出全新的艺术作品。这种文化交流与融合的过程，不仅可以丰富非物质文化遗产的内涵，还可以为其带来更广泛的传播空间。因为当非物质文化遗产融入了其他文化的元素，它就更容易被其他文化所接受，从而实现更广泛的传播。文化交流与融合的过程，是一个互相学习、互相尊重的过程。每一种文化都有其独特的价值和意义，只有在相互尊重的基础上，才能实现真正的融合与创新。而这种融合与创新，不仅可以为非物质文化遗产带来新的生命力，还可以为全球化进程中的文化交流提供有力的支撑。

4. 传承方式的变化

非物质文化遗产，作为一种深植于民族文化中的宝贵遗产，历经时代的沧桑，始终保持其独特的魅力和价值。然而，随着时代的进步和科技的发展，这些文化遗产的传承方式也在发生着深刻的变化。传统上，非物质文化遗产主要依赖口头传承和表演艺术等形式进行传承。这些传统的传承方式，虽然能够确保文化遗产的原汁原味，但其传播范围和影响力往往受到了一定的限制。在一个封闭的社区或地区内，这些文化遗产可以得到良好的保护和传承，但在更广泛的范围内，它们可能会面临被遗忘或失传的风险。

随着网络和多媒体技术的广泛应用，非物质文化遗产的传承方式开始发生变化。网络和多媒体技术为非物质文化遗产提供了一个全新的传播平台，使其能够跨越地域和文化的界限，实现更广泛的传播和普及。此外，网络和多媒体技术还为非物质文化遗产的传承提供了更为便捷和高效的手段。传统的口头传承和表演艺术传承往往需要长时间的学习和实践，而通过网络和多媒体技术，人们可以更加轻松地掌握这些文化遗产的精髓和技巧，从而更好地进行传承和发扬。

（三）民族性

非物质文化遗产的民族性表现为具有鲜明的民族特色的文化形式，它既具有地域性也具有民族性，成为文化传承的关键组成部分。这种民族性不仅令非物质文化遗产独树一帜，还为其提供了深厚的文化底蕴。

1. 传统价值观的体现

非物质文化遗产中蕴含的传统价值观是民族文化的核心和灵魂。这种价值观为每一个民族提供了独特的文化标识，使其在众多的文化中独树一帜。不同的民族和地区，因其历史、地理和社会背景的差异，形成了各自独特的传统价值观念，这些观念在非物质文化遗产中得到了充分的体现。

例如，非物质文化遗产中的儒家思想、道家思想、佛教思想等都是中华文化的重要组成部分。儒家思想强调仁、义、礼、智、信五常，它为中国民众提供了一个道德和伦理的框架，指导他们如何与他人和谐相处，如何为人处世。道家思想则强调与自然的和谐，追求内心的宁静和平衡，它教导人们顺应自然，追求简单和真实。而佛教思想则强调慈悲和智慧，它教导人们超脱烦恼，达到内心的解脱和安宁。这些传统价值观念不仅塑造了民众的思想观念，更进一步影响了他们的生活方式、行为准则和社会道德规范。例如，儒家思想中的"仁"和"礼"为中国社会提供了一个和谐相处的模式，使得人们在与他人交往时，都能够遵循一定的礼仪和规范。道家思想中的"无为而治"则影响了中国民众的生活哲学，使他们追求简单、自然的生活方式。而佛教思想中的"因果报应"则为人们提供了一个道德的准则，教导他们行善积德，不要作恶。非物质文化遗产中的传统价值观，为每一个民族提供了一个文化的坐标，使其在全球化的背景下，仍然能够保持自己的文化特色和独特性。这种价值观为民众提供了一个精神的支柱，使他们在面对外部压力和挑战时，都能够坚守自己的文化传统和价值观念。

2. 文化符号的体现

非物质文化遗产中的文化符号，如文字、图案、颜色、音乐、舞蹈、服饰等，都是民族文化的重要组成部分。它们不仅仅是简单的形式或者标志，更是民族文化中的基本观念和价值的体现。这些文化符号，代表着民族文化的独特性和特色，是每一个民族与众不同的标志。例如，太极的图案和颜色，是中国非物质文化遗产中的一个典型例子。太极的图案通常是黑白相间的鱼形图案，代表着阴阳相生、和谐共存的哲学观念。而太极的颜色通常是深浅不一的灰色，代表着中和、平衡的哲学思想。再如北京的四合院建筑和花纹。四合院建筑通常是一个四面围以高墙的庭院，代表着家族的团结和和谐。而四合院的花纹，通常是各种各样的传统图案，如龙、凤、蝙蝠等，代表着吉祥、富贵、长寿的意义。又如傣族的糯米酒和竹楼。糯米酒，是傣族人民用糯米酿制的一种酒，代表着傣族人民的独特饮食文化。而竹楼，是傣族人民传统的住宅，代表着傣族人民与自然和谐共生的生活方式，等等。

3. 表演艺术的体现

非物质文化遗产中的表演艺术，如音乐、舞蹈、戏剧和曲艺，是民族文化中最具特色和魅力的表现形式。这些艺术形式以口头或肢体为主要的表达方式，是传统文化中最为活跃和具有代表性的部分。昆曲、京剧、豫剧、越剧、皮影戏和木偶戏等，都是这种艺术形式的典型代表。

表演艺术在非物质文化遗产中的地位，不仅仅是因为它们的艺术价值，更是因为它们所承载的民族文化的特色和传统。这些艺术形式都有着深厚的历史背景和文化内涵，它们反映了各个民族的生活方式、思维方式和审美观念。例如，昆曲以“文为重”“形为次”“音乐为灵魂”为其核心特点，它不仅展现了中国古代文化的精髓，还展现了中国古代人们的生活哲学和审美追求。而京剧则是北京地区的传统戏曲艺术形式，它融合了多种艺术手法，展现了北京地区的文化特色和历史背景。除了这些具有全国性影响的表演艺术形式，各个民族还有自己独特的表演艺术。例如，蒙古族的马头琴和藏族的圆舞曲，都是各自民族的音乐文化特色的体现。这些艺术形式不仅展现了各个民族的文化特色，还展现了中国文化的多样性和活力。这种多样性和活力，正是非物质文化遗产中表演艺术的魅力所在。它们不仅为人们提供了艺术享受，还为人们提供了了解各个民族文化的窗口。通过这些艺术形式，人们可以更加深入地了解各个民族的历史、文化和传统，从而增进各个民族之间的了解和友谊。

（四）地域性

地域性，作为非物质文化遗产的一个核心特征，强调了地理空间和自然环境对文化传承和发展的深远影响。这种影响不仅仅是表面的，而是深入到文化的每一个细节，使得不同地域的文化都有其独特的特点和特色。文化，作为一个社会的反映，是在特定的地理空间和自然环境中形成的。这些地理空间和自然环境为文化提供了一个独特的背景和舞台，使得文化在这个背景下得以传承和发展。因此，地域性在文化传承和发展中起到了至关重要的作用。

1. 自然环境对非物质文化遗产的影响

非物质文化遗产的形成与自然环境有着密切的关系，不同的地域特点为非物质文化遗产赋予了独特的色彩。自然环境不仅为人们提供了生存的基础，还影响了人们的生产方式、生活方式，进而塑造了地域性强烈的非物质文化遗产。以水乡地区为例，这里的非物质文化遗产往往与水有关。江南水乡，作为中国的典型水乡，拥有丰富的水乡文化。这里的人们与水共生，水成为他们生活的一部分。因此，垂钓文化、水上音乐等与水相关的非物质文化遗产在这里得以形成和传承。水乡的生活节奏、人们的交往方式，甚至饮食习惯都受到了水的影响，这些都成为水乡非物质文化遗产的一部分。而在北方农村，土地则成为非物质文化遗产的主要来源。这里的人们与土地建立了深厚的情感联系，土地为他们提供了食物和生活所需。因此，与土地相关的非物质文化遗产在这里得到了广泛的传承。春耕、秋收、打谷等农耕文化，都是北方农村非物质文化遗产的代表。这些文化活动不仅反映了北方农村的生产方式，还展现了人们对土地的敬畏和感激之情。这种由自然环境影响的非物质文化遗产，为各个地域赋予了鲜明的特色。它们不仅展现了各地的自然风光，还反映了人们与自然的和谐关系。这种和谐关系，使得非物质文化遗产更加丰富多彩，也使得各地的非物质文化遗产更加有吸引力。同时，这种地域性强烈的非物质文化遗产，也为各地的旅游业提供了强大的支持。游客可以通过参与和体验这些非物质文化遗产，更加深入地了解各地的自然环境和文化特色。这不仅可以增强游客的旅游体验，还可以为当地的经济发展带来更多的机会。

2. 地域文化对非物质文化的影响

每一片土地上，都孕育出了独特的文化和传统，这些文化和传统又进一步影响了非物质文化遗产的产生和传承。中国，作为一个历史悠久、地域广阔的国家，各地的文化传统和价值观念都与众不同，这也使得各地的非物质文化遗产具有鲜明的地域特色。福建和台湾的客家文化便是一个典型的例子。在这些地方，家族和亲情被视为最重要的价值，团结和互助成为当地人的核心信仰。在这种文化背景下，产生了许多与众不同的非物质文化遗产，如木偶戏、客家山歌、刻花等。这些非物质文化遗产不仅反映了客家文化的独特性，还展现了当地人对家族和亲情的深厚情感。这种地域文化的影响，不仅仅体现在非物质文化遗产的内容和形式上，更体现在其传播和发展的过程中。每一种非物质文化遗产，都是在特定的地域文化背景下产生的，它们与当地的文化、历史、习俗紧密相连，无法割裂。因此，当在欣赏和研究非物质文化遗产时，也需要深入了解其背后的地域文化，这样才能更好地理解和欣赏它们。

（五）多元性

非物质文化遗产的多元性既展现了人类文化的丰富多样性，又体现了人类的创造性。这种多元性不仅为人们提供了身份认同和归属感，还为全人类提供了一个宝贵的文化宝库。

1. 民间习俗和节庆活动的多元性

非物质文化遗产中，民间习俗和节庆活动无疑是最为广泛和多彩的一种形式。这些习俗和活动不仅涵盖了各种丰富的文化活动，还包括了各种传统的节庆。每一个地区、每一个民族，都有其独特的节庆活动和习俗，这些习俗和活动都是那个地区或民族文化的独特体现。

我国是一个拥有数千年历史的国家，它有着丰富的民间习俗和节庆活动。春节、清明节、端午节、中秋节等，都是我国的传统节日，每一个节日都有其独特的习俗和活动。这些习俗和活动不仅反映了我国的文化特点，还展现了我国不同地区和民族的传统习惯。例如，春节是我国最重要的节日之一，它代表了又一个农历年的开始。春节前，家家户户都会大扫除，除夕时要准备丰盛的年夜饭，还会放鞭炮、贴春联、给压岁钱等。而端午节则是为了纪念古代诗人屈原，人们会赛龙舟、吃粽子。中秋节是团圆的象征，家人会聚在一起赏月、吃月饼。清明节则是纪念先人的日子，人们会扫墓、献花、点香。这些节日的习俗和活动都是中国文化的重要组成部分。它们不仅展现了中国的文化特点，还体现了中国人的生活方式和价值观。每一个习俗和活动，都蕴含了深厚的文化内涵，都是中国历史和文化的见证。

2. 传统表演艺术的多元性

传统表演艺术作为非物质文化遗产的核心组成，涵盖了音乐、舞蹈、戏曲、曲艺等多种艺术形式。这些艺术形式不仅丰富多彩，而且深刻地体现了各个地域和民族的文化特色与创造性。它们是文化传承的载体，是历史与现代交融的产物，是人类智慧与情感的结晶。例如，京剧、昆曲、评剧等，都是中国传统文化的代表，它们不仅展现了中国古代的生活场景和人物形象，还传达了中国古代的价值观和人生哲学。这些传统表演艺术形式，都是中国文化的独特魅力和多元性的体现。每一种传统表演艺术形式，都是一个文化的缩影，都是一个民族的记忆。它们不仅为人们提供了娱乐和欣赏的机会，更为人们提供了一个深入了解和体验文化的平台。在这些艺术形式中，人们可以看到各个地域和民族的文化特色，可以感受到各个时代的风貌和气息，可以体验到人类情感和智慧的无穷魅力。

3. 手工艺制作技艺的多元性

非物质文化遗产中的手工艺制作技艺，如同一颗颗璀璨的明珠，散发着传统文化的光芒。这些技艺不仅代表了民间工艺的高峰，更是古人智慧和创造力的结晶。

景泰蓝、剪纸、草编等，都是我国民间传统手工艺制作技艺的典型代表。它们各自有着独特的制作方法和艺术风格，但都体现了古人对生活的热爱和对美的追求。这些手工艺制作技艺，不仅仅是一种实用的制作方法，更是一种艺术的表现形式，它们在历史的长河中得以传承，成为中华文化宝库中的重要组成部分。景泰蓝，以其独特的蓝色和精湛的工艺著称，是我国古代皇家御用的艺术品。它的制作过程复杂，需要经过多次的烧制和打磨，每一个步骤都要求匠人具有高超的技艺和丰富的经验。而剪纸，则是我国民间最为普及的一种手工艺制作技艺。它以红色为主，通过剪刀和纸张，创造出各种各样的图案和形象，既有寓意吉祥的花鸟鱼虫，也有描述生活场景的人物故事。草编则是利用各种天然的植物材料，如稻草、麦秸等，编织成各种实用的日常用品，如篮子、帽子等。它不仅体现了古人对自然的敬畏和尊重，也展现了他们对生活的热爱和追求。这些手工艺制作技艺，都有着深厚的文化底蕴和历史背景。它们不仅是一种制作方法，更是一种文化的传承和发扬。在现代社会，随着科技的发展和生活节奏的加快，许多传统的手工艺制作技艺面临着失传的危机。但正是它们所蕴含的文化价值和艺术魅力，使得越来越多的人开始关注和学习这些技艺，希望能够将它们传承下去，让更多的人了解和欣赏这些传统文化的魅力。

4. 饮食文化的多元性

饮食文化，作为一个国家和民族的重要标志，反映了一个地区的自然环境、历史背景、民族习俗和生活方式。在我国，各地的饮食文化都有其独特的地域特色和文化传统。这些特色和传统，不仅仅体现在食材的选择和烹饪方法上，还体现在餐桌礼仪和饮食习惯上。例如，我国的饮食文化包括了八大菜系，其中包括川菜、鲁菜、粤菜等。每个菜系都有其独特的食材、烹饪方法和风味。川菜以其麻辣的口感和丰富的调料著称，鲁菜则以其鲜美的海鲜和细腻的烹饪技艺为人们所喜爱，而粤菜则以其清淡的口感和独特的食材为特色。这些菜系不仅仅是一种烹饪方法或者一种食材的组合，它们更是一个地区的饮食文化特色和民族文化传承的体现。除了这些著名的菜系，我国还有许多其他的地方特色菜肴和烹饪技艺。这些菜肴和技艺，都是当地人民在长时间的生活实践中，根据当地的自然环境和文化背景，逐渐形成和发展起来的。它们不仅仅是一种食物或者一种烹饪方法，更是一个地区的历史、文化和生活方式的体现。

5. 传统医药和保健的多元性

传统医药和保健不仅仅是一种治疗手段，更是代表了人类在长期实践中形成的健康保健理念和方法。这些理念和方法深受地域和民族文化的影响，因此在不同的地域和民族中，都有其独特的传统医药和保健方式。

以中医药为例，它是我国古代医学的结晶，融合了数千年的医疗实践和理论研究。中医药注重整体观念，强调人与自然的和谐关系，认为人体是一个有机的整体，各个部分相互关联、相互影响。因此，中医药的治疗方法往往是综合性的，旨在调整人体的阴阳平衡，达到身心健康的目的。针灸和拔罐则是中医的两种重要治疗手段。针灸是通过在人体的特定穴位上刺入细针，来疏通人体的经络，调节人体的气血阴阳，以达到治疗疾病的目的。而拔罐则是通过在人体的特定部位上放置一个罐子，利用火焰产生的负压作用使血管扩张，来达到通经活络，进而缓解或治愈病症的目的。不同地域和民族的传统医药和保健都有其独特的理论体系和实践方法。这些理论体系和实践方法，都是在长期的医疗实践中形成的，融合了当地的自然环境、民族文化和传统知识。因此，它们不仅具有很高的医疗价值，还具有很高的文化价值。这种多元性，使得传统医药和保健成为非物质文化遗产的重要组成部分。它们不仅为人们提供了有效的医疗方法，还为人们提供了丰富的文化体验。通过了解和学习这些传统医药和保健，人们可以更好地理解和欣赏不同地域和民族的医疗保健文化和传统知识，从而增强文化的交流和融合。

6. 传统手工艺品的多元性

传统手工艺品，作为非物质文化遗产的重要组成部分，历经数百甚至数千年的发展，已经形成了丰富多彩的种类和风格。这些手工艺品不仅反映了各个地区、各个民族的文化特色，还体现了人类对美的追求和对生活的热爱。

从制陶、织布、雕刻到金属锻造，每一种手工艺品都有其独特的制作技巧和艺术风格。这些技巧和风格往往与当地的自然环境、历史背景和文化传统紧密相连。例如，某地的陶器可能因为当地的土壤特性而具有独特的颜色和质地，而某地的织品可能因为当地的气候和植被而选择使用特定的材料和颜色。此外，传统手工艺品的多元性还体现在其功能和用途上。有些手工艺品是为了满足日常生活的需要而制作的，如餐具、衣物和家具；而有些则是为了宗教、仪式或艺术欣赏而创作的，如雕像、壁画和音乐器具。这些手工艺品不仅具有实用价值，还具有深厚的文化和艺术价值。

二、非物质文化遗产的功能

非物质文化遗产，这一特殊的文化形态，是各族人民世代相承、与群众生活紧密相连的各种传统文化的表现形式和文化空间。它不仅仅是历史发展的见证，更是一份珍贵的、充满重要价值的文化资源。从这个意义上讲，非物质文化遗产在多数情况下“既是昨天的实录、今天的现实，同时也是明天的预示"[①]。如图 1-1。

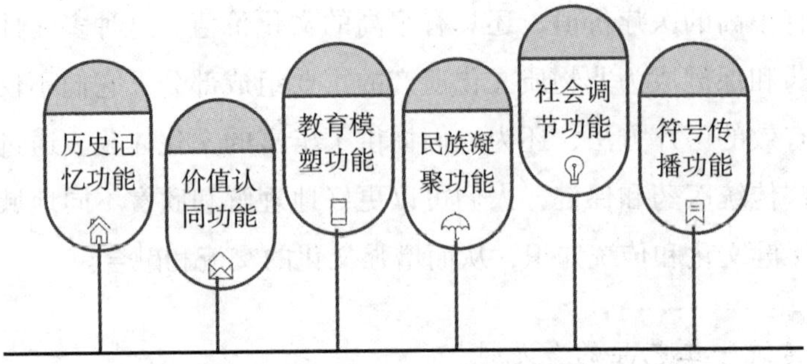

图 1-1　非物质文化遗产的功能体现

（一）历史记忆功能

非物质文化遗产是每个民族历史记忆的重要载体，它如同历史的年轮，见证了先辈们的奋斗与创造。这种遗产不仅仅局限于物质形态，更多地体现在文化、传统、习俗和知识的传承中，是一种无形但极为珍贵的遗产。它代表着民族的精神象征和文化基因，是连接过去与未来的重要纽带。

非物质文化遗产的历史记忆功能使得每个民族能够在时空的长河中找到自己的定位，了解自己的根和源。它让人们能够在日新月异的现代社会中，找到一种文化的认同和精神的归属。通过非物质文化遗产，人们能够了解先辈们的生活、思想和价值观，从而更好地理解自己的文化背景和社会环境。非物质文化遗产中的文化、传统和习俗，是民族历史长河的重要组成部分。它们不仅仅是简单的历史记忆，更是民族文化的活化石和精神支柱。它们让人们能够在快速变化的社会环境中找到一种文化的积淀和精神的支撑。通过传承和保护非物质文化遗产，可以使得这些宝贵的历史记忆得以延续，成为未来世代的精神食粮。

① 刘魁立．从人的本质看非物质文化遗产[J]．江西：江西社会科学，2005（1）：7.

（二）价值认同功能

非物质文化遗产在文化传承中占有重要的地位，其中一个显著的功能是其价值认同功能。非物质文化遗产包括了各种传统艺术、手工技艺、仪式、庆典、音乐、舞蹈和其他形式的文化表现，它们都是一个民族、一个社区历史和文化传统的体现。这些传统和文化形式不仅仅是历史的产物，更是现代社会中人们对自己文化身份的认同和价值观的体现。非物质文化遗产中的每一种形式都蕴含着深厚的文化和历史信息。它们传达了一个民族或社区的哲学观念、生活方式、人与自然的关系等深层次的文化信息。这些信息不仅仅是对过去的回忆，更是对现代社会的指导和启示。通过对非物质文化遗产的传承和保护，人们可以更好地理解自己的文化根源，形成对自己文化身份的认同。

在全球化的背景下，各种文化都面临着被同化和消失的威胁。非物质文化遗产的价值认同功能在这样的背景下显得尤为重要。它为人们提供了一个坚实的文化基石，帮助人们在全球化的浪潮中坚守自己的文化特色和价值观。通过对非物质文化遗产的传承和保护，人们可以更好地抵御外来文化的冲击，维护自己的文化独特性。此外，非物质文化遗产的价值认同功能还体现在其对社会和谐和稳定的促进作用上。在多元文化的社会中，非物质文化遗产可以成为不同文化和民族之间的桥梁，促进文化交流和理解。对非物质文化遗产的传承和保护可以增强社会的凝聚力，促进社会的和谐和稳定。

（三）教育模塑功能

非物质文化遗产与民俗文化是民众的知识宝库，它们在民间被创造并得以传承，世代相袭。这种遗产内容丰富多彩，涵盖了生活的方方面面，包括食、衣、住、行、育、乐等，同时也包括了其中的思想、行为、礼节和活动。它不仅仅是生活的产物，更是民族生存的精神支柱。

通过有规律的活动，非物质文化遗产在某种程度上约束和引导了人们的行为和意识，特别是其中所包含的与人为善、和谐相处、尊老爱幼、家庭和睦、明礼诚信等传统伦理道德，具有显著的教育模塑功能。

非物质文化遗产的存在，在各民族生存繁衍过程中提供了强大的教育模塑作用。这种教育模塑作用并不是简单的规定或者约束，而是一种深入骨髓的文化熏陶。它让人们在日常生活中，无时无刻不受到这些传统伦理道德的影响，从而形成了一种积极向上、和谐共生的社会氛围。在21世纪的今天，尽管社会发展迅速，科技进步日新月异，但是非物质文化遗产所传达的诚信、互相尊重、和谐等价值观，始终是人们交往的准则。对于现代社会，非物质文化遗产更是一种宝贵的资源。它不仅可以为人们提供生活的指导，还可以为社会的和谐稳定提供有力的支撑。在一个多元化、复杂化的社会环境中，非物质文化遗产所蕴含的传统伦理道德，可以帮助人们更好地理解彼此，增进相互之间的信任和尊重，从而构建一个和谐、稳定的社会环境。

（四）民族凝聚功能

在多民族国家，非物质文化遗产的保护和传承对于增进民族团结、促进民族文化的交流和互鉴具有重要意义。每一个民族都有自己独特的非物质文化遗产，这些非物质文化遗产是民族文化多样性的体现，也是民族凝聚力的重要来源。通过非物质文化遗产的交流和展示，不同民族能够相互了解和尊重，共同维护和发展丰富多彩的民族文化传统。

非物质文化遗产不仅是一种物质形态，更是民族的根基和精神家园。在漫长的历史变迁和文化传承中，它与置身其中的每一个人的情感、精神生活紧密相连。这种深厚的情感和精神联系，使得非物质文化遗产对产生这种文化的民族起到了凝聚和团结的功能，这种功能也就是常说的民族凝聚力。例如，春节、端午节、中秋节这三大传统节日，承载了中华民族丰富的文化内涵和历史记忆。它们不仅仅是时间的标记，更是文化传承的载体。通过对这些节日的庆祝，人们得以回顾历史，理解传统，感受文化的魅力，从而增强对民族文化的认同感和归属感，这一切都无疑加强了民族的凝聚力和团结。龙的传人等民族图腾文化，源远流长，蕴含着深厚的历史和文化内涵。龙作为中华民族的象征，展现了中华民族的威严和尊贵，让人们在日常生活中能够感受到作为中华民族一员的荣耀和自豪。这些非物质文化遗产是民族文化的重要载体，它们传递着民族的历史记忆、民族的精神价值和民族的生活智慧。通过参与和体验这些非物质文化遗产，人们能够更好地理解和认同自己的民族文化，民族的凝聚力和向心力也因此得到增强。

（五）社会调节功能

非物质文化遗产以其独特的艺术形式和文化内涵，为社会的和谐稳定发挥了不可忽视的调节功能。民歌、谚语、戏曲、音乐、舞蹈、绘画和工艺品等艺术形式，是劳动人民在忙碌的生活中寻找精神慰藉和文化享受的重要渠道。这些非物质文化遗产不仅丰富了人们的精神世界，也为社会的和谐稳定提供了有力的支撑。

在传统社会中，非物质文化遗产是社会调节的重要手段。例如，通过举行传统的节庆和仪式，人们可以在共同的文化背景下，表达对社会、自然和神灵的敬畏，同时也表达了对社会规范和价值观的确认和传承。这种传统的文化交流方式为社会成员提供了一个理解和认同社会规范的机会，也为社会的和谐稳定提供了有力的支持。非物质文化遗产中的民间信仰和习俗，也是社会调节的重要组成部分。通过对传统信仰的尊重和传承，人们可以在精神层面得到安慰和支持，同时也为社会的道德规范和价值观提供了基础。例如，传统的孝道文化、宗族文化等，都是通过非物质文化遗产的传承，为社会的道德规范和价值观提供了重要的支撑。在快节奏的都市生活中，人们面临着巨大的工作压力和生活压力，非物质文化遗产为人们提供了一种独特的放松和调节方式。通过参与这些文化艺术活动，人们可以暂时忘记生活中的烦恼，放松身心，从而更好地面对生活中的挑战。此外，非物质文化遗产还为人们提供了一种与他人交往和沟通的方式。在这些文化艺术活动中，人们可以与他人分享自己的感受和体验，增进彼此之间的了解和友谊。这种交往和沟通不仅有助于人们建立和维护社会关系，还有助于社会的和谐稳定。

（六）符号传播功能

非物质文化遗产的符号传播功能在于它能够通过特定的文化符号，将某一文化的特色、价值和意义传递给不同的人群。从文化传播学的视角来看，文化的传播实际上是文化符号的传播，而非物质文化遗产正是这些文化符号的重要载体。非物质文化遗产中的符号具有深厚的历史和文化背景。它们是历史上的人们在特定的时代和地域空间中创造出来的。这些符号不仅反映了当时的文化背景，而且还承载了人们的思想、情感和价值观。因此，非物质文化遗产中的符号是连接过去和现在的桥梁，它们使人们能够跨越时空，与历史上的人们进行精神层面的交流。

非物质文化遗产作为一种特殊的文化表现形式，其符号传播功能不容忽视。它与特定的时空背景紧密相连，同时也与人们的心理认知和价值判断密切相关。非物质文化遗产中的文化符号，往往具备“记得住、分得开、传得远”的三大特征，这使得非物质文化遗产成为一种强有力的符号传播工具。[①] 非物质文化遗产中的文化符号，往往源于历史悠久的传统和民族文化，它们承载着丰富的文化内涵和历史信息。这些文化符号通过各种非物质文化遗产的表现形式，如传统手艺、民间艺术、传统仪式等，得以传播和传承。它们以独特的形式和内容，深深地印刻在人们的心中，成为人们认知自身文化和历史的重要途径。“记得住”是非物质文化遗产符号传播的重要特征之一。非物质文化遗产中的文化符

① 朱运海．汉江流域非物质文化遗产保护性旅游开发研究[M].武汉：华中科技大学出版社，2017：9.

号往往具有独特的形象性和辨识度，使得人们能够轻松记住。这种记忆不仅仅是对符号本身的记忆，更是对其背后文化和历史信息的记忆，它帮助人们构建了其与自身文化和社会的连接。“分得开”则体现了非物质文化遗产符号的独特性和辨识度。每个文化符号都有其独特的形式和内涵，使得人们能够清晰地区分不同的文化符号，理解其背后的文化和历史内涵。这种独特性和辨识度，为非物质文化遗产的传播和传承提供了有力的支持。“传得远”是非物质文化遗产符号传播的另一个重要特征。通过各种形式的传播和传承，非物质文化遗产中的文化符号得以在时间和空间上得到广泛的传播。它们超越了地域和民族的界限，成为人们共同的文化记忆和精神支柱。

非物质文化遗产的符号传播功能，为传统文化的传播和传承提供了有力的支持。它通过独特的文化符号，帮助人们理解和认知自身的文化和历史，同时也为不同文化之间的交流和理解搭建了桥梁。在全球化的背景下，非物质文化遗产的符号传播功能，对于保护和传承人类多元文化，具有不可替代的重要意义。

第三节　非物质文化遗产的分类与价值

一、非物质文化遗产的分类

非物质文化遗产是人类智慧的结晶，它是人们在实践中积累的智慧、技艺、知识、价值观念和信仰等的体现，是人类文化的重要组成部分。

（一）口述传统和表演艺术

口述传统和表演艺术是指人们通过口头或演艺的形式，传递和表现其文化传统、知识、价值观念和信仰等的非物质文化遗产。它包括传统音乐、舞蹈、戏曲、曲艺、民间故事、民间诗歌等表演艺术形式以及口述的传统历史、传说、宗教、哲学、医药等文化知识。口述传统和表演艺术代表了人们在长期实践中形成的智慧、技艺、知识、价值观念和信仰等，是人类文化的重要表现形式之一。口述传统和表演艺术包括了各种形式的传统音乐、舞蹈、戏曲、曲艺、民间故事、民间诗歌等，它们是非物质文化遗产中最为丰富和多样的一类。

1. 传统音乐

传统音乐是指人们在长期实践中创造和发展的音乐形式，它反映了不同地域和民族的文化传统和精神风貌。中国的传统音乐包括了民族乐器和民间歌曲，如琴、瑟、笛、胡琴、京剧唱腔、昆曲等，代表了不同地域和民族的音乐文化传承。

2. 传统舞蹈

传统舞蹈是指人们在长期实践中创造和发展的舞蹈形式，包括民族舞和民间舞蹈，如蒙古族舞、藏族舞、汉族舞、扇子舞、踩高跷等。

3. 传统戏曲

传统戏曲包括昆曲、京剧、豫剧、越剧等剧种，每一种戏曲都有其独特的表演方式和艺术风格，体现了中华民族独特的艺术表现形式。

4. 传统曲艺

传统曲艺包括评书、相声、说唱等，不同的曲艺代表了不同地域和民族的曲艺文化传承。

5. 传统民间故事

传统民间故事是指人们在长期实践中创造和传承的口述故事，包括神话、传说、寓言等。

6. 传统民间诗歌

传统民间诗歌是指人们在长期实践中创造和传承的口头诗歌，反映了不同地域和民族的文化传统和精神风貌，包括山歌、花鼓戏、童谣等。

（二）社会实践、仪式和节庆活动

社会实践、仪式和节庆活动是人们在社会生活中实践和表达其文化传统、知识、价值观念和信仰等的非物质文化遗产。它包括民间习俗、传统节日、宗教仪式、庆典、婚礼葬礼等社会仪式和活动，以及传统医药、保健、农耕技艺等社会实践。

1. 社会实践

社会实践是指人们在长期的实践中形成的一种传统文化活动，包括传统农耕、手工业、手工艺、手工制作、传统医学、民间工艺、传统建筑等。这些活动代表了中国传统文化的重要组成部分，反映了人们在长期实践中积累的智慧和经验，具有重要的历史、文化和社会价值。

2. 仪式活动

仪式活动是指人们在生活中各种场合举行的传统礼仪活动，如婚礼、葬礼、开业典礼、祭祀等。这些仪式活动反映了中国传统文化的礼仪文化传承，代表了人们对生命、人际关系、宗教信仰、历史传统等方面的认识和表达，具有重要的文化价值和社会意义。

3. 节庆活动

节庆活动是指人们在传统节日或纪念日举行的各种庆祝活动，如春节、中秋节、清明节、端午节等节日固定的庆祝内容。这些节庆活动反映了中国传统文化的节令文化传承，代表了人们对自然、历史、人生等方面的认识和表达。社会实践、仪式和节庆活动反映了中国传统文化的多元性和创造性，反映了人们对自然、历史、人生等方面的认识和表达，具有重要的文化价值和社会意义。保护和传承这些非物质文化遗产，不仅是保护人类文化遗产的重要任务，也是促进文化交流和传承的重要途径。

（三）手工艺技艺

手工艺技艺是人们通过手工制作的形式，传承和表达其文化传统、知识、价值观念和信仰等的非物质文化遗产。它包括陶瓷、木雕、石雕、漆器、织锦、染绸等传统手工艺品和制作技艺以及传统建筑和造船技艺等。

1. 传统手工艺品

（1）陶瓷。陶瓷历史悠久，技艺精湛。中国的陶瓷制作历史可以追溯到几千年前的新石器时代，这种技艺历经多个朝代的发展和演变，形成了丰富多彩的陶瓷文化。中国陶瓷以其精美的造型、绚丽多彩的色彩和纹饰、独特的釉面特点而闻名于世。

（2）木雕。木雕是中国传统手工艺品中的代表之一，其技艺精湛，工艺复杂。中国木雕最早可以追溯到战国时期，并历经各个朝代的发展和演变，形成了独特的中国木雕文化。中国木雕最大的特点是造型逼真、线条流畅、纹饰繁复。

（3）石雕。中国石雕历史悠久，可以追溯到三千多年前的商代，并在经历了多个朝代的发展和演变后，形成了独特的中国石雕文化。石雕是中国传统手工艺品中的代表之一，以其造型逼真、雕刻精细、寓意深刻等特点而闻名于世。

（4）漆器。中国漆器的历史可以追溯到几千年前的新石器时代，并在经历了多个朝代的发展和演变后，形成了独特的中国漆器文化。中国漆器以其造型精美、色彩鲜艳、质地坚硬、防潮防腐等特点而闻名于世。

（5）织锦。中国织锦的历史可以追溯到几千年前的商代，并在经过发展和演变后，形成了独特的中国织锦文化。中国织锦以其色彩鲜艳、图案精美、纹理清晰等特点而闻名于世。

（6）染绸。染绸工艺是一种源于中国的传统手工艺技术，用于为丝绸染色并赋予其美丽的图案。丝绸是一种由蚕丝纤维制成的柔软、光滑、具有独特光泽的纺织品。染绸这种传统工艺在中国有着数千年的历史，至今仍为人们所喜爱。中国染绸具有色彩丰富、图案瑰丽、手感舒适等特点。

2. 传统建筑

传统建筑是中国传统文化中的重要组成部分，它是中国建筑文化的重要代表，不仅反映了中国人民对于建筑美学的追求，更是中国古代文化的物质载体。中国传统建筑具有独特的设计理念、建筑结构和材料特点风格各异、千姿百态，能够代表不同历史时期和地区的建筑文化。传统建筑主要包括宫殿、寺庙、园林、民居等。中国的传统建筑结构一般采用木质结构和石质结构相结合的方式，其建筑形态和造型也十分讲究，注重风水和美学原则的融合。传统建筑还注重与自然环境的协调和融合，通过布局设计等手段将自然环境与建筑融为一体，从而体现出中国人民对自然的崇拜和尊重。

3. 传统造船技艺

中国的造船技艺源远流长，可以追溯到两千多年前的春秋战国时期。传统造船技艺不仅是中国人民的文化传统，是我国海洋文化的重要组成部分，更是中国人民长期与海洋相处的结果。中国的传统造船技艺主要包括木船、藤船、竹筏等的制造技术，其特点是结构合理、船身稳健、适应性强，具有很高的实用价值和美学价值。中国古代造船技艺独步天下，其发展具有不断创新、不断进步的特点，早在唐代就已经发展到了一个较高的水平。中国传统造船技艺的核心是“千年老船匠”的技艺传承和技术积累。千年老船匠们掌握了各种材料的性质和特点以及船舶的结构、力学和流体力学等理论知识，通过不断实践和积累，形成了一套独特的造船技艺体系。这些技艺在传承过程中不断改进和完善，最终形成了中国传统造船技艺的独特风格和特色。

传统造船技艺在现代社会的应用已经越来越少，但是传统造船技艺作为中国非物质文化遗产的重要组成部分，仍然具有不可替代的价值和意义。在保护和传承中国非物质文化遗产的过程中，传统造船技艺的传承和发扬也是非常重要的一环。

（四）传统文化表现形式

传统文化表现形式是人们通过文字、图案、符号、色彩、音乐等形式传承和表达其文化传统、知识、价值观念和信仰等精神内涵的非物质文化遗产。它包括传统文化艺术形式，如绘画、雕刻、书法、篆刻、印章等，以及传统文化物品和器具，如传统服饰、饰品、家具等。

1. 传统文化艺术形式

（1）绘画。中国传统绘画起源于古代的图腾和符号，经过数千年的发展和演变，逐渐形成了自己独特的艺术风格和表现手法。中国传统绘画主要有山水画、花鸟画、人物画等，包括多种风格、技巧和主题，可以表达现实、抽象或装饰性的表现形式，它们不仅表达了中国人民对自然和生命的崇拜和赞美，更展现了中国传统文化的内涵和特色。

（2）雕刻。雕刻是一种古老的艺术形式，通过凿、切、磨或其他技巧将某种材料塑造成三维形象或图案。雕刻在世界各地都有悠久的历史，其中许多传统技艺被列为非物质文化遗产（非遗），以保护、传承和弘扬这些珍贵的文化遗产。中国传统雕刻主要包括石雕、木雕、骨雕、玉雕等，它们在中国文化艺术中占据着重要的地位，不仅展现了中国人民对艺术美的追求，更承载了中国传统文化的丰富内涵和多元性。

（3）书法。书法是中国传统文化艺术形式中的瑰宝之一，是中国文化艺术的重要组成部分。中国传统书法起源于古代的甲骨文和金文，经过数千年的发展和演变，逐渐形成了自己独特的艺术风格和表现手法。中国传统书法主要包括隶书、楷书、草书、行书等，它们不仅表达了中国人民对文字和书法艺术的追求，更体现了中国传统文化的内涵和特色。

（4）篆刻和印章。中国传统篆刻和印章在中国文化艺术中占据着重要的地位，不仅是文字艺术的重要组成部分，更承载了中国传统文化的丰富内涵和多元性。篆刻是一种古老的文字艺术，是指用篆刻刀在硬质材料上刻写篆体文字。篆刻技艺包括刀法、笔法、印法等多方面，需要长期的实践和专业的技艺修养。中国传统篆刻主要包括小篆、大篆、隶书等，其文字形态严谨、结构严密、线条流畅，具有很高的艺术价值和历史价值。印章是中国传统文化艺术形式中的瑰宝之一，是文字艺术的重要表现形式。印章是中国文化中的一种传统符号，它代表着权力、地位、尊严和文化传承等重要意义。中国传统印章在文化、历史和艺术方面都具有重要的意义和价值。它们不仅展现了中国人民对文字和印章艺术的追求，更承载了中国传统文化的丰富内涵和多元性。

2. 传统文化物品和器具

（1）传统服饰。中国传统服饰是中国传统文化的重要组成部分，具有丰富多彩的文化内涵和历史价值。传统服饰的种类繁多，包括汉服、唐装、民族服装等。传统服饰在颜色、图案、面料等方面都有着独特的设计和风格，具有较高的修饰和审美艺术特征。

（2）传统饰品。传统饰品包括头饰、耳环、项链、手镯等。传统饰品在材质、制作工艺和图案设计等方面都有着独特的特色和风格，它们不仅展现了中国人民对美的追求，更是中国传统文化的重要表现形式。

（3）传统家具。传统家具的种类繁多，包括床、榻、桌、椅、屏风、柜等。传统家具的制作技艺经过数千年的发展和演变，形成了自己独特的艺术风格和表现手法。传统家具的制作材料主要包括木材、竹子、藤条等，其制作工艺主要有切割、拼接、雕刻、装饰等环节。传统家具的制作过程需要工匠们经过长期的学习和实践，才能掌握制作技艺和艺术风格。传统家具在中国传统文化中具有重要的意义和价值，它不仅是居家生活的必需品，更是文化、历史和艺术的重要载体。传统家具的独特艺术风格和文化内涵，吸引了世界各地的人们前来了解和欣赏。通过传承和发扬传统家具的制作技艺和艺术风格，我们可以更好地弘扬中国传统文化，保持文化的多元性和丰富性。

（五）传统文化知识与实践

传统文化知识与实践是人们通过实践和传承，掌握和传递其文化传统、知识、价值观念和信仰等的非物质文化遗产。它包括传统文化知识，如传统医药、卜筮、命相、阴阳五行等，以及传统文化实践，如传统农耕技艺、渔猎技艺、烹饪技艺等。

1. 传统医药

传统医药是中国传统文化的重要组成部分，它具有深厚的文化内涵和历史价值。传统医药是指中国传统医学理论和实践，包括中药、针灸、拔罐、刮痧等治疗方法。传统医药在中国历史上占据着重要的地位，不仅在医学领域有着广泛的应用，更是文化和历史的重要组成部分。传统医药以其独特的理论和实践方法，展现了中国人民对健康和生命的追求，体现了中国传统文化的丰富多彩和多元性。

2. 传统农耕技艺

传统农耕技艺包括耕种、施肥、灌溉、收割等多个环节，农民需要经过长期的学习和实践，才能掌握其中的技艺和方法。传统农耕技艺不仅是中国农业的重要传统，更是中国传统文化的重要表现形式。通过传承和发扬传统农耕技艺，我们可以更好地弘扬中国传统文化，保持文化的多元性和丰富性。

3. 渔猎技艺

渔猎技艺是人类为获取食物和生活资源而发展起来的一种传统技能，包括捕鱼和捕猎两大类。受到地理环境、气候条件、生物资源等多种因素的影响，各地区和民族的渔猎技艺有很大差异。传统的渔猎技艺包括渔网制作、捕鱼、狩猎等多个环节，渔民和猎人需要经过长期的学习和实践，才能掌握其中的技艺和方法。传统的渔猎技艺不仅是中国传统文化的重要表现形式，更是当地经济的重要支柱。

4. 烹饪技艺

烹饪技艺是中国传统文化的重要组成部分，它涉及食品加工和制作。传统的烹饪技艺包括切菜、调料、火候等多方面要素，厨师们需要经过长期的学习和实践，才能掌握其中的技艺和方法。传统的烹饪技艺不仅是中国饮食文化的重要传统，更是中国传统文化的重要表现形式。通过传承和发扬传统的烹饪技艺，我们可以更好地弘扬中国传统文化，保持文化的多元性和丰富性。

这些非物质文化遗产都是人们在长期的文化实践中积累的智慧结晶，具有重要的历史、文化和社会价值。同时，这五类非物质文化遗产也相互联系、相互交织，形成了丰富多彩、独具特色的人类文化遗产，反映了人类文化的多元性和创造性。因此，保护和传承非物质文化遗产，不仅是保护人类文化遗产的重要任务，也是促进人类文化交流和传承的重要途径。

二、非物质文化遗产的价值

非物质文化遗产如同生活中的水和空气，虽然常常被人们所忽视，但其实它无处不在，为人类的生活增添了丰富的色彩。这种遗产不仅仅是历史的痕迹，更是文化的精髓，是人类智慧的结晶，是各个民族和文化的独特标志。非物质文化遗产的价值见图 1–2。

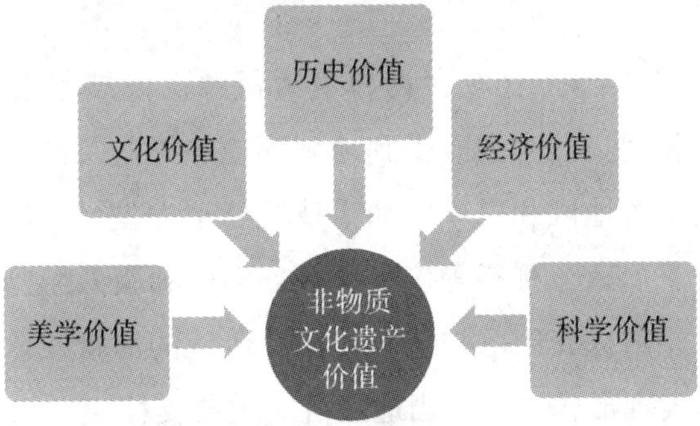

图 1–2　非物质文化遗产的价值

（一）美学价值

非物质文化遗产作为一种独特的文化表现形式，蕴含着深厚的美学价值和艺术价值。这种价值不仅令人赞叹，更是对人类文明的一种独特见证。在非物质文化遗产中，无论是表演艺术、手工艺品，还是其他形式，都是对人类创造力和审美追求的完美体现。表演艺术，如舞蹈、音乐、戏剧等，都是非物质文化遗产的重要组成部分。这些艺术形式不仅仅是为了娱乐，更是一种对生活、对自然、对社会的深入思考和感悟。它们传达了一个地区或民族的生活风貌、风俗人情、思想情感和审美情趣。每一种表演艺术都有其独特的魅力和风格，都是对人类文化多样性的生动体现。手工艺品，无论是陶瓷、织物、雕塑还是其他形式，都是非物质文化遗产的重要载体。这些手工艺品不仅仅是实用品，更是艺术品。它们蕴含了匠人的智慧和心血，是对自然和生活的深入理解和感悟的体现。每一件手工艺品都有其独特的故事和背景，都是对人类历史和文化的生动见证。

例如山东长清灵岩寺，与江苏栖霞寺、浙江国清寺、湖北玉泉寺齐名，被共同誉为天下禅林的“四绝”。这四大寺庙各具特色，但长清灵岩寺作为北方寺庙的独特代表，其美学价值尤为突出。寺中的千佛殿，供奉着众多精美的佛像，每一尊都是艺术家们心血的结晶。观察这些佛像，可以发现它们姿态各异、造型逼真。坐像、立像、卧像等多种身姿，每一种都蕴含着深厚的文化和宗教意义，同时也是雕刻艺术的巅峰之作。这些佛像不仅仅是宗教的象征，更是古代艺术家们对美的追求和对技艺的极致展现。再观察佛像的服饰装束，线条流畅，层次分明，结构严谨，质感逼真。这些细节之中，都蕴含着深厚的美学价值。每一道线条，每一处结构，都是经过精心设计和雕刻的，展现出了古代工匠对美的独到理解和追求。这些佛像的服饰不仅仅是为了装饰，更是为了展现出佛像的尊贵和神圣，使人们在参拜时能够更加虔诚。除了佛像和服饰，千佛殿内还有各种彩绘和装饰灯。这些彩绘和装饰灯同样是艺术家们的杰作。它们与佛像相得益彰，共同构建了一个宏伟而又神圣的空间。这些彩绘和装饰灯在起到美观作用的同时，更增强了佛像的神圣感，使人们在参拜时能够更加感受到佛的慈悲和威严。

（二）文化价值

非物质文化遗产作为一种独特的文化载体，蕴含着深厚的文化价值。这种价值不仅仅是历史的积累，更是对一个民族、一个社区的生活方式、思维方式的真实反映。每一种非物质文化遗产都是一个民族历史文化发展轨迹的见证，它们如同时间的印记，记录着过去的点点滴滴，为后人提供了宝贵的参考。文化价值的存在，使得非物质文化遗产成为连接过去与现在的桥梁。它们不仅为现代人提供了了解祖先生活的窗口，更为现代社会提供了一种与传统相连接的方式。在这个快速发展的时代，人们很容易迷失在对物质的追求中，而非物质文化遗产则提醒人们不要忘记自己的根源，不要丢失那些真正有价值的东西。每一个民族都有自己独特的非物质文化遗产，它们如同一个个独特的故事，讲述着那个民族的历史、传统和文化。这些故事不仅仅是对过去的回忆，更是对未来的启示。它们提醒人们，无论时代如何变迁，文化的本质是不变的，它是一个民族的灵魂，是一个社区的基石。

以孟姜女的传说为例，这一著名的口头传承的民间传说在民间广为流传，历史悠久，深受人们喜爱。而山东省淄博市、河北秦皇岛和湖南津市对“孟姜女传说”的申报，进一步证明了其在文化遗产中的重要地位。对于这样的非物质文化遗产，简单的史料考证或遗址认定并不能完全揭示其真正的价值。因为这些传说和故事的魅力并不仅仅在于它们的真实性或历史性，更在于它们所蕴含的文化内涵和艺术价值。这些故事经过高度的艺术加工，成为具有深厚文化底蕴的民间文学作品，它们所传达的信息和情感深深地打动了人们。淄博、秦皇岛、津市这几个地区的孟姜女口头遗产，经过了千百年的传承和发展，已经形成了各自独特的文化传承空间。这些地区不仅仅是孟姜女传说的发源地或传播中心，更是这一非物质文化遗产的活化石，它们见证了这一传说的历史变迁和文化演变。这些地方经过有意识地保护和开发，已经将这一具有本土典型特色的人类口头和非物质文化遗产的瑰丽的文化价值充分展示出来，成为当地的文化名片和旅游亮点。而孟姜女传说之所以能够成为国家级非物质文化遗产保护项目，更是因为它所蕴含的深厚的文化内涵和艺术价值。这一传说不仅仅是一个简单的故事，更是一个充满情感和哲理的文化符号，它所传达的爱情、忠诚和牺牲的精神，深深地打动了每一个听到这一故事的人。

（三）历史价值

非物质文化遗产如同一本厚重的历史书籍，记录了人类的智慧、情感和生活方式。这种遗产，无论是音乐、舞蹈、仪式、传统手工艺还是口头传统，都是历史的见证者，为后人提供了一扇窗口，透过它可以窥见过去的生活。每一种非物质文化遗产都是在特定的历史背景下产生的，它们反映了当时的社会结构、经济状况和人们的生活方式。它们是历史的活化石，可以帮助人们更加深入地了解某个时期的文化和社会。通过研究这些遗产，人们可以更好地理解历史，更好地认识自己。

昆曲，这一古老的戏曲种类，被誉为“百戏之祖，百戏之师”，它的存在不仅仅是艺术的象征，更是历史的见证。在中国的戏曲艺术领域，昆曲无疑是一颗璀璨的明珠，它的历史价值不容忽视。2000 年，联合国教科文组织启动了“人类口头和非物质遗产代表作”项目，旨在保护和传承那些对人类历史和文化有着深远影响的非物质遗产。2001 年 5 月，昆曲艺术荣登该项目的第一批代表作名单，这不仅是对昆曲艺术的肯定，更是对其深厚历史价值的认可。时代在变迁，文化在进步，许多种类的戏曲为了适应时代的需求，都在唱腔、表演等方面进行了创新和改变。但昆曲却始终坚守其传统，保留了大量的古老剧目，并在其中融入了丰富的历史资源。这使得昆曲成为艺术界的“活化石”，它所传递的不仅是艺术，更是历史的记忆。以《牡丹亭》为例，这一昆曲的代表作，不仅展现了昆曲的艺术魅力，更为后人提供了一个窥探当时社会风貌的窗口。从中，人们可以感受到那个时代的宗族家规、家庭伦理道德以及民间的婚姻观念。这些都是历史的真实写照，为后人提供了宝贵的历史资料。

（四）经济价值

非物质文化遗产的经济价值是多方面的，涵盖了旅游业、文化创意产业、国际贸易、地区经济多样化和社会可持续发展等领域。这些方面相互交织，构成了非物质文化遗产的丰富经济意义。

非物质文化遗产作为一种吸引游客的独特资源，对旅游业具有积极影响。各种传统的手工艺、表演艺术和节庆活动都能吸引国内外游客前来参观和体验。这不仅带来了旅游业的发展，还创造了酒店、餐饮、导游等相关服务业的就业机会，拉动了地方经济的增长。同时，游客在游览期间通常会购买当地的纪念品和手工艺品，进一步促进了地方商品的销售，推动了地方经济的多元化发展。非物质文化遗产对文化创意产业具有重要的启发作用。传统工艺和表演艺术往往能为现代文化创意产业提供宝贵的灵感和资源。创意人才和企业可以从这些传统中汲取创新的元素，创作出具有现代感的作品，如服装、装饰品、音乐、电影等。这不仅促进了文化创意产业的繁荣，也为创意人才提供了更多就业机会，为国家经济增长做出了贡献。另外，非物质文化遗产有助于国际贸易和文化交流。各国都有独特的非物质文化遗产，这些遗产在国际市场上备受欢迎。通过推广和保护这些遗产，国家可以促进与其他国家的文化交流和合作，推动了贸易和外交关系的进一步发展，提升了国际地位和影响力。此外，非物质文化遗产也有助于地区经济的多样化。传统经济往往依赖于农业和制造业等传统产业，但非物质文化遗产可以为地方经济提供新的发展机会。例如，一些地区通过举办传统音乐节、手工艺市集等活动吸引游客，从而减轻了对传统产业的依赖，实现了地方经济的多元化。通过传承和保护非物质文化遗产，社会能够保持文化多样性，维护社会凝聚力，促进社会的可持续发展。这对于提升社会的稳定性和抵抗各种挑战具有积极意义。

例如，作为山东省济南市的重点建设项目，济南市非物质文化遗产博览园的建设受到了广泛的关注和期待。公示之后，各方面的建设工作都在有条不紊地进行，展现出了济南市对非物质文化遗产的高度重视。这个博览园的规模、项目和档次都是全国之最，占地达到了近千亩。园区的完工和开放，标志着济南市在非物质文化遗产保护和利用方面取得了重要的成果。非遗园的设计和规划都充分考虑了非物质文化遗产的特点和价值。园区内分为多个功能区，如“民间传说区”“神秘文化区”和“民间手工艺区”等，每个功能区都有其独特的主题和内容，为游客提供了丰富的文化体验。而在展示方式上，非遗园采用了先进的技术手段，如四面环绕虚拟投影系统和 4 D 技术等，使得非物质文化遗产的展示更加生动和真实。这些高科技的展示方式不仅能够吸引更多的游客，也能够更好地传承和保护非物质文化遗产。非遗园的建设和开放，不仅是济南市在非物质文化遗产保护和利用方面的一个重要举措，也是对非物质文化遗产经济价值的充分认识和利用。通过向公众展示我国丰富多样的非物质文化遗产，非遗园成功地吸引了大量的游客，为济南市带来了可观的经济效益。

（五）科学价值

在探讨非物质文化遗产的科学价值时，不得不提及其对历史上不同时代的生产力及生产关系发展情况的记录和反映。这些遗产如同一部部活生生的历史教科书，为后人呈现了过去社会的经济形态、生产方式和人们的生活方式。通过对这些遗产的研究，当代学者可以更加深入地了解到古代社会的经济基础、生产技术和社会组织形式，从而为现代社会的发展提供参考和启示。

以中国的传统历法——农历为例，它不仅是一个简单的时间计算工具，更是一个融合了多种学科知识的综合体系。农历中的二十四节气，是古代文献《逸周书·时训》中的重要记载。这些节气并不是随意排列的，它们是基于天文学的精确计算得来的，每一个节气都综合考虑了气候、天文、季节和农作物生长等多方面的因素。这种综合性的考虑，使得农历能够更为准确地反映自然界的变化规律。而这，正是非物质文化遗产的重要科学价值所在。

第二章
非物质文化遗产的保护

第一节　非物质文化遗产保护价值及紧迫性

一、非物质文化遗产保护的价值体现

非物质文化遗产，作为一种独特的文化资源，承载了各个民族和地区的历史、传统和智慧。对其进行的保护不仅仅是为了保存这些宝贵的文化遗产，更是为了传承和发扬这些文化的价值和意义。

（一）促进全球交流，维护文化多样性

非物质文化遗产保护价值体现在多方面，其中之一便是促进全球文化交流，维护文化多样性。非物质文化遗产是各国文化的独特表现，对非物质文化遗产的保护，可以为各国间的文化交流提供丰富的资源和平台。

非物质文化遗产的保护有助于各国间的交流。每个国家和地区都有自己独特的非物质文化遗产，这些非物质文化遗产是各自文化的重要组成部分，也是各国文化特色和历史传统的重要体现。通过非物质文化遗产的保护和传承，可以使各国的文化得以保存和发扬，为国际的文化交流提供了丰富的内容和形式。例如，通过非物质文化遗产的展示和交

流，可以让不同国家和地区的人们更好地了解和欣赏彼此的文化，增进相互的理解和友好往来，为促进国际文化交流和合作提供了有利的条件。同时，非物质文化遗产的保护也是维护文化多样性的重要方式。世界上的文化千差万别，文化的多样性是人类社会的重要特点，也是世界文化的重要财富。非物质文化遗产的保护，可以使不同的文化得以保存和传承，这种保护为维护和丰富文化多样性做出了重要的贡献。通过保护各种不同的非物质文化遗产，世界文化的多样性可以得到保持和发展，从而为人类文化的共同进步提供有益的支持。

（二）增强民族凝聚力与自豪感

非物质文化遗产，作为人类社会的无形遗产，是民族或群体的精神、意志和思想的体现。在历史的长河中，尽管时代不断更迭，但非物质文化遗产得以在曲折中传承下来，与之相伴的还有世代相传的文化传统。非物质文化遗产的保护与传承，为国家和民族提供了一个提升文化软实力的有效途径。文化软实力中所蕴含的民族精神、情感、个性和历史，都凝聚在非物质文化遗产之中，使其成为古老而又鲜活的存在。中华民族的文化经历了五千年的沉淀，留下了丰富的物质和非物质文化遗产。这些遗产不仅仅是历史的见证，更是中华民族的骄傲。

非物质文化遗产，作为中华传统文化的重要组成部分，凝聚着中华民族长时间恪守的道德准则和价值观。它们蕴藏着世代中国人的创造力，内容博大精深，为后人提供了不竭的智慧源泉。民间故事、神话传说如“愚公移山”“孔融让梨”和“黄香温席”等，都是非物质文化遗产的重要组成部分，它们传递了坚韧不拔的意志、礼让和孝敬父母的美德，等等。除此之外，劳动人民的智慧也在非物质文化遗产中得到了体现。景德镇瓷器、山西平阳木版年画、苏绣等，都是彰显劳动人民智慧的手工艺品。对这些非物质文化遗产的保护，不仅可以让更多的人感受到先人的智慧，还可以继续传承这些民族精神的火炬，为未来的发展提供源源不断的动力。保护非物质文化遗产，不仅可以增强民族的凝聚力，还可以增强民族的自豪感。这种自豪感来源于对先人智慧的尊重和传承，也来源于对民族文化的深厚情感。同时，非物质文化遗产的保护也有助于保持民族的个性特征，使其在全球化的背景下仍然能够保持其独特的文化特色。

（三）延伸并继续传承民族文化

文化，作为一个民族的灵魂，是历史的积累和时代的产物。每一种文化都有其独特的形成背景和发展过程，而非物质文化遗产则是这一过程中的精华所在。它们如同历史的见证者，记录着一个民族的成长脚步，反映着一个时代的风貌。从古老的传统手工艺到世代相传的民间歌谣，从神秘的宗教仪式到生活中的风俗习惯，每一种非物质文化遗产都是一个民族文化在某个角度上的缩影。

延伸并继续传承民族文化的价值，不仅体现在对过去的尊重和怀念上，更关乎对未来的期望和探索。在全球化的背景下，各种文化交流和碰撞日益频繁，而非物质文化遗产的保护和传承，正是为了确保这些独特的文化特色不被淹没，确保它们能够在新的时代背景下继续发光发热。更进一步地说，非物质文化遗产的传承，也是对一个民族自我认同的加强。它们如同文化的基因，蕴含着一个民族的智慧和创造力，是连接过去与未来的纽带。通过对非物质文化遗产的研究和传承，可以更好地理解一个民族的历史和文化，更好地认识自己，更好地面对未来的挑战。

（四）推动文化经济的发展

非物质文化遗产，作为一种独特的文化资源，已经成为文化经济发展的重要驱动力。在全球化的背景下，各国都在寻找自己的文化特色和优势，以此来吸引游客、投资和国际合作。非物质文化遗产，无疑为各国提供了这样的机会。

非物质文化遗产的保护和传承不仅仅是为了保存历史和传统，更是为了创造经济价值。例如，各种传统手工艺、表演艺术和口头传统，都可以转化为旅游产品、文化商品和服务，从而为当地经济带来增长。这种转化，需要政府、企业和社区的共同努力，以确保非物质文化遗产的真实性和完整性。此外，非物质文化遗产也为创意产业提供了丰富的素材和灵感。许多设计师、艺术家和企业家都在非物质文化遗产中寻找创意和创新的源泉。例如，传统的纺织技术、建筑风格和音乐节奏，都可以为现代设计、建筑和音乐创作提供新的思路和方向。同时，非物质文化遗产的保护和传承也为当地社区带来了经济机会。许多社区，通过开展文化遗产的教育和培训项目，吸引了大量的游客和学者。这些项目，不仅为当地人提供了就业机会，还为当地经济带来了稳定的收入来源。更为重要的是，非物质文化遗产的保护和传承，也为国家和地区的品牌建设提供了支持。一个国家或地区的文化遗产，往往是其国际形象和声誉的重要组成部分。通过有效地保护和传承非物质文化遗产，各国和地区可以提高其国际知名度和吸引力，从而吸引更多的外国投资和合作。

二、非物质文化遗产保护的紧迫性

非物质文化遗产是一个国家和民族文化传统和历史的重要组成部分，它代表了人类文明的多样性和丰富性。然而，随着现代化进程的加速和全球化的影响，许多非物质文化遗产面临着被遗忘或消失的危险。

（一）传统文化的消逝与非物质文化遗产保护的关联

现代化进程中，科技的快速发展和生活节奏的加快，使得许多传统文化和非物质文化遗产面临着被边缘化和被遗忘的风险。许多传统的手艺和技能，因为缺乏传承和市场的认可，逐渐失去了生命力。同时，现代生活的便利和多样性，也使得许多传统文化和非物质文化遗产失去了原有的社会功能和价值。这种情况的出现，不仅仅是个别非物质文化遗产的损失，更是整个民族文化和人类文化多样性的损失。非物质文化遗产的保护，是对传统文化的尊重和传承。它不仅仅是对过去的纪念，更是对未来的投资。通过保护非物质文化遗产，可以让后代了解和认识到传统文化的价值和意义，同时也可以促进不同文化之间的交流和理解。非物质文化遗产的保护，也是对文化多样性和文化创新的支持。只有了解和尊重传统文化，才能在此基础上创造出新的文化形式和内容。

（二）非物质文化遗产保护对于社区认同感的重要性

非物质文化遗产保护对于社区认同感的重要性不容忽视。非物质文化遗产是一个社区文化传统和历史记忆的重要载体，它包括了传统的表演艺术、社会实践、祭祀仪式、传统工艺等多个方面。这些非物质文化遗产不仅仅是文化的表现形式，更是社区成员共同的文化记忆和精神支柱。

非物质文化遗产的保护，有助于维护和弘扬社区的独特文化，增强社区成员的归属感和认同感。每一个社区都有其独特的文化传统和非物质文化遗产，这些非物质文化遗产是社区成员共同的精神财富，也是社区文化多样性和特色的重要体现。通过保护和传承非物质文化遗产，可以让社区成员更好地理解和珍惜自己的文化传统，增强对社区的认同和归属感。同时，非物质文化遗产的保护也有助于促进社区的文化交流和共享。非物质文化遗产是文化交流和理解的重要桥梁，它可以帮助不同社区的人们相互理解和尊重彼此的文化传统和价值观。非物质文化遗产的保护和传承，可以促进社区内外的文化交流和理解，增进社区成员之间的友好关系和社会和谐。非物质文化遗产的保护，也是对社区传统智慧和技艺的传承。许多非物质文化遗产包含了丰富的传统智慧和技艺，这些智慧和技艺是社区成员长期生活和实践的积累，对于社区的可持续发展和文化创新具有重要的意义。通过保护和传承非物质文化遗产，可以让这些传统智慧和技艺得以保存和发扬，为社区的发展提供有益的支持和资源。此外，非物质文化遗产的保护也是对社区历史和文化的尊重。每一种非物质文化遗产都是社区历史和文化的重要见证，它们记录了社区的历史变迁和文化发展，是社区成员共同的历史记忆和文化基因。保护和传承非物质文化遗产，可以让社区成员更好地理解和尊重自己的历史和文化，增强对社区的认同和尊重。

（三）国际合作与非物质文化遗产保护的紧迫性

非物质文化遗产是各国文化多样性的重要体现，也是人类共同的文化遗产。在全球化的背景下，非物质文化遗产的保护不仅是各国的责任，也是国际社会的共同责任。通过国际合作，全球的资源和智慧可以被集中起来，共同应对非物质文化遗产保护面临的挑战和压力。

非物质文化遗产的保护需要全球的视野和力量。许多非物质文化遗产具有跨国甚至跨文化的特点，它们的保护和传承需要超越国界的合作和支持。通过国际合作，可以建立起全球性的非物质文化遗产保护网络，为非物质文化遗产的保护提供更为广泛和深入的支持。国际合作可以为非物质文化遗产保护提供多方面的支持。例如，通过国际合作，可以加强非物质文化遗产保护的法律法规建设，推动国际非物质文化遗产保护标准的制定和完善。同时，国际合作也可以为非物质文化遗产的保护提供技术和资金支持，推动非物质文化遗产保护的科学化和规范化进程。国际合作还可以促进非物质文化遗产的交流和传播。通过国际合作，可以推动非物质文化遗产的国际交流和展示，让更多人了解和认识非物质文化遗产，增强非物质文化遗产保护的社会认知和支持。同时，国际合作也可以为非物质文化遗产的传承和发展提供更为广泛的平台和机会。国际合作是推动非物质文化遗产保护工作的重要力量，它对于提高非物质文化遗产保护的紧迫性，推动非物质文化遗产保护工作的开展具有不可替代的作用。通过加强国际合作，集中全球的资源和智慧，可以为非物质文化遗产的保护和传承提供更为有力的支持，为维护人类文化多样性和促进文化交流提供重要的保障。

第二节　非物质文化遗产保护的基本理念和原则

一、非物质文化遗产保护的基本理念

理念，作为行动的先导，对于非物质文化遗产的保护具有至关重要的作用。正确的保护理念可以指导人们采取正确的保护措施，避免对非物质文化遗产造成伤害。而错误的保护理念，可能会导致非物质文化遗产的失真、流失甚至消亡。因此，提高全民的“文化自觉”，澄清一些已存在的模糊看法和有害的倾向，树立正确的保护理念，是做好非物质文化遗产保护工作的前提。

（一）唤醒国内民众文化自觉

“文化自觉”这一费孝通先生生前经常提及的概念，为现代社会提供了一个深入的思考方向。它并不仅仅是对文化的简单认知，而是对文化的深入了解和反思。在非物质文化遗产保护中，这一概念尤为重要，因为它涉及如何在全球化的背景下保护和传承本民族的文化遗产。费孝通所描述的文化自觉，强调了对文化的“自知之明”。[①] 这不仅是对文化的简单了解，而且是对文化的深入认知，对其来历、形成过程、特色和发展趋势的全面把握。这种深入的认知，使文化主体在面对文化转型时，能够有更多的自主选择权，能够更好地适应新的环境和时代。文化自觉的基础是文化认同。这种认同既是对文化形式的认可，也是对文化

① 费孝通．关于“文化自觉”的一些自白[J]．学术研究，2003（7）：5.

精神、价值和定位的深入认同。只有真正认同自己的文化，才能够真正地保护和传承它。在非物质文化遗产保护中，这种文化认同尤为重要。因为非物质文化遗产是一个民族的精神象征，是一个民族历史和文化的载体。只有真正地认同它，才能够真正地保护和传承它。除了文化认同，文化自觉还包括文化的自我反思。这是对自己文化的深入思考，也是对其得失的清醒认知。只有深入地反思自己的文化，才能够真正地了解它，才能够真正地把握它、保护它、传承它。在非物质文化遗产保护中，这种自我反思尤为重要。在经济全球化的今天，文化自觉对于保护本民族的精神家园尤为重要。因为在全球化的背景下，各种文化都面临着被同化的风险。只有真正地认同和了解自己的文化，才能够有效地保护和传承它。

文化自觉，深植于民族的根骨，是对自身历史、传统和文化的深刻认知。这种认知是知识的积累，是对自身文化身份的坚定认同。[①] 每一个民族都拥有独特的文化基因，这些基因构成了民族的“自我”。这种“自我”意识如同指南针，指引着民族在历史的长河中前行，不迷失方向。在谈及爱国主义时，很多人可能会想到高亢的口号和激昂的歌曲。然而，真正的爱国情怀，更应该体现在对本民族文化的珍视和传承上。这种情怀，不是简单的情感宣泄，而是对自身文化的深入理解和真正的实践。中华民族文化历经数千年的沉淀，蕴含着丰富的哲学思想、艺术创作和生活智慧。这些文化遗产如同珍贵的宝石，需要每一代人共同守护和传承。在当今这个全球化的时代，各种文化交流和碰撞的机会越来越多。这种交流，既有积极的一面，也有其挑战的一面。如何在这种交流中坚守自己的文化立场，不被异族文化同化，成为每一个民族都需要面对的问题。对于中华民族来说，答案很明确：那就是深化对自身文化的认知，加强对非物质文化遗产的保护。

① 郭慧丽．非物质文化遗产保护关键在于唤起文化自觉[J]．大众文艺：学术版，2010（1）：1.

中国，作为一个历史悠久的文明古国，拥有丰富的非物质文化遗产资源。这些资源不仅仅是历史的见证，更是文化的传承和民族的魂魄。在当今时代，面对全球化的浪潮和多元文化的交融，如何保护和传承这些非物质文化遗产，使其在新的历史时期继续发扬光大，成为一个亟待解决的问题。为此，唤醒国内民众对于非物质文化遗产保护的文化自觉显得尤为重要。国内民众是非物质文化遗产的直接受益者，也是其传承和保护的主体。民众只有真正认识到非物质文化遗产的价值，才能够真正地去珍惜和保护它。因此，加强对非物质文化遗产的宣传和普及，使更多的人了解和认识到其价值，是非常必要的。此外，非物质文化遗产的资源可以采用多种新形式进行充分利用。例如，对非物质文化遗产题材的改编创新，可以使其更加符合现代审美，更加贴近现代人的生活。这样不仅可以使非物质文化遗产得到更好的传承和发扬，还可以使其成为现代人喜闻乐见的文化艺术。事实上，中国在这方面已经有了很多成功的实例。如越剧《梁山伯与祝英台》、黄梅戏《天仙配》、小提琴协奏曲《梁祝》等，都是以古代神话、民间传说、文学典籍等为素材进行改编或再创造的作品，它们不仅深受广大人民群众的喜爱，更是成为世界艺术宝库中的瑰宝。这样的改编与创新，真正实现了传统文化与现代审美的完美结合，也为非物质文化遗产的传承和保护提供了一个全新的方向。因此，应该大力倡导这样的改编与创新，鼓励更多的艺术家和创作者投身于非物质文化遗产的保护和传承工作中，为其注入新的生命力和活力。

近年来，全球范围内对中国非物质文化遗产的关注和欣赏日益增强。这种趋势不仅体现在学术研究和文化交流中，更在商业领域和大众文化中得到了广泛的体现。美国迪士尼的动画长片《花木兰》和好莱坞电影《功夫熊猫》均是以中国文化为背景，获得了商业上的巨大成功。日本与中国艺术家合作的大型芭蕾舞剧《鹊桥》和朝鲜血海歌剧团上演的歌剧《红楼梦》《梁祝》等作品，都是中国非物质文化遗产在国际舞台上的成功案例。这些作品的成功，无疑证明了中国传统文化的普适价值和其深厚的艺术潜能。这是对中国传统文化的肯定，也是对其“普适价值”的认同。然而，当外国艺术家和企业纷纷对中国的非物质文化遗产进行改编和再创造时，也引发了一系列的思考——唤醒国内民众对于非物质文化遗产保护的文化自觉已经刻不容缓。这不仅仅是为了保护和传承中国的传统文化，更是为了维护中国的文化主权和文化自信。

文化自觉是一个民族文化传承的核心动力。在当代社会，为了确保非物质文化遗产得到恰当的保护和传承，教育成为实现这一目标的关键手段。融合非物质文化遗产的内容到国民教育中，不仅能够让这些宝贵的文化遗产走进学校、课堂和社区，还能够确保民间艺人得到应有的尊重和认可。民间艺人是非物质文化遗产的活化石，他们的存在和活动为这些遗产提供了生命力。邀请他们进入学校和社区，不仅提升了他们的社会和经济地位，还为民间文化艺术的传承与发展注入了新的活力。这种合作方式使得民众能够更加深入地了解和欣赏非物质文化遗产，从而更加主动地参与到其保护工作中。对于提高全民的民族文化素质而言，这种教育方式无疑是至关重要的。它不仅帮助民众重新认识和评价非物质文化遗产，还为传统文化的弘扬和发展提供了坚实的基础。许多地区的中小学校已经结合本地的实际情况，开设了与非物质文化遗产相关的课程。例如，北医附中和中关村中学分别将剪纸和抖空竹融入他们的课程中，这种做法不仅丰富了学生的课程体验，还为他们提供了与传统文化直接接触的机会。而中关村第一小学的面塑工作室则展示了如何将传统工艺与现代教育相结合。在这里，学生在老师的指导下，学习并制作了各种面塑作品，这些作品不仅受到了同学们的喜爱，还成为他们之间互赠的礼物。高等教育机构也在非物质文化遗产保护方面发挥了重要作用。中央美术学院、北京大学和清华大学等学校的学生和专家学者共同提出了将每年的1月1日定为“青年文化遗产日”的建议。这一建议旨在鼓励青年群体参与到文化遗产的保护工作中，同时也希望通过这种方式，提高社会各界对非物质文化遗产的关注度。

（二）要更新抢救与保护的观念

非物质文化遗产作为一个国家和民族的精神财富，已经受到了广大国民的广泛关注。各地区纷纷采取措施，积极开展相关的保护工作。然而，在这一过程中，仍然存在一些误区和不当的保护观念，这些观念不仅影响了保护工作的深入开展，而且可能导致保护工作的前功尽弃。在众多的误区中，有一种观念尤为突出，那就是将非物质文化遗产的抢救与保护视为一场短暂的“运动”。这种观念认为，只要投入一段时间和精力，就可以完成非物质文化遗产的保护工作，而不需要为此做长期的打算和准备。这种观念的存在，无疑是对非物质文化遗产保护工作的误解。事实上，非物质文化遗产的保护绝非一蹴而就的事情。它需要长期、持续的努力，需要科学的方法和策略，更需要深入的研究和探索。因为非物质文化遗产不同于物质形态的文化遗产，它更多地体现在民族的生活方式、思维方式、价值观念等方面，这些都是难以用简单的方式进行保护的。此外，非物质文化遗产的保护也不能仅仅停留在表面。单纯的保存和展示，并不能真正实现非物质文化遗产的传承和发展。真正的保护，应该是让非物质文化遗产在现代社会中得到新的生命，让它与现代文化相融合，共同发展。因此，对于非物质文化遗产的保护工作，必须摒弃那些短视和片面的观念，树立正确的保护理念。这需要各地区在开展保护工作时，不仅要有长远的眼光，还要结合实际，制定科学的保护策略和方法。

文化，作为一个民族的凝聚力和创造力的重要源泉，日益成为体现国家综合竞争力的关键因素。[①] 在全球范围内，各国对文化遗产的保护都给予了高度的重视，视其为提升文化软实力的关键策略。我国政府对

① 范周，杨矞．改革开放四十年中国文化产业发展历程与成就[J]．山东大学学报：哲学社会科学版，2018（4）：14.

文化遗产保护的态度尤为坚决，视其为一项功在当代、利在千秋的重大任务。实践中的扎实保护工作也证明了非物质文化遗产的价值，它不仅是传承和延续中华文脉的关键，更是发展国家文化软实力的宝贵资源。非物质文化遗产如同一条流淌的河流，体现了中华民族薪火相传、自强不息的民族精神。它的存在，不仅仅是历史的见证，更是关于未来的启示。对非物质文化遗产的保护，意味着对这种深厚文化传统的尊重和继承。深入挖掘和展示非物质文化遗产的深刻内涵和价值，可以为时代的发展进步提供强大的精神支撑。这种保护和挖掘，不仅可以弘扬中华民族的优秀传统文化，更可以培养社会主义核心价值观，满足人民的文化需求。

非物质文化遗产，作为一种无形的、不可重复的文化现象，其存在的意义远超过简单的历史记录。这种遗产的载体是人的具体活动过程，它融入了民众的日常生活，与特定的文化生态环境息息相关。这种遗产不仅仅是历史的见证，更是文化的延续，是一种活态的、不断生成的文化特性。然而，随着全球化的步伐加快和现代化的飞速发展，文化生态正在经历巨大的变革。这种变革虽然为社会带来了许多新的机会，但也给非物质文化遗产的保护与传承带来了前所未有的挑战。抢救，作为非物质文化遗产保护的首要任务，其重要性不言而喻。在文化生态发生巨变的今天，许多非物质文化遗产正面临着被遗忘的危险。为了确保这些遗产得到有效的保护，抢救工作显得尤为紧迫。但仅仅抢救是不够的，更重要的是如何确保这些遗产在未来得到持续的传承。保护与传承，是非物质文化遗产得以延续的关键。对于那些处于弱势地位、脆弱无比的非物质文化遗产，需要采取更为有力的措施，确保它们在现代社会中仍然能够焕发出生机与活力。这不仅是对祖先的尊重，更是对历史和文化的尊重。时代在变，文化也在变，但非物质文化遗产的价值是恒久不变的。这是一份祖先传下来的精神财富，也是一份对未来的承诺。对于每一个珍视、尊重这份遗产的人来说，保护和传承非物质文化遗产不仅是一种责任，更是一种使命。面对时代的挑战，需要更为深入的思考、更为创新的方法，确保这份宝贵的遗产得到应有的尊重和传承。

非物质文化遗产的抢救与保护，被视为未来长期应坚守的国策。这不仅仅是一个简单的政策决策，而是涉及整个社会，包括政府和广大民众的共同努力。这是一项浩大的文化工程，其目的不仅是为了短期内的成果，而是希望通过持续、稳定的努力，使非物质文化遗产得到长久的传承和保护。当谈到这样的文化工程时，很多人可能首先想到的是资金问题，但资金并不是决定文化遗产保护成功与否的唯一因素。更为关键的是，各级政府部门对于文化遗产保护的意义要有深刻的认识。这不仅仅是对文化遗产的价值有所了解，更是要对其有满腔的热情和高度的责任感。只有这样，才能真正动员起所有的资源，避免被动地等待、依赖或索要，而是积极主动地利用现有条件，甚至创造更好的条件，为非物质文化遗产的抢救与保护做出实实在在的贡献。非物质文化遗产是一个国家、一个民族的骄傲。它承载了历史的记忆，代表了一个民族的智慧和创造力。因此，对其进行抢救和保护，不仅是为了保留历史，更是为了传承文化，为后代留下宝贵的遗产。这需要全社会的共同努力，需要每一个人都认识到其重要性，都为之付出努力。

（三）在保护方法上，既不能“死保”而不用，又要避免极端实用主义的倾向

在非物质文化遗产保护的实践中，一个核心的挑战是如何平衡保存与利用。有时，过于重视保存，可能会导致文化遗产的“固化”或“静止”。例如，一些图书馆、博物馆和档案馆可能会过于珍视他们所收藏的文化遗产，以至于这些遗产被封存起来，不被外界所知。这种做法虽然确保了文化遗产的安全，但却限制了其流通和利用，降低了其价值。这种“死保”的方式，虽然在某种程度上确保了文化遗产的安全，但却限制了其流通和利用。长时间的封存，不仅使得这些珍贵的资料失去了

其应有的价值，甚至可能因为长时间不使用而导致其损坏。这种做法显然是不可取的。相反，应该寻找一种“活保”的方法，即在确保文化遗产安全的同时，也能充分发挥其价值。例如，可以利用现代技术，如声光影像技术，对文化遗产进行复原，使其真实再现。对于那些不能永久保存的文化遗产，应该在其“有生之年”充分发挥其作用，发掘其价值，并设法让其以另一种方式得以永久保存。天津中华民族文化促进会与有关部门的合作就是一个很好的例子。他们开始了一项称为京剧“音配像”的工作，即对一批老艺术家在他们艺术巅峰时期的声音资料进行修补和翻制，然后配上一些正值盛年的演员的表演，制成录像资料。这项工作历时 21 年，最终完成了一整套《中国京剧音配像精粹》，为我国非物质文化遗产保护提供了一个很好的范本。[①]

“静态保护还是动态保护”这一问题，实际上探讨的是非物质文化遗产应如何适应时代的变迁。文化，作为一个生动的体系，其内在的均衡是相对的，而其发展和变化则是持续不断的。因此，对于非物质文化遗产，单纯地进行凝固式、化石式、标本式的保护，不仅不能真正保存其内在的生命力，反而可能导致其失去活力和意义。联合国教科文组织对于非物质文化遗产的保护理念，实际上已经为非物质文化保护提供了明确的方向，即非物质文化遗产的保护不仅仅是对其进行保存，更重要的是确保其具有可持续发展的可能性。这一点，对于很多文化工作者来说，可能还不够清晰。在他们的眼中，对于那些濒临灭亡的文化遗产，只要进行保存，就等于完成了保护的任务；而对于那些仍然具有生命力的传统，他们往往满足于维持其原貌，而忽视了其内在的发展需求。但事实上，真正的保护，应当是一个动态的过程。它不仅要确保非物质文化遗产在物质层面上的保存，更要确保其在精神层面上的传承和发展。这就要求我们在保护方法上，既不能“死保”而不用，又要避免极端实

① 李荣启.非物质文化遗产保护研究文集[M].北京：文化艺术出版社，2016：255.

用主义的倾向。

非物质文化遗产保护的理念在近年来已经发生了深刻的变化。过去，人们可能更偏向于“死保”这些文化遗产，即将其封存，不让其与外界接触，以防其被污染或失真。但这种做法实际上限制了非物质文化遗产的生命力，使其失去了与现代社会互动的机会。现代的保护理念更强调“活保”。这意味着要让非物质文化遗产在现代社会中发挥其应有的作用，与现代生活相结合，既保持其原始性，又不失其活力。这种做法不仅可以使非物质文化遗产得到更好的传承，还可以使其在现代社会中发挥更大的作用。例如，民俗旅游业的发展就是“活保”理念的一个很好的体现。通过合理地发展民俗旅游业，可以使更多的人了解和接触到这些非物质文化遗产，从而增强其在现代社会中的影响力。但在发展民俗旅游业的过程中，也要避免走向极端实用主义的倾向，不能只注重对民俗事象形式上的模仿，而忽视了其深层次的文化内涵。最为典型的一个成功案例便是云南省通过建设民族典型村寨，展示各民族的民族风情，既保持了民族文化的原汁原味，又使其在现代社会中得到了很好的传播。这种做法既得到了社会的普遍好评，又取得了良好的经济效益，真正实现了非物质文化遗产的“活保”。它不仅仅是为了展示，更是为了让这些文化遗产在现代社会中发挥其应有的作用，与现代生活相结合，使其既保持原始性，又不失活力。此外，弥勒市“民族歌舞之乡”和嵩明县“花灯之乡”的成功经验也证明了这一点。它们都有效地发挥了当地民俗文化的优势，把保护民俗文化和发展经济有机结合起来，用旅游来带动当地民俗资源的保护。

二、非物质文化遗产保护基本原则

原则，是非物质文化遗产保护的根本依据。正确的保护原则，可以确保非物质文化遗产的真实性、完整性和连续性。而错误的保护原则可能会导致非物质文化遗产的失真、断裂甚至消亡。因此，确立正确的保护原则，是做好非物质文化遗产保护工作的基础。如图 2-1。

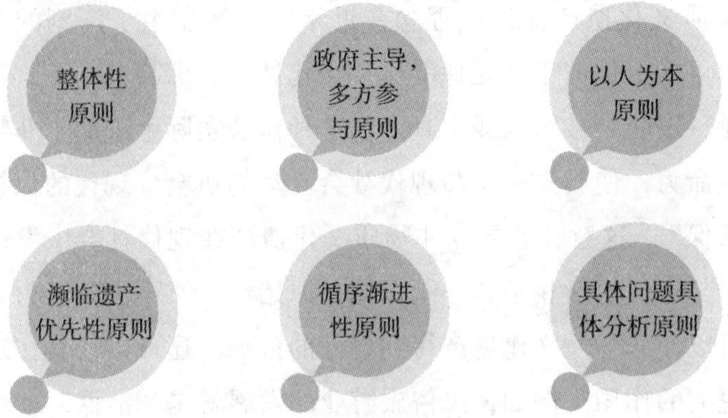

图 2-1　非物质文化遗产保护原则

（一）整体性原则

非物质文化遗产保护是一项重要的文化事业，它关乎着一个国家乃至整个人类社会的文化传承和多样性。在进行非物质文化遗产保护时，有一些基本原则需要遵循，其中之一就是整体性原则。

整体性原则是非物质文化遗产保护的基石之一。这一原则强调了对非物质文化遗产的整体性和完整性的保护。它要求我们不仅仅关注非物质文化遗产的一部分，而是要全面地保护和传承整个非物质文化遗产，以确保其不被分割、扭曲或削弱。整体性原则要求将非物质文化遗产视为一个有机整体，而不是孤立的元素。这意味着在保护和传承非物质文化遗产时，应该考虑到其各个方面的相互关联和相互作用。非物质文化遗产往往由多个元素组成，包括传统技艺、口头传承、节庆活动等等，这些元素之间相互依存，构成了一个复杂的文化体系。因此，在保护时，需要综合考虑这些元素，确保它们能够协调发展，而不是被分割或孤立出来。整体性原则强调了非物质文化遗产的传承和创新之间的平衡。传承是保护非物质文化遗产的重要任务之一，但传承并不等同于僵化地保持不变。文化是不断发展变化的，非物质文化遗产也应该能够适应新的环境和社会条件。因此，在保护非物质文化遗产时，我们需要同时注重传承和创新，以确保它们能够与时俱进，继续为社会生活和文化表达提供丰富资源。此外，整体性原则还要求将非物质文化遗产保护纳入更广泛的文化政策和社会发展计划中。非物质文化遗产不仅仅是文化的一部分，它还与社会、经济、环境等多个领域相互关联。因此，保护非物质文化遗产需要跨部门的协作和综合性的政策支持。这包括制定文化政策、教育政策、经济发展政策等，以确保非物质文化遗产在多个层面得到充分的保护和发展。

（二）政府主导，多方参与原则

非物质文化遗产保护基本原则之一是政府主导，多方参与原则。这一原则反映了非物质文化遗产保护的复杂性和多层次性，以及政府在这一过程中的关键作用。政府主导，多方参与原则体现了保护非物质文化遗产所需的合作、协调和共同努力，以确保这一珍贵的文化遗产得以传承和保护。

政府主导，多方参与原则首先意味着政府在非物质文化遗产保护中担任领导角色。政府作为社会组织和资源分配的主要机构，具有制定政策、法规和计划的权力和责任。政府的主导是保护工作的基础，它能够确保保护工作的合法性和稳定性。政府还可以提供财政支持，协调各方合作，促进资源的整合和分配。与此同时，政府主导并不意味着独断专行。多方参与原则强调了各利益相关者的参与和合作。这包括社区、民间组织、学术界、艺术家和其他文化从业者。他们在非物质文化遗产的保护中发挥着重要作用，因为他们拥有深厚的文化知识和经验。政府应当积极地与这些利益相关者协商合作，听取他们的意见和建议，确保保护工作符合实际情况和当地文化的需求。政府主导，多方参与原则还需要建立有效的合作机制和协调机构。这些机构可以促进信息共享、资源整合和合作项目的开展。政府可以通过制定政策和法规，为合作提供法律依据，确保各方遵守共同的准则和标准。此外，政府还应当推动教育和培训，提高各利益相关者的保护意识和能力。

在政府主导，多方参与原则的指导下，非物质文化遗产的保护工作能够更加全面、有效地进行。政府的主导确保了保护工作的组织和协调，而多方参与则充分利用了各方的专业知识和资源。这种协作模式有助于保护非物质文化遗产的多样性和丰富性，使其能够在现代社会中得以传承和发展。

（三）以人为本原则

非物质文化遗产保护工作的核心理念是以人为本。这一原则不仅体现在对文化遗产的保护中，更是对每一位参与者、每一位继承者的尊重和关心。中华民族丰富多彩的民族文化，正是由无数人在历史的长河中创造和传承下来的，因此，保护这些文化遗产，实际上就是保护每一个人的文化记忆和情感纽带。在非物质文化遗产的保护和利用过程中，以人为本原则的体现尤为关键。这意味着，所有的保护措施和策略，都应当围绕着满足人民大众的物质和文化需求来展开。这样的策略不仅能够确保文化遗产得到有效的保护，还能够调动人们对于保护非物质文化遗产的热情和积极性。因为，当人们感受到自己的文化被尊重和重视时，他们自然会更加珍惜和努力地传承这些文化。同时，以人为本也意味着要尊重和认真听取群众的意见和建议。在非物质文化遗产的保护工作中，群众既是文化遗产的继承者，也是文化遗产的创造者。他们对文化遗产的价值和意义有着深刻的理解和体验，因此，他们的意见和建议往往是非常宝贵的。只有真正做到兼顾群众的利益，才能确保非物质文化遗产得到真正的保护。

（四）濒临遗产优先性原则

非物质文化遗产作为一个国家或民族在漫长的历史时期中积累并

传承下来的文化瑰宝，蕴含着深厚的历史价值、艺术纪念价值和科学价值。这些遗产是文化的精华，是民族的魂魄，是历史的见证。然而，面对如此丰富的非物质文化遗产，现实的挑战是，由于各种原因，包括传承人的健康状况、社会转型等，许多非物质文化遗产正面临着濒临灭绝的危机。在这种背景下，濒临遗产优先性原则应运而生。这一原则的核心思想是：在面对众多的非物质文化遗产时，必须明确保护的优先级，确保那些处于濒危状态的遗产得到及时、有效的保护。这不仅是为了保存这些遗产本身，更是为了确保后代能够继续从这些遗产中汲取智慧，创造新的文化，同时也为了进一步丰富全球的文化宝库。例如，《二泉映月》这一传世之作，正是在其作者阿炳身患重病之际，得到了杨荫浏、曹安和、祝世匡等著名音乐家的及时抢救，才得以流传至今。这一事例充分说明了濒临遗产优先性原则的重要性。

（五）循序渐进性原则

循序渐进性原则在非物质文化遗产的保护工作中占有重要的地位，它意味着在非物质文化遗产的保护工作中，需要有一个明确的方向和步骤，而不是盲目地、急功近利地进行。这一原则的核心是通过稳定、持续和有序的方式，逐步推进非物质文化遗产的保护和传承工作，确保非物质文化遗产得到有效的保护，同时也为非物质文化遗产的传承和发展提供有利的条件。

非物质文化遗产保护是一个长期、系统和复杂的工程，它涉及法律法规的制定、资金的投入、传承人的培训、社区的参与等多个方面。因此，需要在明确的方向和计划指导下，逐步推进非物质文化遗产的保护工作，避免盲目和急功近利的做法，确保非物质文化遗产保护工作的可持续性和有效性。循序渐进性原则强调的是一个稳健和可持续的发展路径。通过明确的目标和计划，可以确保非物质文化遗产保护工作的连续性和稳定性，避免因为急功近利和盲目行动而导致的资源浪费和非物质文化遗产保护工作的失败。同时，循序渐进性原则也为非物质文化遗产保护工作提供了一个清晰、明确和可操作的框架，有助于提高非物质文化遗产保护工作的效率和效果。在实际操作中，循序渐进性原则要求各级政府和相关部门，根据实际情况和非物质文化遗产的保护需求，制订合理的保护计划和措施，确保每一个步骤都有明确的目标和评估标准，确保非物质文化遗产保护工作的质量和效果。同时，也需要通过法律法规、政策指导和资金支持等方式，为非物质文化遗产保护工作提供必要的支持和保障，确保非物质文化遗产保护工作的顺利推进。

（六）具体问题具体分析原则

非物质文化遗产的形态多样，包括但不限于传统表演艺术、传统工艺技艺、传统知识和实践等。每种非物质文化遗产的保护需求和方式都有所不同。例如，传统表演艺术需要通过培训、演出和录制等方式进行保护和传承，而传统工艺技艺则需要通过技艺传授、展示和市场推广等方式进行保护和传承。具体问题具体分析的原则要求在非物质文化遗产保护工作中，针对每种非物质文化遗产的特点和现状，制订出具有针对性的保护措施和方案。这样做不仅可以确保非物质文化遗产得到有效的保护，还可以促进非物质文化遗产的传承和发展。例如，对于面临失传风险的非物质文化遗产，应当优先考虑采取急救措施，如录制、整理和出版等，以确保非物质文化遗产的基本信息和技艺得以保存。而对于具有较高生命力的非物质文化遗产，则可以通过举办展览、演出和市场推广等方式，促进非物质文化遗产的传播和发展。同时，具体问题具体分析的原则也要求非物质文化遗产保护工作要与时俱进，根据社会经济发展的变化和非物质文化遗产传承的实际情况，不断调整和完善保护措施和方案。例如，随着数字技术的发展，可以利用数字化、网络化等现代技术手段，对非物质文化遗产进行记录、展示和传播，为非物质文化遗产的保护和传承提供新的途径和方式。

第三节 非物质文化遗产保护主体与保护方式

一、国际组织

非物质文化遗产的国际保护中，联合国教科文组织（UNESCO）无疑扮演了核心角色。自其成立之日起，该组织便致力于指导和推动全球文化遗产的抢救与保护。在其多年的努力下，多项重要的公约、建议案和工程相继推出，为各国非物质文化遗产的保护提供了有力的支撑。

1972 年，联合国教科文组织颁布了《保护世界文化和自然遗产公约》，这一公约的出台标志着全球文化和自然遗产保护工作的正式启动。随后，该组织成立了“世界遗产委员会”，并审定了《世界遗产名录》，为全球的文化和自然遗产提供了一个权威的认证。1989 年，《保护传统文化与民间文化建议案》的推出，为民间文化的贮存、保存、传播和保护提供了一个科学合理的框架。这一建议案的出台，进一步强化了对民间文化的重视和保护。进入 20 世纪 90 年代，联合国教科文组织的工作重心逐渐转向非物质文化遗产的保护。1992 年的“世界记忆工程”和 1993 年的“人类活珍宝”项目，都是为了保护和传承那些濒临失传的非物质文化遗产。特别是 1998 年的人类口头和非物质遗产公告活动，它不仅为非物质文化遗产提供了一个展示的平台，还为其赋予了更高的价值和地位。

2003 年 10 月《保护非物质文化遗产公约》的通过，不仅为非物质文化遗产的保护提供了一个全新的框架，更是为全球的非物质文化遗产保护工作提供了一个明确的方向。它的影响深远，已经成为各国非物质文化遗产保护工作的重要参考。随着联合国教科文组织推出的一系列与非物质文化遗产保护相关的行动，全球的非物质文化遗产保护工作得到了前所未有的关注。各国纷纷响应，加大了对非物质文化遗产的保护力度，形成了一轮保护非物质文化遗产的热潮。此外，联合国教科文组织还设立了“非物质文化遗产保护项目”，通过资金、技术、培训等方式，帮助各国开展非物质文化遗产的保护和传承工作。

二、国家政府

非物质文化遗产，作为一个国家和民族的精神象征，承载着丰富的历史、文化和传统信息。它们是历史的见证，是文化的继承，是民族的骄傲。在这一背景下，国家政府的角色显得尤为关键。从物权的视角看，国家不仅是非物质文化遗产的所有权主体，更是其最终的守护者。这种所有权不仅仅是法律上的规定，更是对文化遗产的占有、使用、收益和处分权的综合体现。这种权利的存在，意味着国家政府对非物质文化遗产有着无可替代的责任和义务。

（一）建立法律法规保护的制度体系

法律和制度是社会运行的基石，为非物质文化遗产的保护提供了坚实的支撑。国家政府通过制定和完善相关法律法规，确保非物质文化遗产得到应有的重视和保护。这些法律不仅明确了非物质文化遗产的定义和范围，还为其保护和传承提供了明确的指导和规范。加强对非物质文化遗产的保护和传承立法，意味着国家政府对这些遗产的价值和重要性有了更深入的认识。完善的法律法规不仅为非物质文化遗产的保护提供了法律依据，还为相关的研究和调查提供了支持。这些研究和调查有助于更好地了解非物质文化遗产的现状，为其保护和传承提供科学依据。明确非物质文化遗产的保护、传承范围和方式，是确保这些遗产得到有效保护的关键。不同的非物质文化遗产可能需要不同的保护和传承方式，而国家政府通过深入的调查和研究，可以为这些遗产制定更为合适的保护措施。制度体系的建立是为了保护非物质文化遗产本身，更是为了确保这些遗产得到恰当的传承。非物质文化遗产的价值不仅在于其历史和文化的意义，更在于其对后代的启示和教育。国家政府通过制定和完善相关法律法规，确保这些遗产得到有效的传承，为后代提供宝贵的文化资源。

（二）建立权威、全面、科学的非物质文化遗产决策机构

为了确保非物质文化遗产得到有效的保护和传承，各国都应考虑建立一个权威、全面、科学的非物质文化遗产决策机构。这样的决策机构应由相关管理部门与有关专家共同组成。这不仅能确保机构的权威性，还能够确保决策的科学性和准确性。因为非物质文化遗产的保护和传承涉及多种复杂的因素，需要各方面的专家共同参与，为政府提供科学、合理的建议。为了进一步确保决策的准确与合法，国家应该制定明确的关于遗产决策项目评审专家的资格和组成规定。这意味着，不仅要吸收那些在学术界有着深厚造诣的学者，还要考虑到那些年富力强、有着丰富实践经验的学术带头人。他们的智慧和专长，将为政府在非物质文化遗产的决策过程中提供宝贵的参考。

此外，为了保证非物质文化遗产保护和利用项目决策的合理性、专业性、公正性，国家还应建立和完善决策的程序规范。这包括对每个决策程序提出明确的管理要求，确保每一个步骤都是透明、公正的。这样，不仅可以确保决策的科学性，还能够增强公众对决策的信任。

（三）不断加强国际交流与合作

国际交流与合作的意义不仅在于共同探讨和解决非物质文化遗产的保护和传承问题，更在于通过这种交流，各国可以相互学习、借鉴，从而更好地保护和传承各自的非物质文化遗产。每一个国家都有其独特的非物质文化遗产，这些遗产是各国文化的瑰宝，也是人类文明的共同财富。因此，各国政府有责任和义务加强国际交流与合作，共同努力，确

保这些宝贵的文化遗产得到妥善的保护和传承。在国际交流与合作的过程中，各国不仅可以分享自己的成功经验，还可以针对遇到的问题和挑战进行深入的探讨和研究。这种交流和合作不仅有助于提高各国在非物质文化遗产保护和传承方面的能力，还可以加强各国之间的友好关系和互信。此外，通过国际交流与合作，各国还可以形成共识和合作机制。这种共识和合作机制是非物质文化遗产保护和传承工作的重要保障。只有各国真正达成共识，形成有效的合作机制，才能确保非物质文化遗产得到真正的保护和传承。

（四）不断加强非物质文化遗产的宣传和普及

非物质文化遗产，作为一笔珍贵的文化财富，蕴含着深厚的历史、文化和社会价值。这种文化遗产不仅仅是历史的见证，更是各个民族、各个社区的骄傲和标志。它代表了一个国家、一个民族、一个社区的文化传统、历史记忆和生活方式。因此，对非物质文化遗产的宣传和普及显得尤为重要。各级政府部门、文化机构和社会组织都已经认识到非物质文化遗产对社会发展和文化自信的重要意义，为此，他们都在努力加强对非物质文化遗产的宣传和普及。这种宣传和普及不仅可以让更多的人了解和认识非物质文化遗产的重要性和价值，还可以增强公众对其保护和传承的意识和能力。为了让非物质文化遗产得到更广泛的传播和推广，各级政府部门、文化机构和社会组织都采取了多种形式。例如，他们会举办各种展览，展示非物质文化遗产的丰富内容和独特魅力。这些展览不仅可以让公众近距离地了解和欣赏非物质文化遗产，还可以提高公众对其的认知和尊重。

除了展览，文化活动也是宣传和普及非物质文化遗产的重要方式。通过各种文化活动，如演出、讲座、工作坊等，公众可以更加直观地了解非物质文化遗产的内涵和价值。这些活动不仅可以让公众更加深入地了解非物质文化遗产，还可以激发他们对其的兴趣和热情。出版相关书籍也是宣传和普及非物质文化遗产的有效手段。这些书籍不仅可以为公众提供详尽的非物质文化遗产知识，还可以为研究者和学者提供宝贵的研究资料。通过这些书籍，公众可以更加系统地了解非物质文化遗产的历史、文化和社会价值。

三、非物质文化遗产保护机构

非物质文化遗产作为一个国家和民族的文化瑰宝，对它的保护不应仅仅是一个口号或政策，更应是一个涉及多方面、多层次的系统工程。在这个庞大的系统中，非物质文化遗产保护机构起到了至关重要的作用。它们是这场保护运动的核心力量，是将政策和方略转化为实际行动的关键。

（一）艺术研究院、所

文化艺术研究院和研究所的学术实力是其最大的优势。这些单位汇聚了大量精通业务的专业人员，他们对非物质文化遗产或民间文化艺术有深入的研究和了解。这种学术背景使得这些机构能够为非物质文化遗产的抢救与保护提供有力的智力支持。例如，中国艺术研究院下设的“中国非物质文化遗产研究保护国家中心”就是一个专门从事非物质文化遗产研究和保护工作的国家级机构。这样的专业机构能够确保非物质文化遗产的保护工作得到科学、系统和持续的推进。此外，这些研究院和研究所通常都设有专门的资料管理机构和管理人员。他们负责大量的资料挖掘、收集和整理工作。这些资料是非物质文化遗产研究和保护的宝贵资源，为后续的研究、传承和推广提供了坚实的基础。例如，中国社会科学院民族文学研究所就是一个专门从事民族民间文学研究的科研机构。这些单位所积累的宝贵基础资料，大多保存在国家和各地的艺术研究院、所等机构中，为后人提供了宝贵的研究资源。

（二）民间团体

在非物质文化遗产的保护机构中，民间团体的角色不可忽视。在中国，这些团体已经为非物质文化遗产的抢救和保护做出了杰出的贡献。它们的存在和努力，确保了世代相传的文化遗产得以保存和传承。

中国民俗学会及其在各地的分会，是这一领域的佼佼者。它们不仅致力于民俗调查研究和田野考察，还搜集、采录和整理了大量的民俗资料。这些资料的存在为后来的研究者提供了宝贵的参考。此外，这些学会还出版了众多的调查报告和研究著作，为我国的民俗文化研究提供了丰富的资源。中国民间文艺研究会也在非物质文化遗产的保护中发挥了关键作用。它成功地组织、编纂并出版了中国民间文学的三套“集成”。这些集成为研究者提供了宝贵的文献资源，也为普通读者提供了了解和欣赏民间文学的机会。中国民间文艺家协会启动并实施了“中国民间文化遗产抢救工程”。这一工程标志着中国非物质文化遗产保护的方向发生了重大变革。从此，保护工作不再仅仅局限于某个具体的项目，而是走上了整体性的全面保护阶段。此外，各地也涌现出了大量的民间团体，如苏州评弹研究会、昆山昆曲研究会和陕北民歌研究会等。这些团体都在非物质文化遗产的保护工作中发挥了积极的作用。它们不仅组织了各种保护活动，还为相关的文化遗产提供了宝贵的研究资料。

（三）公共文化机构

图书馆、艺术档案馆、博物馆、科技馆等公共文化机构都有其独特的功能和优势。图书馆和艺术档案馆在图文资料和音像资料的搜集、整理、保存、利用方面具有不可替代的作用。它们为非物质文化遗产提供了一个安全、稳定的存储环境，确保了这些宝贵资料不会因时间的流逝而遗失或损坏。而博物馆和科技馆则在对文化遗产的收藏、诠释和展出方面发挥着关键作用。它们通过各种展览和活动，让更多的人了解和欣赏非物质文化遗产，增强了公众对文化遗产的认识和尊重。群众艺术馆和文化馆在组织民间传统文化活动、进行辅导培训方面也做出了杰出的贡献。它们为民间艺人提供了一个展示和传承技艺的平台，同时也为公众提供了学习和体验传统文化的机会。这些活动不仅增强了民众对非物质文化遗产的认同感，还为传统文化的传承和发展注入了新的活力。

在我国西南地区，少数民族的传统文化资源保护已经成功地采纳了博物馆这一方式，在西南地区出现了多种博物馆形式，包括普通博物馆、村寨博物馆和生态博物馆等。这些博物馆各具特色，但都致力于为非物质文化遗产提供一个安全、稳定的环境。以收藏少数民族文物为主的普通博物馆，如西南民族大学博物馆、凉山彝族奴隶制博物馆、四川大学博物馆和四川省博物馆，都为民族传统工艺品和文化提供了一个展示和研究的空间。其中，四川省博物馆收藏的漆器，已经涵盖了凉山彝族传统漆器的主要种类、器形和纹饰图案，这无疑为彝族传统漆艺文化的保护提供了坚实的支撑。与此同时，生态博物馆的出现为非物质文化遗产的保护带来了新的思路。这种博物馆形式强调文化遗产在其原有环境中的原状、动态和整体保护。贵州六枝梭戛生态博物馆，作为中国的第一座生态博物馆，自 1998 年开馆以来，已经为西南地区的非物质文化遗产保护提供了宝贵的经验。这些经验不仅证明了生态博物馆在非物质文化遗产保护中的重要性，也为其他地区提供了可借鉴的模式。

（四）传统艺术表演团体

传统艺术表演团体作为非物质文化遗产的活跃传承者，为古老的艺术形式和传统提供了一个生动的舞台。它们的存在，不仅仅是为了娱乐，更是为了教育、启发和传承。

在当今社会，随着科技的进步和生活节奏的加快，传统艺术表演可能面临被边缘化的风险。但是，正是这些传统艺术表演团体通过不懈的努力，使得这些古老的艺术形式得以延续。它们通过各种方式，如公开演出、教育培训和文化交流，使得更多的人能够接触和了解这些传统艺术。为了确保这些传统艺术得到有效的保护和传承，非物质文化遗产保护机构与传统艺术表演团体之间的合作显得尤为重要。保护机构可以为这些团体提供必要的支持和资源，如资金援助、培训和技术支持。同时，这些团体也可以为保护机构提供宝贵的第一手资料和经验，帮助其更好地制定和实施保护策略。除此之外，非物质文化遗产保护的方式和手段也在不断地创新和发展。例如，数字化技术的应用，使得传统艺术表演可以被记录、保存和传播到更广泛的受众。通过虚拟现实和增强现实技术，观众可以更加真实地体验这些传统艺术，增强其对非物质文化遗产的认识和尊重。

四、社区与民众

社区是非物质文化遗产的发源地和主要载体。它是文化传承的基础，是非物质文化遗产得以保存、发展和传承的关键。每一个社区都有其独特的文化传统和习俗，这些传统和习俗构成了该社区的文化基因。社区成员通过日常生活中的实践和交往，将这些文化基因代代相传，使其得以延续。而民众是非物质文化遗产的实践者和传承者，他们通过口头传统、表演艺术、社会实践活动等方式，将非物质文化遗产融入日常生活，使其成为生活的一部分。民众的参与不仅仅是对非物质文化遗产的实践，更是对其的传承和发扬。

（一）文化教育与培训

通过在社区开设相关课程，可以让民众，特别是年轻一代，更好地了解和珍视本地的非物质文化遗产。这不仅可以增强他们的文化自觉性，还可以培养他们的责任感。当他们了解到非物质文化遗产的价值和意义后，他们会更加珍视和尊重非物质文化遗产，从而更加积极地参与到非物质文化遗产的保护中来。

（二）文化活动与交流

社区，作为非物质文化遗产的直接环境，拥有丰富的文化资源。定期在社区组织相关的文化活动，如传统节日庆典、手工艺展览、传统音乐会等，不仅能够为民众提供一个了解和体验非物质文化遗产的平台，更能够激发民众对传统文化的兴趣和热情。这种直接的文化体验，能够让民众更加深入地了解非物质文化遗产的内涵和价值，从而产生对其的保护意识。

（三）文化资料的收集与整理

文化资料的收集与整理是非物质文化遗产保护的基石。口述历史、影像资料、文字记录等，都是对非物质文化遗产进行深入研究和传承的重要依据。这些资料往往蕴含着丰富的文化信息和历史背景，是对非物质文化遗产进行深入了解和研究的关键。而鼓励民众参与这一过程，不仅可以更好地挖掘和保存这些宝贵的资料，更可以增强民众对非物质文化遗产的认同感和归属感。社区与民众的参与，使得非物质文化遗产的保护工作更加接地气，更具有实效性。他们对非物质文化遗产的了解和体验，往往超过外部的研究者和专家。他们的参与，可以使得非物质文化遗产的保护工作更加贴近实际，更具有针对性。

第三章
非物质文化遗产的传承

第一节　非物质文化遗产的传承人

一、非物质文化遗产传承人的概述

非物质文化遗产的传承人在文化传承中扮演着至关重要的角色。他们是文化遗产的守护者，是历史与现代之间的桥梁，是传统与创新之间的纽带。

（一）非物质文化遗产传承人的概念

祁庆富教授，作为我国著名的民族学家，对“传承和传承人”的学术史进行了深入的梳理与分析。在他的定义中，“传承人”是那些在非物质文化遗产传承过程中，代表某项遗产深厚的民族民间文化传统，掌握杰出的技术、技艺、技能，并为社区、群体、族群所公认的有影响力的人物。[①] 这一定义突出了传承人在文化传承中的核心地位，他们不仅是技术和技艺的掌握者，更是文化和传统的代表。基于对这一概念的理解以及对《中华人民共和国非物质文化遗产法》中关于传承人的相关论

① 祁庆富．论非物质文化遗产保护中的传承及传承人[J]．西北民族研究，2006（3）：11.

述，本书对非物质文化传承人的概念作了以下界定：非物质文化遗产传承人被定义为能熟练掌握国家或地方政府认定的各级非物质文化遗产项目，并在本领域内有较大影响力，为公众所认同，能积极开展传承活动的个体。这一定义更加具体和操作性，强调了传承人在非物质文化遗产保护和传承中的实际作用。传承人的存在，确保了非物质文化遗产得到有效的保护和传承。他们不仅是技术和技艺的传承者，更是文化和传统的传播者。他们通过自己的实践和努力，使得非物质文化遗产得以延续和发展，使得历史和传统得以传承和创新。

（二）非物质文化遗产传承人的义务

非物质文化遗产传承人，作为文化遗产的直接守护者和传播者，肩负着重要的责任和义务。他们的工作不仅关乎文化的传承，更关乎一个民族、一个社区的文化记忆和文化基因。

1. 开展传承活动，培养后继人才

非物质文化遗产的绵延与发扬，离不开一代代传承者的不懈努力。这些传承者，如同文化之桥，连接着过去与未来，他们通过举办工作坊、发起讲座、设计实践课程等多种方式，将深厚的文化技艺和知识薪火传递给青年一代。这样的努力，不只是对珍贵的非物质文化遗产的捍卫，更是对未来的深思熟虑和期许。通过培育新的传承者，为非物质文化遗产铺设了一条通往未来的道路，确保其在历史的长河中永不消失。

2. 妥善保存相关的实物、资料

非物质文化遗产的存在并不仅仅局限于其表现形式，还包括与之相关的各种实物和资料。这些实物和资料，如工具、服饰、乐器、手稿、影像记录等，都是非物质文化遗产的有形载体和证据。传承人有责任确保这些与非物质文化遗产紧密相关的实物和资料得到妥善的保存。这样

的保存不仅为非物质文化遗产的研究和传承提供了宝贵的资料，也为后人提供了直观的了解和体验非物质文化遗产的机会。

3. 配合文化主管部门和其他有关部门进行非物质文化遗产调查

为了确保非物质文化遗产得到全面和深入的保护，传承人需要与文化主管部门和其他相关部门进行紧密合作。这种合作涉及非物质文化遗产的调查、记录、研究和宣传等多个方面。传承人的经验和知识可以为这些工作提供宝贵的指导和帮助。同时，与官方部门的合作也可以为非物质文化遗产的保护和传承提供更为强大的支持和资源。

4. 参与非物质文化遗产公益性宣传

宣传和推广是非物质文化遗产保护的重要组成部分。传承人，作为非物质文化遗产的直接传承者和守护者，有责任和义务参与到这一工作中。他们可以通过各种公益性宣传活动，如展览、演出、讲座、工作坊等，将非物质文化遗产的价值和意义传递给更广泛的公众。这种宣传不仅可以增强社会对非物质文化遗产的认识和了解，还可以激发公众的兴趣和热情，鼓励他们参与到非物质文化遗产的保护和传承工作中。

（三）非物质文化遗产传承人的作用

1. 非物质文化遗产的直接守护者

非物质文化遗产传承人在文化保护中的角色是无可替代的。作为直接守护者，他们不仅对这些传统有深入的了解，而且与这些传统有着深厚的情感联系。他们的存在确保了非物质文化遗产在现代社会中不会被遗忘或消失。通过他们的努力，许多古老的技艺、仪式和传统得以保存，为后人所传承。

2. 传统技艺和知识传承发展的主要力量

非物质文化遗产传承人不仅仅是守护者，他们还是传统技艺和知识的传承者。他们通过口耳相传、示范教学等方式，将这些宝贵的技艺和知识传递给下一代。这种传承不仅确保了非物质文化遗产的延续，还为其发展和创新提供了可能性。

3. 非物质文化遗产的传播者和推广者

在当今全球化的背景下，非物质文化遗产传承人还承担着传播和推广的任务。他们通过各种渠道，如展览、讲座、工作坊等，将非物质文化遗产介绍给更广泛的受众。这不仅增强了公众对非物质文化遗产的了解和认识，还为其在国际舞台上赢得了更多的关注和尊重。

4. 连接各代人的纽带

非物质文化遗产传承人在文化传承中的作用，还体现在他们作为连接各代人纽带的社会功能上。他们不仅将过去的传统传递给现在，还为未来的传承打下了坚实的基础。通过他们的努力，非物质文化遗产得以在时代的变迁中保持其连续性和完整性。

（四）非物质文化遗产传承人的分类

非物质文化遗产传承人的分类，是对非物质文化遗产保护和传承工作的深入思考和总结。在我国，关于传承形式的分类，有个体传承和群体传承之分，也有自然性传承和社会干预性传承之分。这些分类方法，旨在更好地理解和指导非物质文化遗产的保护和传承工作。

1. 个体传承和群体传承

个体传承，是指由单一的传承人实现对某项非物质文化遗产的传承，这种传承形式往往更加注重技艺的精细和深入，更能体现非物质文化遗产的独特性和个性。个体传承依赖于传承人的个体技艺和知识积累，通过最为原始和纯粹的方式，如口传心授，将文化遗产一代代传递下去。这种传承方式既体现了非物质文化遗产的传统性和连续性，又体现了独特性和个性。在我国，个体传承的形式广泛存在于各个领域和地区。民间文艺类的山歌、戏剧，是个体传承的典型代表。如陕西的花儿、陕北的信天游、秦腔等，它们都是通过口传心授的方式，由一代传承人将其传递给下一代。这些山歌、戏剧，不仅是一个地区的文化标志，更是一个民族的文化记忆。它们蕴含着丰富的文化信息和历史背景，是对过去的回忆，也是对未来的期许。除了民间文艺类，民间技艺中的手工艺也是个体传承的重要组成部分。如剪纸、年画、彩绣、风筝、皮影等，它们都是通过传承人的手工技艺和知识积累，一代代地传递下去。这些手工艺不仅体现了非物质文化遗产的技艺性和实用性，更体现了其艺术性和审美性。它们是传承人对生活的感悟，也是对文化的传承。

群体传承，是指由一个团体或社区共同参与非物质文化遗产的保护和传承工作。与个体传承相比，群体传承更加注重集体性和共同性，更能体现非物质文化遗产的广泛性和代表性。风俗礼仪、民俗活动等非物质文化遗产项目，往往需要众多的群体成员共同参与。这些项目不仅仅是某一个人或某一个小团体的文化遗产，更是整个社区或群体的共同文化遗产。它们蕴含着整个社区或群体的文化记忆和文化基因，是整个社区或群体的集体创造和集体财富。在这种情况下，涉及的权利往往不会在群体内部产生较大的冲突。这是因为，这些非物质文化遗产项目是整个社区或群体的共同创造和共同财富，是整个社区或群体的共同权利和共同利益。在这种情况下，整个社区或群体都有权利和义务参与非物质文化遗产的保护和传承工作，都有权利和义务享受非物质文化遗产的价值和意义。

2. 自然性传承和社会干预性传承

自然性传承和社会干预性传承，是对非物质文化遗产传承方式的进一步细分。自然性传承，是指非物质文化遗产在没有外部干预的情况下，自然地由一代传承给下一代。这种传承方式往往更加注重非物质文化遗产的传统性和连续性，更能体现非物质文化遗产的历史性和文化性。而社会干预性传承，是指在外部干预，如政府、学术机构或非政府组织的支持和指导下，进行非物质文化遗产的保护和传承工作。这种传承方式更加注重非物质文化遗产的现代性和创新性，更能体现非物质文化遗产的时代性和发展性。

二、非物质文化遗产传承人的共性和差异性

非物质文化遗产的传承人，作为文化遗产的直接守护者和传播者，在文化的保护、传播和发展中起到了不可替代的作用。他们既有许多共性，也存在明显的差异性，这些共性和差异性都为非物质文化遗产的丰富性和多样性提供了有力的支撑。

（一）非物质文化遗产传承人的共性

非物质文化遗产传承人不仅是文化遗产的守护者，更是其活跃的传播者。为了更好地完成这一使命，非物质文化遗产传承人需要具备一些共性特质。这些特质不仅能体现他们的专业能力，还能体现他们在社会和文化中的地位和影响力。

1. 掌握项目应有的知识及其特殊技能

掌握项目应有知识及其特殊技能，是所有非物质文化遗产传承人的共性之一。这种知识和技能，往往是世代相传而来，经过长时间的积累和沉淀，蕴含着丰富的文化信息和历史背景。例如阿昌族户撒刀的传承

人，他们既要掌握刀具的制作技艺，还要深入了解材料的选择与利用、刀具加工的技巧和其中的诀窍。这些知识和技能是他们成为非物质文化遗产传承人的基石，也是他们得到社会认可和尊重的根本。非物质文化遗产的活态传承，更加强调传承人的实际操作能力。他们不仅要掌握相关的知识和技能，还需能够将这些知识和技能运用到实际中，为社会创造价值。例如《格萨尔史诗》传承人，他们除了深入研究史诗的内容和形式之外，还能够演唱长篇的史诗，为藏族老百姓带来文化的享受和精神的滋养。这种实际操作能力，是判断非物质文化遗产传承人真伪的关键。

以上海顾绣为例，这项非物质文化遗产对从事这一工艺的传承人要求之高，让人叹为观止。传承人要想真正达到熟练的境界，往往需要七八年，甚至更长时间的沉淀和打磨。要想被认定为传统工艺领域的传承人，至少需要有三十年的从业经验，这样才能确保其技艺达到一定的深度和广度。这样长的时间，不仅仅是对技能的积累，更是对文化的理解和体验。没有这样的时间沉淀，难以孕育出真正的高手。南京云锦木机妆花手工织造技艺更是如此。这一技艺所涉及的知识和工艺，不仅需要传承人有出众的天赋，更需要其在实践中不断领悟和理解。一幅完美的云锦，可能需要数月甚至数年的时间才能完成。而作为传承人，不仅要精通这一技艺，还需要具备一定的文化素养，如书法、绘画等。非物质文化遗产技艺的深度和广度，远超人们的想象。它所包含的文化内涵丰富而深邃。而要全面掌握并成为传承人，除了需要长时间的实践和磨炼，更需要对文化的热爱和奉献，这不是每个人都能达到的境界。传承人需要的不仅是技能，更是对文化的敬畏和热情。因此，非物质文化遗产传承人是文化的守护者和传播者。他们通过自己的努力和坚持，将这些宝贵的非物质文化遗产传承下去，使其在现代社会中依然能够焕发出独特的光芒。他们的存在，确保了这些非物质文化遗产能够得到妥善的保护和传承，为后人留下宝贵的文化遗产。

2. 具有公认的代表性

非物质文化遗产传承人的共性之一是其公认的代表性。作为文化形式的继承人，非物质文化遗产传承人会在某种程度上成为这种非物质文化遗产的象征。他们的每一个动作、每一个声音、每一个表情，都是这种非物质文化遗产的具体体现。他们不仅传承了这种非物质文化遗产的技艺和知识，更传承了这种非物质文化遗产的精神和内涵。非物质文化遗产传承人的代表性，往往是在长时间的民间传承中自然形成的。他们可能是某个地区、某个民族的非物质文化遗产的代表，也可能是某个流派、某个学派的代表。他们在民间传承中，经过长时间的磨炼和积累，逐渐形成了自己独特的风格和技艺，成为这种非物质文化遗产的代表性人物。例如，“四大名旦”梅兰芳、程砚秋、尚小云、荀慧生，他们不仅是京剧艺术的代表，更是中国传统戏曲艺术的代表。他们在长时间的舞台生涯中，逐渐形成了自己独特的表演风格和技艺，成为京剧艺术的代表性人物。在辽宁岫岩皮影中也有类似的代表性人物。如清代的杨福泰和席万胜，他们不仅是岫岩皮影的代表，更是中国皮影艺术的代表。他们在长时间的学习和实践中，逐渐形成了自己独特的表演风格和技艺，成为皮影艺术的代表性人物。

藏族传统文化中的藏戏作为综合艺术形式，起源于民间歌舞，经过几百年的发展和演变，已经形成了一套固定的模式和传统剧目。藏戏的传承人不仅要对藏族的历史文化有深入的了解，还要经过长时间的模仿和练习，掌握藏戏艺术的唱腔、舞姿和舞步，甚至还要结合自己的特长，形成自己独特的风格。这样的传承人，经过时间的考验，最终可能成为藏戏各流派的代表性人物。但这种代表性并不是轻而易举就能获得的。它需要传承人付出巨大的努力，不断地学习、实践和创新，才能在众多的传承人中脱颖而出，成为真正的代表性人物。这种努力不仅仅是为了获得名誉或地位，更是为了对自己的文化和艺术形式的热爱和执着。从这个角度看，代表性是非物质文化遗产传承人的一种追求和目标。它不仅标志着他们技艺的高度，更是他们对自己文化的热爱和执着的体现。这种代表性，也是他们与其他民间艺人的区别，是他们在非物质文化遗产领域中的独特地位和价值。而对于社会和公众来说，这种代表性也有着重要的意义。它不仅是对非物质文化遗产传承人的认可和尊重，更是对整个非物质文化遗产的认同和支持。通过对代表性传承人的尊重和支持，可以更好地保护和传承非物质文化遗产，使其在现代社会中得到更好的发展和传播。

3. 相当的影响力

非物质文化遗产传承人在社会和文化领域具有不可忽视的地位和作用。他们是传统文化的传播者和守护者，通过他们的努力，丰富的非物质文化遗产得以传承和发扬。在这个过程中，传承人往往具有相当的影响力，这种影响力不仅仅体现在文化领域，更在于他们对社会和公众的影响。非物质文化遗产传承人的影响力首先体现在他们对传统文化的传播和推广上。通过各种公开的展示、演出和教学活动，传承人将传统文化带给了更广泛的公众。他们的专业知识和技能，使得传统文化得以在现代社会中得到重新的认识和评价。他们的影响力也体现在对传统文化的保护和发展上，他们的努力使得许多濒临失传的传统技艺得以保存和传承，为传统文化的持续发展提供了可能。同时，非物质文化遗产传承人的影响力也体现在他们对社会价值观的引导和塑造上。通过传统文化的传播，传承人向公众传达了传统的道德观念和社会价值，对于促进社会和谐和文化多样性具有积极的意义。他们的影响力还体现在对国家和民族认同的加强上，通过弘扬传统文化，传承人为增强国家和民族的文化自信做出了贡献。

谭振山，作为我国非物质文化遗产的传承人，其影响力不仅仅局限于国内，更是在国际上产生了广泛的影响。谭振山的口头文学与京剧唐派艺术、评剧“韩、花、筱”三大流派、东北大鼓等，都在国家第一批非物质文化遗产名录推荐项目名单中占有一席之地。这种荣誉不仅是对谭振山个人技艺的肯定，更是对其在非物质文化遗产传承中所做出的杰出贡献的认可。这种认可不仅提升了谭振山的社会地位，也为其赢得了广泛的尊重和认同。作为全国唯一一位个体申报国家非物质文化遗产的人物，谭振山的影响力远不止于此。他曾应邀赴日本参加“世界民间艺术博览会”，并为多国专家学者讲述中国的民间故事，成为走出国门的第一位民间故事家。这不仅是对谭振山个人能力的认可，也是对中国非物质文化遗产的一种国际推广和展示。通过这种国际交流，谭振山成功地将中国的非物质文化遗产推向了国际舞台，让更多的人了解和认识到中国丰富多彩的非物质文化遗产。谭振山的影响力不仅体现在国际交流的舞台上，也体现在国内的非物质文化遗产传承和推广中。他的努力为非物质文化遗产的传承打下了坚实的基础，也为后来的传承人树立了良好的榜样。他的影响力不仅仅是个人的，更是对整个非物质文化遗产传承事业的推动和促进。通过谭振山的例子可以看出，非物质文化遗产传承人的影响力是多方面的。非物质文化遗产传承人通过自身的努力和影响力，为非物质文化遗产的传承和保护做出了重要的贡献，也为推动中国非物质文化遗产的国际交流和合作打开了新的窗口。

（二）非物质文化遗产传承人的差异性

非物质文化遗产传承人的差异性，如同非物质文化遗产本身的多样性，是文化传承中的一大特色。这种差异性不仅体现在传承内容的多样，更体现在传承人对文化遗产的不同理解和传承方式。

1. 门类的差异

不同的门类，对代表性传承人的要求也各不相同。例如，民间文学的传承人需要有深厚的师承背景，能够讲述大量的民间故事、歌谣或史诗，并且这些作品需要有独特的价值。而传统手工技艺的传承人则需要有丰富的实践经验，对本行业有较大的影响力，并熟练掌握该项目的特殊技艺或技能。而民俗，由于其综合性最强，对代表性传承人的要求则更为全面：既需要掌握民俗文化，又需要有丰富的历史、文化、天文历算、音乐、舞蹈、绘画、医药等知识，还需要有组织民俗活动的能力。这种差异性不仅体现了非物质文化遗产的多样性，也体现了其传承人的多才多艺和全面发展。每一位传承人都是其所传承非物质文化遗产的守护者和传播者，他们的工作，关乎一个民族、一个社区的文化记忆和文化基因。

2. 源与流的差异

源与流的差异性，揭示了非物质文化遗产从其源头到流传的过程中所发生的变化。弋阳腔、高腔这样的南方戏剧品种，虽然是许多地方戏剧的源头，但在历史的长河中，它们并没有停滞不前。相反，随着时间的推移，这些腔调在与当地文化的交融中结合其他多种因素，逐渐形成了新的戏剧品种。河北唐山皮影戏的发展历程，便是这种源与流差异性的生动例证。唐山皮影戏曾经影响了北方广大地区，成为皮影艺术的重要代表。许多北方的皮影艺人都是从唐山皮影中学习技艺，然后回到自己的家乡，结合当地的文化和风土人情，创造出新的艺术形式。东北的许多皮影戏流派虽然起源于唐山皮影，但它们在艺术表现上已经与唐山皮影形成了鲜明的对比。

这种源与流的差异性，不仅体现了非物质文化遗产的丰富性和多样性，还揭示了文化在传承过程中的创新和发展。非物质文化遗产并不是一成不变的，它需要随着时代的变迁，结合当地的文化和社会环境，不断地进行创新和发展。只有这样，非物质文化遗产才能真正地融入人们的生活，成为人们精神文化的重要组成部分。此外，这种源与流的差异性，还体现了非物质文化遗产传承人的创新精神和开放态度。他们不满足于简单地模仿和复制，而是努力地结合自己的实际情况，创造出新的艺术形式。这种创新和开放的精神，正是非物质文化遗产传承的核心所在。

3. 地域的差异

地域差异首先体现在自然和文化生态上。不同的地理环境、气候条件和生活方式，为非物质文化遗产的传承创造了不同的条件。徽班进京后，经过几代艺人的努力，京剧这一北方的艺术形式得到了极大的发展。而南方的昆曲，依然保留了其“水磨腔”的婉约和动人之美。这种南北文化的差异，正是地域差异的直接体现。此外，地域的差异还体现在各地的特色手工技艺上。黑龙江的赫哲族以其独特的鱼皮制作工艺而著称，而贵州的苗族则以蜡染技艺和银饰制作工艺为代表。这些手工技艺的传承人，都是在特定的地域环境中，根据当地的自然条件和文化背景，逐渐成长起来的。再者，南方由于其细腻的文化特质，产生了众多需要精工制作的手工艺的传承人。如江苏苏州的明式家具制作技艺、安徽万安的罗盘制作技艺等，都是南方文化细腻、精致特点的体现。而北京中幡，原名大执事，是帝王仪仗队的一种特殊表演，其传承人只有生活在京城这个特殊的环境中，才能学会这种独特的技艺。非物质文化遗产传承人的地域差异，与我国幅员的辽阔、气候的复杂和自然条件的多样性、文化背景的丰富性是分不开的。每一个地域都有其独特的文化遗产，每一个传承人都是这片土地上的瑰宝。他们所体现的地域性，正是我国文化多样性的最好证明。

第二节　非物质文化遗产的传承载体

一、非物质文化遗产传承载体的内涵

非物质文化遗产传承载体的内涵深厚，涉及文化、历史、艺术和社会等多个领域。对于每一个民族、每一个社区来说，非物质文化遗产都是其文化记忆和文化基因的重要组成部分。因此，对非物质文化遗产传承载体的辨析和理解，对于文化遗产的保护和传承具有重要的意义。

非物质文化遗产的一个显著特点是其无形性和活态性。与物质文化遗产不同，非物质文化遗产往往不具备明确的物质载体。它们更多地以语言、传说、表演、风俗、礼仪、节庆活动、知识以及一些传统技艺等形式存在。这些形式都是非物质文化遗产的重要载体，它们为非物质文化遗产的传承和发展提供了基础和支撑。然而，非物质文化遗产的载体并不仅仅局限于这些形式。例如，民间传统的剪纸和皮影戏，虽然都属于非物质文化遗产，但它们都有其特定的物质载体，如纸和皮影。这些物质载体为非物质文化遗产的传承和发展提供了有形的支撑。它们不仅是非物质文化遗产的载体，更是其传承和发展的重要工具。但更为关键的是，非物质文化遗产的最根本和最重要的载体是人。人是非物质文化遗产的创造者、传承者和守护者。离开了人，非物质文化遗产是不可能存在的。人们通过口头、实践、表演等方式，将非物质文化遗产传承下去。他们不仅是非物质文化遗产的直接受益者，更是其传承和发展的关键力量。

二、非物质文化遗产传承载体的分类

非物质文化遗产作为一个民族或社区的文化记忆和传统，其存在和传承需要依赖于特定的载体。这些载体不仅为非物质文化遗产提供了形式和表现，更为其深入人心和代代相传创造了条件。对于非物质文化遗产传承载体的分类，可以从以下两个方面进行探讨。

（一）以静态的实物展示为传承载体

非物质文化遗产传承载体的分类中，以静态的实物展示为传承载体的方式具有独特的价值和意义。这种载体方式将非物质文化遗产物态化，使其在博物馆、保护中心、传习场馆、公共场合等地得以展示。这样的展示方式，为人们提供了一个直观、形象的了解非物质文化遗产的途径。实物展示载体的核心在于其物态化的文化艺术作品形态。这些文化艺术作品是非物质文化遗产的有形表现，它们承载着丰富的文化信息和历史背景。通过这些实物，人们可以更加深入地了解非物质文化遗产的内涵和意义，感受其独特的魅力和价值。在非物质文化遗产的实物展示过程中，人们不仅可以看到大量的非物质文化遗产实物，更可以通过实地接触这些实物，体验其独特的文化氛围。这种实地体验可以激起人们对非物质文化遗产的喜爱、尊重与认同，使他们更加珍视和重视非物质文化遗产的保护和传承。实物展示载体还为人们提供了一个了解民族文化历史渊源的窗口，通过这些实物，人们可以看到民族文化的过去与当前的文化形态之间的联系，感受到文化的延续和发展。这种历史的体验，使人们更加深入地认识到传承非物质文化遗产的重要性，更加乐于参与到非物质文化遗产的保护与传承之中。

昆明市非物质文化保护中心的非物质文化遗产展示馆便是这种方式的典型代表。位于文庙的这家展示馆，向公众免费开放，汇聚了昆明市各地的民族民间手工艺品，为人们提供了一个直观了解非物质文化遗产的窗口。展示馆内，滇剧的服饰和道具、晋宁区晋城镇的甲马、盘龙区小窑村的汉族手工陶艺，以及其他各种手工艺品，都被精心展出。这些实物，不仅仅是非物质文化遗产的物质载体，更是一个民族、一个地区的文化记忆和文化基因。通过这种展示方式，人们可以直观地感受到非物质文化遗产的魅力和价值，从而加强对其的关注和保护。然而，静态的实物展示也存在其局限性。尽管它具有真实性和可感性，但缺乏互动性。非物质文化遗产作为一种“活态文化遗产”，其真正的价值和意义需要在交流和动态的传播互动中得以体现。单纯的静态展示，可能只能让人们了解到非物质文化遗产的表面，而无法深入其内涵。此外，静态的实物展示也难以满足人们日益多样化的文化需求。在当今社会，人们对文化的需求不仅仅是了解和欣赏，更希望能够参与和体验。如果只是将非物质文化遗产的实物作为展示的载体，而忽视了其动态的传承和互动的价值，那么，这种展示方式可能只能达到传播和宣传的目的，而难以实现真正的传承。因此，非物质文化遗产的传承需要采取更为综合和多元的方式。静态的实物展示只是其中的一种方式，而非全部。在未来的非物质文化遗产保护和传承工作中，应该更加注重动态的传承和互动的交流，以确保非物质文化遗产的真正价值和意义得以体现和传承。

（二）以动态的过程交流为传承载体

过程交流，简而言之，是在特定的时空背景下，以文化艺术形态为载体，进行非物质文化遗产的交流与传递。这种交流方式，既有形式，又有内容。形式上，它可以是公共场合的展示、传习场馆的教学、节日旅游的体验等；内容上，它涵盖了人们的意识、技艺、风俗习惯等各个方面。动态性，是非物质文化遗产的核心特征。它不仅仅是一种形式，更是一种内容。在历史的长河中，人们的意识、技艺、风俗习惯等，都是在不断的变化和发展中形成的。这种变化和发展既有其内在的规律，又受到外部环境的影响。人，作为非物质文化遗产的创造者和传承者，具有极强的能动性。他们会根据生存的时空、环境的变化，对非物质文化遗产进行创新和发展。这种创新和发展既是对传统的继承，又是对未来的开拓。过程交流正是基于这种动态性，对非物质文化遗产进行的传承。它不仅仅是一种形式，更是一种方法。通过过程交流，非物质文化遗产可以得到有效的传承和发展。这种传承和发展既有其内在的逻辑，又有其外部的条件。内在的逻辑，是非物质文化遗产本身的规律和特点；外部的条件，是社会、时代、环境等各种因素的影响。

以剪纸艺术为例，这种古老的艺术形式，蕴含着丰富的文化内涵和历史背景。当人们参与到具体的剪纸活动中，不仅可以了解剪纸背后的文化和故事，还可以亲手体验剪纸的魅力，掌握一定的剪纸技艺。这种亲身参与和体验，使得文化的传承不再是单向的，而是双向的，既有传统的传递，也有现代的创新。风筝制作技艺同样如此。风筝，作为中国古老的传统玩具，其背后蕴含着丰富的文化和历史。当人们亲自参与到风筝制作活动中，不仅可以丰富业余生活，还可以掌握一定的风筝制作技艺。这种技艺的传承，不仅仅是技术的传递，更是文化和情感的交流。过程交流的方式，更为典型的是口传身授的项目。集体性民间歌舞、民歌对唱等，都是这种方式的代表。这些项目往往需要多人参与，需要大家共同合作，共同创作。在这个过程中，不仅可以传承技艺，还可以加深人们之间的情感交流，增强文化的凝聚力。通过过程交流来传承非物质文化遗产，是非常有效的方式。这种方式，不仅可以确保技艺的传承，还可以确保文化的传承。只有当人们真正参与到这个过程中，才能够真正了解和认识非物质文化遗产，才能够从根本上促进非物质文化遗产的传承。

第三节　非物质文化遗产的传承途径

一、以节庆旅游为传承途径

节庆旅游，作为非物质文化遗产的传承载体，具有其独特的优势。它将非物质文化遗产与现代旅游活动相结合，使得非物质文化遗产在现代社会中得到了新的生命力。游客在参与节庆旅游的过程中，不仅可以欣赏到非物质文化遗产的展示，更可以通过互动和体验，深入了解非物质文化遗产的内涵和价值。

（一）在节日庆典中传承

在节日庆典中传承非物质文化遗产，是将传统文化与现代生活相结合的一种方式。节日庆典为人们提供了一个共同庆祝和体验的平台，使非物质文化遗产得以在这样的场合中得到展示和传播。人们在参与节日庆典的过程中，不仅可以亲身体验和感受非物质文化遗产，还可以了解其背后的历史、文化和传统。

随着时代的变迁，一些原始的庆典活动可能已经不再与现代生活方式和生产方式相适应，但其背后所蕴含的文化价值和意义仍然得以保留。这些庆典活动虽然失去了其原始的功能，但在现代社会中，它们仍然具有重要的文化和历史价值，成为一种珍贵的非物质文化遗产。近年来，随着人们对非物质文化遗产保护意识的逐渐增强，节日庆典这种传统的传承方式再次受到了人们的关注和重视。许多地方开始大力推广和发展节庆旅游，将传统的庆典活动与现代旅游相结合，为游客提供了一个亲身体验和欣赏非物质文化遗产的机会。例如，赛龙舟、社火等传统庆典活动，现在不仅仅是当地人民的一种娱乐和庆祝方式，更成为吸引游客的一大亮点。游客们可以在这些活动中亲身体验和感受非物质文化遗产的魅力和价值，从而增强对非物质文化遗产的认识和保护意识。

但是，这种传承方式也存在一定的风险。在利用节日庆典进行非物质文化遗产的传承中，如何保留其原有的社会功能、意义和动机，是一个值得深思的问题。非物质文化遗产不仅是一种文化和艺术形式，更是一个民族和社区的文化记忆和文化基因，因此，不能为了吸引游客和创造商业利润，而损伤非物质文化遗产原有的文化价值。在开展节日庆典活动中的非物质文化遗产活动时，应该始终坚持尊重传统、敬畏文化遗产的原则。这不仅是对非物质文化遗产的保护，更是对一个民族和社区的尊重和敬重。非物质文化遗产不应该被当作获取商业利益的工具，而应该被视为一个民族和社区的宝贵财富。

（二）在旅游活动中传承

开发非物质文化遗产所在地的民俗体验项目，无疑为旅游业注入了新的活力。这种结合不仅促进了旅游观光，带动了当地消费，更重要的是，它为非物质文化遗产的传承创造了有利的条件。当地政府和企业纷纷看到了这一点，开始把旅游业与非物质文化遗产紧密结合，推出了一系列的文化之旅活动。这些活动不仅让游客深入体验了当地的非物质文化遗产，更使得非物质文化遗产在更广泛的范围内得到了传播和传承。

通过旅游业的推动，非物质文化遗产在当地得到了广泛的关注。各种非物质文化遗产的传承活动如火如荼地展开，吸引了大量的游客前来参与。这不仅为当地带来了经济效益，更为非物质文化遗产的传承创造了有利的社会环境。游客在参与这些活动的过程中，不仅能够亲身体验非物质文化遗产的魅力，更能够深入了解其背后的文化和历史。这种深入的体验，无疑为普及人们保护非物质遗产的意识起到了积极的作用。更为重要的是，通过旅游活动，非物质文化遗产得到了更广泛的传播。不仅是当地的居民，更多的外地游客也被这些非物质文化遗产所吸引。

他们在参与这些活动的过程中，不仅能够深入体验非物质文化遗产的魅力，更能够将其带回到自己的家乡，为非物质文化遗产的跨群体、跨地域的传递、传播和传承创造了可能性。

发展旅游业与非物质文化遗产的保护和传承，这两者之间的关系是复杂而又微妙的。旅游业的发展无疑为当地带来了经济效益，提高了地区的知名度，吸引了大量的投资和消费，为该地区的现代化发展注入了新的活力。这种经济的繁荣，为非物质文化遗产的保护和传承提供了资金和资源的支持，使得许多濒临失传的文化遗产得以重生。然而，这种发展的背后也隐藏着许多的问题。在外来文化的冲击和市场经济的驱动下，一些原本充满生活气息的非物质文化遗产逐渐失去了其原有的效用和价值，退化为一种供人们旅游、观赏和娱乐的观赏品。更为严重的是，有些当地的居民，在追求经济利益的过程中，不自觉地成为当地风俗和生活方式的“扮演者”，这种表演化的传承方式不仅削弱了非物质文化遗产的真实性和活力，更可能对其造成长远的伤害。因此，如何在旅游业的发展中有效地传承非物质文化遗产，成为一个亟待解决的问题。在这个过程中，关键是要找到一个平衡点，才有可能既满足旅游业的需求，又能确保非物质文化遗产的真实性和活力。这需要各方的共同努力，包括政府、企业、社区和个人。在将旅游开发与非物质文化遗产传承相结合的过程中，对其形式和内涵的尊重是至关重要的。这意味着旅游活动不应该仅仅是为了追求经济利益，而应该更多地考虑到非物质文化遗产的保护和传承。只有这样，非物质文化遗产才能在旅游活动中得到真正的传承，旅游业才能真正地为非物质文化遗产的传承做出贡献。

二、以学校教育为传承途径

作为培养新一代的主要场所，学校不仅是知识的传递地，更是文化的传播和传承中心。通过学校教育，非物质文化遗产得以在年轻一代中得到广泛的传播和深入的理解，从而确保其得以长久地传承下去。

（一）学校教学活动的盛行

学校教学活动的盛行，为非物质文化遗产的传承注入了新的活力。在传统的教育模式中，学校往往重视对学科知识的传授，而忽视了对本土文化的传承。然而，随着时间的推移，一些弱势的非物质文化遗产面临着后继无人的尴尬局面，这些宝贵的文化遗产正处于消失的边缘。为了应对这一挑战，越来越多的国家开始重新审视学校教育的角色和功能，将其纳入非物质文化遗产的保护布局之中。例如，举办非物质文化遗产专题讲座，使学生能够直接听到来自一线的传承人对非物质文化遗产的解读和分享，增强了学生对非物质文化遗产的认识和了解。非物质文化遗产走进课堂，使得这些传统文化得以在日常教学中得到传播，成为学生学习的一部分。此外，编写非物质文化遗产教材，将这些宝贵的文化遗产系统地整理成册，也可以为学生提供一个系统性的学习途径。

高校在非物质文化遗产的传承与保护中，具有不可替代的优势。高校拥有丰富的教育资源，有能力将非物质文化遗产融入课程体系中。通过与非物质文化遗产项目进行有机结合，高校可以带动学生深入参与到非物质文化遗产的学习、研究和传承活动中。这不仅仅是对非物质文化遗产的学习，更是一种文化体验，使学生能够身临其境地感受到非物质文化遗产的魅力。将非物质文化遗产的传承与教学实践活动紧密相连，是学校教育在非物质文化遗产传承中的一大创新。把非物质文化遗产纳入学校课程体系和素质教育体系，不仅可以增加学生的课外实践机会，还可以带领学生现场体验和深入学习非物质文化遗产的相关知识。这种教育方式使得学生在学习的过程中，能够更加深入地了解和体验非物质文化遗产，从而更好地传承和保护这些宝贵的文化遗产。

（二）传承人走进校园

传承人进校园意味着将非物质文化遗产直接带到了学生的身边。这种方式不仅让学生有机会近距离接触和了解非物质文化遗产，更为他们提供了一个实践和体验的平台。在这样的环境中，学生可以直接与传承人交流，聆听他们的讲解，观摩他们的示范，甚至亲自动手尝试。这种互动式的学习方式，无疑比单纯的课堂教学更为生动和有趣，也更容易激发学生的兴趣和好奇心。此外，传承人走进校园，还为学生提供了一个了解和认识本土文化的机会。在全球化的背景下，许多传统文化和技艺面临着被遗忘和消失的危险。而学校，作为培养下一代的重要场所，有责任和义务为学生提供一个全面和深入了解本土文化的平台。通过引进传承人，学校可以为学生提供一个真实和直观的学习环境，让他们更好地了解和珍惜本土文化。同时，传承人走进校园，也为非物质文化遗产的保护和传承提供了一个新的传播渠道。学校是一个集聚了大量学生的地方，他们是未来的主人翁，也是非物质文化遗产的传承者。通过学校教育的方式，可以让更多的学生了解和认识非物质文化遗产，从而为其传承培养更多的接班人。云南艺术学院设计学院的做法正是这种传承方式的典型代表。该学院长期对云南的民族民间文化资源进行深入的研究与整理，将这些宝贵的文化资源转化为艺术教育的重要内容。更为值得称道的是，学院积极开展了系列性的民族民间特色工艺和传承人进课堂的活动。这种做法，不仅为学生提供了一个深入了解和体验非物质文化遗产的机会，更为非物质文化遗产的活态保护与动态传承创造了条件。

传承人走进校园，意味着非物质文化遗产得以与现代教育相结合，为学生提供了一个与传统文化零距离接触的机会。这种接触使学生能够亲身体验非物质文化遗产的独特魅力，感受其深厚的文化内涵。这不仅丰富了学生的学习生活，更为非物质文化遗产的传递与承继提供了有力的支持。随着时间的推移，传承人走进校园的做法已逐渐成为一种常态。学校和传承人之间的合作越来越规范化、正常化。在这种合作的过程中，双方都在不断地探索与尝试，寻找更为科学和有效的传承方式，以确保非物质文化遗产得到更好的保护与传承。

三、以宣传传播为传承途径

以宣传传播为传承途径，为非物质文化遗产的保护和传承提供了一种有效的方法。通过相关机构和人员在不同场合、不同渠道对非物质文化遗产进行宣传与评论，不仅可以增强公众对非物质文化遗产的认识和了解，还可以营造文化氛围与加强保护意识。

（一）新闻媒体传播

新闻媒体，作为这一策略的主要执行者，肩负着宣传、传播和推广非物质文化遗产的重要任务。新闻媒体的参与，为非物质文化遗产的保护与传承注入了新的活力。它们利用自身的传播优势，将非物质文化遗产的魅力和价值迅速传递给广大的公众。无论是报纸的深度报道，电视的形象展现，还是网络的即时传播，都为非物质文化遗产提供了一个一个展现自身的舞台。这种宣传不仅增强了公众对非物质文化遗产的了解和认识，更为其传承创造了良好的社会环境。新闻媒体在非物质文化遗产的传承过程中不仅仅是一个传播者的角色。它们通过对非物质文化遗产的深入报道，将传承过程中的人物、事件、知识和活动等，生动地展现在公众面前。这种报道，不仅为公众提供了丰富的文化知识，更为非物质文化遗产的传承者提供了一个展现自己的平台。这种双向的互动，使得非物质文化遗产的传承更加生动和有趣。新闻媒体的参与，也为非物质文化遗产的保护、传承与发展，提供了有力的舆论支持。在当前的社会环境中，舆论的导向作用不容忽视。新闻媒体作为舆论的主要制造者，有责任为非物质文化遗产的保护、传承与发展提供正面的舆论导向。这种导向不仅可以为非物质文化遗产的传承创造良好的社会环境，更可以为其发展提供有力的支持。

（二）学术层面传播

学术界的研究与讨论，不仅为非物质文化遗产的保护与发展提供了理论支持，更为其传承与推广创造了更为广阔的空间。在学术领域，为了确保非物质文化遗产得到有效的保护与传承，学者们已经开展了一系列的工作。这包括对非物质文化遗产的理论研究、法律法规的完善、普查工作的推进、四级名录体系的建立、代表性传承人的认定与保护、基础设施的建设，以及“文化遗产日”与集中展示活动的组织。这些工作都是为了确保非物质文化遗产在学术界得到更为广泛和深入的传播与交流。政府与学术机构的合作，进一步加强了非物质文化遗产的学术传播。例如，阜阳师范学院皖北文化研究中心与阜阳市文广新局的合作——联合举办了阜阳市非物质文化遗产保护利用与传承发展学术研讨会。这次研讨会探讨了阜阳市非物质文化遗产的现状、保护机制、传承机制、开发机制等多个方面的问题。这不仅加深了学术界对非物质文化遗产的理解，也为其传承与发展提供了更为具体的方案与建议。此外，这些学术活动还为非物质文化遗产的传承提供了实践的机会。通过学术论坛、研讨会和学术讲座，非物质文化遗产得到了更为广泛的传播与推广。这不仅加强了学术界对非物质文化遗产的关注与研究，也为其在社会中的传承与发展创造了更为有利的条件。

（三）相关机构传播

非物质文化遗产的传承，离不开相关机构的支持和参与。这些机构通过组织各种活动，为非物质文化遗产的传承提供了有力的支持，也为其在社会中的地位和影响力提供了有力的保障。以云南省为例，丽江古城中四方街的纳西族民族歌舞表演和泸沽湖民族博物馆的摩梭人歌舞表演，都是当地政府有关机构组织的。这些表演活动不仅为游客和当地居民提供了文化娱乐，更重要的是，它们为当地的非物质文化遗产提供了一个展示和传承的平台。这种由政府机构组织的活动，确保了非物质文化遗产在当地得到了有效的保护和传承。而在云南省非物质文化遗产保护中心、云南省文化馆和昆明市官渡区文化体育旅游局的合作下，昆明市官渡古镇成功主办了首届“昆明官渡全国非物质文化遗产联展”。这种展览活动为来自全国的非物质文化遗产项目提供了一个展示的机会，也为当地的传统手工艺提供了一个宣传的平台。这种由多个机构合作组织的活动不仅增强了非物质文化遗产的影响力，还为其传承和发展提供了更多的机会。昆明市官渡区的相关组织机构更是在非物质文化遗产的保护、传承与发展上做出了突出的贡献。他们不仅建立了非物质文化遗产传习馆，还陆续建成了多个与非物质文化遗产相关的传习馆，如“官渡乌铜走银传习馆”“官渡饵块传习馆”和“官渡滇剧花灯传习馆”。这些传习馆为当地的非物质文化遗产提供了一个学习和交流的平台，也为其传承和发展注入了新的活力。

第四章
非物质文化遗产保护名录体系的构建

第一节　非物质文化遗产代表性项目名录体系

一、联合国教育、科学及文化组织（后简称 UNESCO）“双名录”

非物质文化遗产代表性项目名录体系在全球范围内起到了至关重要的作用，特别是 UNESCO 的指导下。UNESCO 为了更好地保护和传承非物质文化遗产，特别设立了“双名录”体系，即人类非物质文化遗产代表作名录和急需保护的非物质文化遗产名录。

（一）UNESCO“双名录”概述

1.UNESCO“双名录”的起源

“人类口头与非物质遗产代表作名录”是最早对非物质文化遗产进行登录的项目。这一名录的建立，标志着国际社会对非物质文化遗产保护的重视程度达到了一个新的高度。UNESCO 于 1998 年通过了《宣布人类口头与非物质遗产代表作条例》，这一条例的通过，为非物质文化遗产的保护与传承提供了一个国际性的法律依据。随后，UNESCO 于

2000年开始了“人类口头与非物质遗产代表作名录”的申报和评选工作。这一工作的开展，为全球的非物质文化遗产提供了一个展示和交流的平台。各国可以通过这一名录，将自己的非物质文化遗产推向国际舞台，与其他国家的非物质文化遗产进行交流和互鉴。2001年、2003年和2005年，UNESCO分三次公布了“人类口头与非物质遗产代表作名录”。这三批名录共计收录了90个非物质文化遗产文化表现形式或文化空间。这些非物质文化遗产涵盖了各种文化表现形式，如音乐、舞蹈、戏剧、手工艺等，它们都是各国文化的瑰宝，是人类文明的共同遗产，其中包括我国的昆曲、古琴艺术、新疆维吾尔木卡姆艺术和蒙古族长调民歌（与蒙古国联合申报）。

《保护非物质文化遗产公约》不仅是世界各国实施非物质文化遗产保护的实践指南，更是国际协作的准则。它的核心内容是明确提出和规定了“人类非物质文化遗产代表作名录”和“急需保护的非物质文化遗产名录”的名称及其认定的基本原则。这两个名录的设立，旨在对全球范围内的非物质文化遗产进行分类、记录和保护。其中，“人类非物质文化遗产代表作名录”主要是对那些具有代表性、独特性和丰富性的非物质文化遗产进行记录和展示，而“急需保护的非物质文化遗产名录”则是针对那些面临消失风险的非物质文化遗产，提供一个紧急保护的机制。2008年11月4日，UNESCO正式宣布设立“人类非物质文化遗产代表作名录”，并将前三批“人类口头与非物质遗产代表作名录”项目纳入其中。这一行为标志着非物质文化遗产保护工作进入了一个新的阶段。从2010年到2013年，UNESCO继续公布了四批“人类非物质文化遗产代表作名录”和“急需保护的非物质文化遗产名录”。这4年中，共有115项非物质文化遗产被列入“代表作名录”，而23项被列入“急需保护名录”。这一系列的行动不仅提高了全球对非物质文化遗产的关注度，也为各国提供了一个共同的平台，用以共同探讨和实践非物质文化遗产的保护和传承方法。同时，这些名录也为研究者和公众提供了一个宝贵的资料库，帮助他们更好地了解和研究非物质文化遗产。[①]

2.UNESCO“双名录”核心目录

通过双名录的核心目录，可以在全球范围内了解非物质文化遗产的分布和现状。这一点至关重要，因为只有了解了非物质文化遗产的真实情况，才能够采取有效的措施来保护它们。通过这一名录，可以让更多的人了解到非物质文化遗产的价值和保护它们的重要性，从而提高人们的文化自觉性和保护意识。另一个目的是鼓励各国建立自己的非物质文化遗产清单，并采取相应的法律和行政措施来加以保护。这不仅仅是一个国家的责任，也是对全人类文化遗产应有的尊重和保护。每一个国家、每一个民族都有自己独特的非物质文化遗产，它们是人类文明的宝贵财富。通过建立清单，可以让这些非物质文化遗产得到更好的保护和传承。

3.UNESCO“双名录”认定标准

（1）“人类非物质文化遗产代表作名录”认定标准。“人类非物质文化遗产代表作名录”的五条认定标准为非物质文化遗产的申报和保护提供了明确的方向。[②] 每一条标准都体现了对非物质文化遗产的尊重、认可和保护的重要性。

标准之一明确了非物质文化遗产的定义，确保了只有真正符合《保护非物质文化遗产公约》第二条定义的项目才能被列入名录。这是对非物质文化遗产真实性和独特性的保护，确保了名录的权威性和专业性。

标准之二强调了列入名录的非物质文化遗产对于提升人们对其重要性的认识、促进对话、反映世界文化多样性、见证人类的创造力的重要

① 白以娟．东北地域文化研究[M]．沈阳：东北大学出版社，2020：67.

② 文化部对外文化联络局．联合国教科文组织《保护非物质文化遗产公约》基础文件汇编[M]．北京：外文出版社，2012：24.

性。这不仅是对非物质文化遗产本身的认可，更是对其在全球文化多样性中的独特地位和价值的肯定。

标准之三则关注了非物质文化遗产的保护措施。只有制订了有效的保护措施，非物质文化遗产才能得到真正的保护和传承。这也是申报国家或地区对非物质文化遗产保护的责任和担当的体现。

标准之四突出了社区、群体和个人在非物质文化遗产申报中的重要地位。他们是非物质文化遗产的传承者和守护者，只有在他们的广泛参与和自主认可下，非物质文化遗产的申报才能真正体现其价值和意义。

标准之五则确保了非物质文化遗产已经被列入申报缔约国领土现存的非物质文化遗产清单中。这是对非物质文化遗产在申报国家或地区的认可和重视的体现，也是对其在全球非物质文化遗产体系中的地位的确认。

（2）“急需保护的非物质文化遗产名录”认定标准。“急需保护的非物质文化遗产名录”的列入标准共有六条，每一条都是对非物质文化遗产保护的深入思考和严格要求。这些标准确保了只有真正需要保护的、具有重要文化价值的项目才能被列入名录。

该名录的第一条标准是该项目必须属于《保护非物质文化遗产公约》第二条定义的“非物质文化遗产”。这确保了所有被列入的项目都是真正的非物质文化遗产，而不是其他形式的文化表现。第二条标准则关注项目的存续状态。即使相关的社区、群体或个人和缔约国都做出了努力，但该项目的存续仍然危在旦夕，或者该遗产正受到严重威胁，这样的遗产才被认为是急需保护的。第三条标准强调了已经制订的保护措施。这意味着，仅仅认为一个项目需要保护是不够的，还需要有实际的、可行的保护措施，确保相关的社区、群体或个人能够继续实践和传承该遗产。第四条标准则关注社区、群体或个人的参与和认可。这确保了申报的非物质文化遗产是得到相关社区、群体或个人广泛参与和自主认可的，而不是被强加的。第五条标准要求该项目已列入申报缔约国领土现存的非物质文化遗产清单之中，这进一步确保了项目的真实性和重要性。而第六条标准则是对特别紧急情况的考虑，即在特别紧急情况下，已就该遗产列入名录事宜与有关缔约国进行过协商。

对于满足上述标准的非物质文化遗产项目，UNESCO 通过一定的申报流程，接受各缔约国提交的项目。这些项目经过严格的评估和审定，确保每一个被列入的项目都是真正需要保护的、具有重要文化价值的。经过这样的流程,UNESCO 最终批准并公布了那些符合条件的项目。

4.UNESCO“双名录”申报流程

（1）提交拟申报项目的申报材料。缔约国在提交拟申报项目的申报材料时，必须遵循名录项目列入标准。这一标准确保了申报的非物质文化遗产项目具有真实性、代表性和独特性。为了确保申报材料的真实性和权威性，UNESCO 规定，只有经过成员国国家级权力机构提交，并征得相关群体代表同意的申报书，才会被接受。这一规定旨在确保申报的非物质文化遗产项目得到了当地社区和相关群体的认同和支持，从而确保其传承和保护的可持续性。在申报流程中，可以提交申报书的机构不仅限于成员国政府及准成员国政府，还包括征得相关成员国教科文组织全国委员会同意的政府间组织，以及与联合国教科文组织有正式关系、并征得本国教科文组织全国委员会同意的非政府组织。这一规定充分体现了 UNESCO 对于非物质文化遗产保护工作的开放性和包容性。UNESCO 鼓励各方积极参与，共同努力，确保非物质文化遗产的传承和保护。

值得注意的是，如果一个文化表现形式或文化空间超越了政治边界，那么可以由多国联合提交一份申报书。这一规定鼓励了跨国合作，促进了文化交流和理解。当多个国家共同拥有某一非物质文化遗产时，它们可以通过联合申报的方式，共同努力，确保该非物质文化遗产的传承和保护。这不仅有助于加强各国之间的文化交流和合作，还有助于促进全球文化多样性的保护和传承。

（2）申报书由缔约国设立的国家级非物质文化遗产保护专门机构编纂。每份申报书都由五部分组成，这五部分旨在全面、详细地展示申报项目的特点和价值。其一，项目申报书标准范本的各部分主要为书面材料，其中包括拯救和振兴行动计划。这部分内容强调了申报项目的紧迫性和保护的必要性，同时也为项目的未来发展提供了明确的方向和策略。其二，申报书需要提供用以评估该项目所需的文件，这些文件包括地图、带有底片的照片或幻灯片、录音带或音像带等，这些资料能够直观地展示申报项目的实际情况。此外，这些文件还应伴有一份授权书，表示同意以推广为目的而对所有这些资料进行传播。同时，还需要提供一份围绕主题的参考著作介绍和一份按学术界惯例列出的完整图书索引，这两部分内容为评估机构提供了更为深入的研究和参考资料。其三，专业的录像带是另一个重要的组成部分，它需要反映申报项目最有意义的方面，长度不超过 10 分钟。其四，申报书还需要提供一份书面文件、一盘录像或录音带，或其他任何无可辩驳的证据，证明相关群体或拥有人同意申报书所述内容。这一部分内容确保了申报项目的真实性和合法性。其五，申报书还需要提供一份预备清单，列出其他 5 个文化表现形式或文化空间的名字，这些是该成员国在未来 10 年中可能进行申报的项目。

对于多国联合申报的项目，还需要提供额外的证明文件，证明参与项目申报的各成员国同意申报书所述内容，并承诺实施申报书标准范本第 5 部分中所述行动计划。这确保了多国联合申报的项目能够得到各方的共同支持和合作。

（3）UNESCO 的评审程序。在申报流程的开始，UNESCO 秘书处对各国提交的申报材料进行核查，确保这些材料的完整性和规范性。这一步骤至关重要，因为只有当申报材料达到了 UNESCO 的标准，才能确保后续的评估过程是公正和准确的。而这些材料的完整性和规范性也是评估项目是否值得被列入“双名录”的基础。在材料被核查并确认无误后，这些材料会被提交给 UNESCO 认定的非政府组织或权威专家。这些专家和组织将对申报的项目进行科学评估，确保每一个项目都是真实、有价值的非物质文化遗产。这一评估过程不仅基于事实和数据，还需要专家们的经验和洞察力。在评估结束后，这些专家和组织会出具评估报告，推荐或反对某个项目入选。随后，总干事会征询各成员国、有资格的非政府组织和秘书处的意见。这一步骤确保了评估过程的公正性和透明性，因为所有的成员国和相关组织都有机会对申报的项目发表意见。在收集了所有的意见后，总干事会指定一个由 18 位成员组成的评审委员会，这个委员会的成员任期为四年。评审委员会的任务是审查各国提交的项目申报资料和非物质组织或专家的评估报告。在审查过程中，委员会会深入研究每一个项目的价值和意义，确保每一个入选的项目都是真正有价值的非物质文化遗产。审查结束后，评审委员会会向总干事提交三份清单：一份推荐入选的项目清单，一份落选的项目清单，以及一份推迟至两年后再行审议的项目清单。最终，总干事会在评委会的推荐基础上，举办一个特别的仪式，宣布入选的名单。这一仪式不仅是对入选项目的认可，也是对所有参与申报和评估过程的国家和组织的致谢。

对于被列入“双名录”的项目，UNESCO 采取了一系列措施，确保这些珍贵的非物质文化遗产得到妥善的保护和传承。UNESCO 通过国际合作和国际援助的方式，促进各国对非物质文化遗产的保护。这种国际合作不仅仅是在缔约国之间进行信息和经验的交流，更是采取共同行动，建立起一个强大的机制，确保非物质文化遗产得到有效的保护。这种机制的建立，不仅仅是为了保护那些已经被列入“双名录”的项目，更是为了确保那些尚未被列入名录，但同样具有重要文化价值的非物质文化遗产得到妥善的保护。政府间保护非物质文化遗产委员会为缔约国提供了一系列的国际援助。这些援助涵盖了非物质文化遗产保护的各个方面，从进行相关研究，到提供专家和专业人员，再到培训所需的各类人员，都为非物质文化遗产的保护提供了有力的支持。此外，制定准则性措施或其他措施，建立基础设施，提供设备和技能，以及其他财政或技术援助，都是为了确保非物质文化遗产得到长久、有效的保护。缔约国在非物质文化遗产保护方面也有了更多的权利和机会。他们可以随时提出国际援助申请，这些申请不仅仅是为了获取财政支持，更是为了获取技术和经验的支持。对于那些金额在2.5万美元以下的国际援助申请，缔约国可以随时提出，而对于那些紧急的申请，更是不设金额上限，确保非物质文化遗产在面临危机时，能够得到及时、有效的援助。

（二）中国“双名录”项目的申报与保护

在21世纪初，非物质文化遗产的保护与传承成为全球关注的焦点。2000年，UNESCO启动了首批“人类口头与非物质遗产代表作名录”的申报与评审工作，标志着国际社会对非物质文化遗产保护的重视与行动。在这一背景下，中国也积极响应，经过深入的调查研究，决定将“昆曲艺术”作为首批申报项目。这一决策不仅体现了昆曲在中国传统文化中的重要地位，也展现了中国对非物质文化遗产保护的决心。昆曲，作为中国古老的戏曲艺术形式，蕴含着丰富的历史与文化内涵。为确保申报成功，中国艺术研究院戏曲研究所承担了撰写申报文本的重任。经过精心准备，2001年，昆曲被成功列入首批“人类口头与非物质遗产代表作名录”，这无疑是对昆曲艺术及其在中国文化中地位的国际认可。但中国对非物质文化遗产的保护并未止步于此。2003年，又有“古琴艺术”成功入选第二批“人类口头与非物质遗产代表作名录”。古琴，作为中国古典音乐的代表，其深沉、悠扬的旋律与哲学内涵，都是中华文明的瑰宝。申报文本的撰写工作由中国艺术研究院音乐研究所完成，再次展现了中国在非物质文化遗产保护方面的专业与决心。更为值得关注的是，中国不仅关注汉族的非物质文化遗产，还高度重视少数民族的文化传承。这一点在“新疆维吾尔木卡姆艺术”和“蒙古族长调民歌”的申报中得到了充分体现。这两项艺术形式都被列入第三批“人类口头与非物质遗产代表作名录”。其中，“蒙古族长调民歌”更是中蒙两国联合申报的项目，这不仅展现了两国在文化交流与合作方面的友好关系，也体现了对少数民族文化的尊重与保护。申报文本的撰写工作由中国艺术研究院音乐研究所与新疆艺术研究所和内蒙古艺术研究所合作完成，这种跨地区、跨学科的合作模式，确保了申报文本的权威性与专业性。

2008 年，联合国教科文组织宣布“人类口头与非物质遗产代表作名录”项目被纳入“人类非物质文化遗产代表作名录”。这一年，昆曲、古琴艺术、新疆维吾尔木卡姆艺术和蒙古族长调民歌成为纳入该名录的项目。这 4 项文化遗产不仅代表了中国的多元文化，还展示了中国文化的深度和广度。到了 2009 年，名录中新增了更多的中国项目。这一年，有 22 个项目入选“人类非物质文化遗产代表作名录”，而另有 3 项入选“急需保护的非物质文化遗产名录”。这除了意味着对已有文化遗产的认可，还有对那些面临失传风险的文化遗产的关注和保护。2010 年和 2011 年，中国的非物质文化遗产继续得到国际的关注和认可。这两年，分别有 2 项和 1 项项目入选“人类非物质文化遗产代表作名录”，同时还有 3 项和 1 项项目分别入选“急需保护的非物质文化遗产名录”。这进一步证明了中国在非物质文化遗产保护方面的努力和成果。2013 年至 2022 年，每隔一段时间，就有中国的非物质文化遗产项目被纳入联合国教科文组织的名录。这不仅是对中国文化的认可，更是对中国在非物质文化遗产保护方面持续努力的肯定。至今，中国共有 43 个项目列入联合国教科文组织非物质文化遗产名录。这一数字不仅代表了中国文化的丰富性，也展示了中国在文化遗产保护方面的决心和努力。每一个入选的项目都是对中国文化的一份认可，也是对中国在非物质文化遗产保护方面努力的肯定。表 4-1 为列入《人类非物质文化遗产代表作名录》

的中国项目。

表 4-1 列入《人类非物质文化遗产代表作名录》的中国项目

序号	遗产项名称	批准时间	序号	遗产项名称	批准时间
1	昆曲	2001 年 5 月	19	中国书法	2009 年 10 月
2	古琴艺术	2003 年 11 月	20	中国篆刻	2009 年 10 月
3	新疆维吾尔木卡姆艺术	2005 年 11 月	21	中国剪纸	2009 年 10 月
4	蒙古族长调民歌（与蒙古国联合申报）	2005 年 11 月	22	中国传统木结构营造技艺	2009 年 10 月
5	中国传统桑蚕丝织技艺	2009 年 10 月	23	端午节	2009 年 10 月
6	南音	2009 年 10 月	24	妈祖信俗	2009 年 10 月
7	南京云锦织造技艺	2009 年 10 月	25	中国雕版印刷技艺	2009 年 10 月
8	宣纸传统制作技艺	2009 年 10 月	26	呼麦	2009 年 10 月
9	侗族大歌	2009 年 10 月	27	中医针灸	2010 年 11 月
10	粤剧	2009 年 10 月	28	京剧	2010 年 11 月
11	格萨（斯）尔	2009 年 10 月	29	中国皮影戏	2011 年 11 月
12	龙泉青瓷传统烧制技艺	2009 年 10 月	30	中国珠算	2013 年 12 月
13	热贡艺术	2009 年 10 月	31	二十四节气	2016 年 11 月
14	藏戏	2009 年 10 月	32	中国藏医药浴法	2018 年 11 月
15	玛纳斯	2009 年 10 月	33	太极拳	2020 年 12 月
16	花儿	2009 年 10 月	34	送王船（与马来西亚联合申报）	2020 年 12 月
17	西安鼓乐	2009 年 10 月	35	中国传统制茶技艺及其相关习俗	2022 年 11 月
18	中国朝鲜族农乐舞	2009 年 10 月	—	—	—

中国非物质文化遗产的申报与保护是一个系统化、规范化的过程，

旨在将具有重要文化价值和历史意义的非物质文化遗产纳入 UNESCO 的“双名录”中，以获得国际认可和保护。在这个过程中，文化和旅游部起着核心的组织和协调作用，负责实施相关的申报和保护工作。文化和旅游部非物质文化遗产司是负责非物质文化遗产申报的主要机构，它向全国各省市下发提交申报预备项目的通知，启动了申报流程。各省市文化厅（局）则在接到通知后，从本地已入选“国家级非物质文化遗产名录”的项目中遴选出符合条件的项目，准备并提交申报材料。这一阶段，各地文化部门的积极参与和高效协作为申报工作奠定了基础。随后，非物质文化遗产司组织召开专家会议，对各省市提交的申报项目进行细致的评审。专家们根据项目的文化价值、历史意义及其对当地社区的影响，遴选出符合申报条件的项目，拟制出预备清单。这一环节的专业评审，确保了只有具备一定标准和质量的项目能够进入下一阶段的申报流程，保证了申报工作的质量和水准。对于进入预备清单的项目，非物质文化遗产司和中国非物质文化遗产保护中心进一步督促各省市文化部门及项目申报单位编纂、制作规范的项目申报书。这一阶段的工作，要求各方面严格按照规定和标准，准备完整、规范的申报材料，为最终的申报成功奠定坚实的基础。在完成项目申报书的编制后，由文化和旅游部外联局向 UNESCO 秘书处提交所有申报材料，正式启动国际申报流程。这一步骤的成功执行，标志着中国非物质文化遗产的国际申报工作进入了一个新的阶段，也为中国非物质文化遗产的国际认可和保护打开了重要的通道。整个申报与保护流程展现了中国在非物质文化遗产保护方面的严谨态度和专业水准。系统化、规范化的申报流程确保了非物质文化遗产的价值能得到充分的认可和保护，同时也为推动中国非物质文化遗产的国际交流和合作提供了有力的支持。

二、国家、省、市、县四级非物质文化遗产名录体系

国家、省、市、县四级非物质文化遗产名录体系是我国非物质文化

遗产保护和传承工作的重要组成部分。这一体系的构建，旨在实现非物质文化遗产保护工作的层层推进和落实。

（一）发展历程

2004年8月，第十届全国人大常委会第十一次会议的批准标志着中国正式加入《保护非物质文化遗产公约》，成为最早的缔约国之一。这一重要的国际公约的通过，不仅在国际社会掀起了保护非物质文化遗产的热潮，同时也为中国的非物质文化遗产保护工作注入了强劲的动力，使得相关工作在这一时期得到了迅速的发展。2005年3月，国务院办公厅的文件进一步明确了中国在非物质文化遗产保护方面的决心和方针。文件《关于加强中国非物质文化遗产保护工作的意见》（国发办〔2005〕18号）的印发，以及附录《国家级非物质文化遗产代表作申报评定暂行办法》和《非物质文化遗产保护工作部际联席会议制度》的出台，为非物质文化遗产的保护与传承提供了明确的指导和制度保障。随后在同年的6月20日，文化和旅游部印发了《关于申报第一批国家级非物质文化遗产代表作的通知》，标志着国家级非物质文化遗产名录的申报工作正式启动。这一举措不仅是对非物质文化遗产保护工作的具体实施，也是对四级非物质文化遗产名录体系构建的重要推进。通过这样的申报评定体系，管理机构可以更为准确和系统地识别、评估和保护非物质文化遗产，确保这些宝贵的文化资源得到妥善的保存和传承。这个四级名录体系的构建，为非物质文化遗产的保护工作提供了一个全面而又具有层次的框架。通过国家、省、市、县四级的名录体系，可以使非物质文化遗产保护工作更为细致、全面，同时也为各级政府和相关部门提供了明确的职责和方向。这样的体系不仅有助于整合各级资源，提高非物质文化遗产保护工作的效率，同时也为非物质文化遗产的传承和推广提供了有力的支持。

在这一体系的构建过程中，国家级非物质文化遗产名录的申报工作成为重要的一环。该工作由中国艺术研究院挂牌的“中国民族民间文化保护工程国家中心”负责组织实施。该中心通过组织实施非物质文化遗产名录的申报工作，为非物质文化遗产的保护与传承提供了有力的组织保障。申报具体流程如下：

第一步，在申报流程的初始阶段，公民、企事业单位和社会组织等可以向所在行政区域的文化行政部门提出非物质文化遗产代表作项目的申请。这一环节的开放性让更多具有非物质文化遗产价值的项目有了被发现和被保护的可能。随后，由受理的文化行政部门逐级上报，这一环节的逐级上报机制确保了申报项目的合规性和重要性得到了充分的评估和审核。在经过逐级上报后，省级文化行政部门会对本行政区域内的非物质文化遗产代表作申报项目进行汇总、筛选。这一环节的汇总与筛选工作不仅能够确保申报项目的质量，更是对地方非物质文化遗产保护工作的督促和推动。经同级人民政府核定后，省级文化行政部门会向文化和旅游部提出申报。这一环节的核定与上报，既体现了中央与地方的协同合作，也确保了非物质文化遗产名录申报工作的正规性和权威性。通过以上申报流程，不仅构建了一个从基层到中央的多级审核机制，也为非物质文化遗产的保护与传承提供了一个清晰、可行的操作路径。同时，这种层级化的申报与审核机制，也为非物质文化遗产的长远保护提供了有力的制度保障，为传统文化的传承与发展注入了持续的动力。

第二步，文化和旅游部授权中国民族民间文化保护工程国家中心负责组织实施非物质文化遗产项目申报材料的评审。这一授权不仅体现了文化和旅游部对非物质文化遗产保护的重视，也显示了中国民族民间文化保护工程国家中心在非物质文化遗产保护领域的专业性和权威性。中国民族民间文化保护工程国家中心组织国家非物质文化遗产保护工作专家委员会的专家组成评审委员会，依据评审标准对各省市提交的申报材料进行评估、审定。这一流程确保了申报材料的质量和标准，为非物质文化遗产的准确评估和有效保护提供了有力保障。

根据《国家级非物质文化遗产代表作申报评定暂行办法》，申报的项目需具备多方面的杰出价值和重要意义。这些项目应是民间传统文化的杰出表现或具有非物质文化遗产的典型意义，同时在多个学科领域如历史、艺术、民族学等方面具有不可忽视的价值，包括：①具有展现中华民族文化创造力的杰出价值；②扎根于相关社区的文化传统，世代相传，具有鲜明的地方特色；③具有促进中华民族文化认同、增强社会凝聚力、增进民族团结和社会稳定的作用，是文化交流的重要纽带；④出色地运用传统工艺和技能，体现出高超的水平；⑤具有见证中华民族活的文化传统的独特价值；⑥对维系中华民族的文化传承具有重要意义，同时因社会变革或缺乏保护措施而面临消失的风险。

第三步，评审委员会在接收到申报材料后，会进行仔细的评审，确保每一个申报项目都是符合标准、具有代表性的。在评审完成后，评审委员会会提出“国家非物质文化遗产代表作推荐项目名单”，这个名单不仅仅是一个简单的列表，而是经过专家严格评审筛选出的具有重要文化价值和代表性的非物质文化遗产项目集合。随后，文化和旅游部会将推荐项目名单提交给部际联席会议进行讨论，这一环节保证了多方面、多层次的审核，确保名单的权威性和准确性。在通过部际联席会议审核后，推荐项目名单会进行为期 30 天的社会公示，让公众有机会参与和监督，确保名录的公正、公开和透明。

第四步，文化和旅游部根据评审委员会的评审意见和公示结果，拟定“国家级非物质文化遗产名录”名单。这一过程不仅体现了各部门之间的协作和支持，也显示了对非物质文化遗产保护工作的严谨态度和高度责任心。经过部际联席会议的审核和同意，最终名单将上报国务院批准、公布，以确保名录的权威性和公信力。

国家级非物质文化遗产名录的公布，标志着中国非物质文化遗产登录制度的体系化启程。这一重要的制度安排，成为全国各省、市、县级非物质文化遗产名录制定的范例，为其提供了明确的指导和参考，包括名录项目的十类分类法、项目申报流程、项目评审标准等方面。从2005年开始，全国各省、市、县积极行动，开始建立本级非物质文化遗产名录。这一过程中，各级政府和相关部门通力合作，积极推动非物质文化遗产的申报、评审和公布工作，确保非物质文化遗产名录的准确性和完整性。各地根据国家级非物质文化遗产名录的范例，结合本地的实际情况，制定了符合本地特色的非物质文化遗产名录，为非物质文化遗产的保护和传承提供了有力的制度保障。至2013年，全国各省、市、县都建立起本级非物质文化遗产名录，标志着中国非物质文化遗产名录体系的基本成型。这一体系的形成，为非物质文化遗产的保护和传承提供了坚实的制度基础，也为非物质文化遗产的研究、展示和推广提供了丰富的资源。国家、省、市、县四级非物质文化遗产名录体系的逐渐完善，展现了中国在非物质文化遗产保护方面的制度创新和实践探索，也为全国各地非物质文化遗产的长远发展奠定了坚实的基础。

（二）保护措施

1. 对于入选项目采取的保护措施

（1）建档和保存。建档环节通过搜集、记录、分类、编目等方式，为入选项目建立完整的档案。这一环节的重要性不言而喻，它是非物质文化遗产保护工作的基石。对入选项目的详细记录和分类可以为后续的保护工作提供准确的参考信息，确保保护工作的准确性和有效性。同时，建档工作也为非物质文化遗产的研究和传承提供了宝贵的资料，使得相关研究者和实践者能够更好地理解和掌握非物质文化遗产的内涵和价值。保存环节则采用文字、录音、录像、数字化多媒体等手段，对保护对象进行真实、全面、系统的记录，并积极搜集有关实物资料，选定有关机构妥善保存并合理利用。这一环节的实施，使得非物质文化遗产得以在数字化时代得到更为长久和广泛的传播。通过多媒体手段的记录和保存，非物质文化遗产的形态和内涵得以完整地保留下来，为后世的研究和传承提供了重要的实物依据。同时，数字化多媒体的应用也使得非物质文化遗产能够以更为直观和生动的方式展现给公众，从而增强非物质文化遗产的社会影响力和公众认知度。

通过对建档和保存两个环节的深入实施，非物质文化遗产的保护工作得以系统而有序地推进。每一个环节都为非物质文化遗产的长久保护提供了必要的支持，确保了非物质文化遗产的真实性和完整性得以保留。同时，这两个环节的实施也为非物质文化遗产的研究、传承和推广提供了重要的基础，使得非物质文化遗产能够在现代社会中得到更为广泛和深入的理解和认知。在保护非物质文化遗产的过程中，建档和保存环节的重要性不容忽视，它们是确保非物质文化遗产得以传承和发扬的关键环节。

（2）传承和传播。传承是非物质文化遗产保护的核心。通过社会教育和学校教育等途径，可以确保非物质文化遗产的传承后继有人，使他们能够继续作为活的文化传统在相关社区得到继承和发扬，尤其是在青少年群体中。社会教育和学校教育是传承非物质文化遗产的重要渠道，它们能够为青少年提供直接的、实际的学习和体验机会，使他们能够亲身感受非物质文化遗产的价值和意义，从而培养起对非物质文化遗产的认同感和传承意愿。通过教育的方式，非物质文化遗产得以在新的一代中得到传承和发扬，保持其活力和连续性。传播则是非物质文化遗产保护的另一个重要方面。利用节日活动、展览、观摩、培训、专业性研讨等形式，通过大众传媒和互联网的宣传，可以加深公众对该项遗产的了解和认识，促进社会共享。传播不仅能够提高公众对非物质文化遗产的认识和理解，还能够为非物质文化遗产的传承和保护创造良好的社会环境。通过各种活动和传媒的宣传，非物质文化遗产得以走进公众的视野，成为社会共同的文化财富。同时，传播还能够为非物质文化遗产的传承者提供展示和交流的平台，促进非物质文化遗产的创新和发展。

传承和传播是非物质文化遗产保护的两个重要方面，它们相辅相成，共同为非物质文化遗产的长久保护和发展提供了有力的支持。通过有效的传承和传播措施，非物质文化遗产得以在社会中得到广泛的认可和尊重，为其长期的保护和发展奠定了坚实的基础。同时，这也反映了国家、省、市、县四级非物质文化遗产名录体系在保护非物质文化遗产方面的重要作用和不可替代的价值。

（3）保护。保护非物质文化遗产，意味着要确保其原有的文化表现形式和文化空间得以保留和传承。这是一个系统性、多层次的工作，需要政府、社会和传承人（团体）共同参与。法律法规的制定和实施，可以为非物质文化遗产的保护提供坚实的制度保障。例如，制定相关的法律法规，明确非物质文化遗产的保护和管理责任，为传承人（团体）的权益提供保障。同时，对非物质文化遗产的保护也需要公众的理解和支持。通过各种宣传和教育活动，增强公众对非物质文化遗产价值的认识和理解，这一举措可以为非物质文化遗产的保护创造良好的社会环境。在这个过程中，避免对非物质文化遗产的误解、歪曲或滥用是非常重要的。这需要从多方面着手，包括加强对非物质文化遗产的研究、提高公众的文化素养，以及加强对非物质文化遗产传承人（团体）的培训和支持。

非物质文化遗产的保护不仅仅是对过去的保存，更是对未来的投资。通过有效的保护措施，可以使非物质文化遗产得以传承和发展，确保现代社会的文化多样性，并为其创新提供源源不断的灵感。同时，对非物质文化遗产的保护也有助于增强社区的凝聚力，促进社会和谐稳定。在实施保护措施时，应充分考虑非物质文化遗产的特点和传承人（团体）的需求，制定出切实可行的保护方案。例如，为传承人（团体）提供必要的资金支持和技术指导，同时也要尊重和保护传承人（团体）的知识产权和文化权益。通过综合施策，形成一个完善的非物质文化遗产保护体系，确保非物质文化遗产得以传承和发展，为推动文化的繁荣和社会的进步做出积极的贡献。

2. 具体实施过程中的保护措施

第一，开展非物质文化遗产资源普查工作是基础且关键的一环。开展非物质文化遗产资源普查工作是建立国家、省、市、县四级非物质文化遗产名录体系的基础，其保护措施的有效实施对于确保非物质文化遗产的传承和保护至关重要。只有通过系统的数据收集和维护，才能更好地了解和保护宝贵的非物质文化遗产，使其能够在未来得以传承和发展。

普查工作需要建立专业的调查团队，这些团队应该由具有相关专业知识和经验的人员组成，包括文化学者、民俗学家、社会学家等。这样的团队可以确保对非物质文化遗产的调查和记录是准确和全面的。普查工作需要明确的调查方法和标准，这些方法和标准应该能够确保数据的一致性和可比性。同时，需要制订详细的调查表格和问卷，以帮助调查员进行系统的数据收集。普查工作需要充分的社会参与，这意味着广泛征集社区居民和相关群体的意见和建议，以便更好地了解非物质文化遗产在社会中的地位和价值。这种社会参与可以增强民众对非物质文化遗产的保护意识，并促进社区的参与和合作。此外，普查工作还需要确保数据的安全和保密性。由于非物质文化遗产涉及个人和社区的隐私信息，必须采取措施来保护这些信息的安全性，防止泄漏和滥用。普查工作的结果应该及时整理和归档，以便将其纳入国家、省、市、县四级非物质文化遗产名录体系中。这需要建立完善的数据库和档案管理系统，以确保数据的长期保存和利用。

第二，建立档案和数据库可以有效地保存非物质文化遗产资料，为非物质文化遗产的传承和保护提供有力的支持。档案和数据库的建立是非物质文化遗产保护工作的基础，通过系统地收集、整理和保存非物质文化遗产的相关资料，可以为非物质文化遗产的研究、传承和推广提供重要的数据支持。例如，对传统手艺、民间艺术、传统医药等非物质文化遗产项目的详细记录和资料保存，能够为后续的研究和传承提供宝贵的信息资源。同时，档案和数据库的建立也有助于提高非物质文化遗产保护工作的透明度和规范性。通过对非物质文化遗产项目的详细记录和分类，研究者可以清晰地了解各级非物质文化遗产名录体系中包含的项目及其现状，为制定相应的保护和传承措施找到依据。此外，档案和数据库的建立还能够为非物质文化遗产的传播和推广提供支持。通过将非物质文化遗产资料数字化，资料持有者可以方便地将它们通过网络和其他媒体向公众传播，提高公众对非物质文化遗产的了解和认识，从而为非物质文化遗产的传承和保护营造良好的社会环境。

在档案和数据库的建立过程中，应注重资料的完整性和准确性，确保所收集和保存的资料能够真实、全面地反映非物质文化遗产的特点和价值。同时，也应注重资料的更新和维护，确保档案和数据库的时效性，以适应非物质文化遗产保护工作的发展需要。档案和数据库的建立是一个系统工程，需要各级政府和相关部门的密切合作和协调，并通过制定明确的标准和程序，确保非物质文化遗产资料的收集、整理和保存工作的规范性和有效性。同时，也应加强对档案和数据库建设和管理人员的培训和指导，提高其业务能力和素质，确保档案和数据库的建立和维护工作的质量。

第三，建立非物质文化遗产博物馆、展示馆、资料馆，是保护非物质文化遗产珍贵文献和实物资料的重要手段。这些专门的机构可以将非物质文化遗产以物理形式保存下来，同时也为公众提供了了解和接触非物质文化遗产的窗口。这些博物馆和展示馆成为非物质文化遗产与社会公众交流的桥梁，让更多人能够直观地感受到非物质文化遗产的独特魅力和文化价值。

第四，建立非物质文化遗产传习基地，认定非物质文化遗产项目代表性传承人，是确保非物质文化遗产得以传承的关键步骤。非物质文化遗产传习基地的建立，为非物质文化遗产的传承提供了实际的场所和平台。通过传习基地，可以组织各类培训课程和实践活动，让更多人有机会近距离接触和学习非物质文化遗产，同时也为非物质文化遗产的传承人提供了交流和展示的空间。例如，某地的传统手艺传习基地，通过定期的工作坊展示活动，让传统手艺得以在社区中传播，吸引了众多热爱传统文化的人士参与。认定非物质文化遗产项目代表性传承人，是另一个重要的环节。对具有一定技艺和经验的传承人进行认定，可以确保非物质文化遗产的技艺和知识得以正确和有效地传承给下一代。例如，某地的传统戏曲项目，通过认定具有丰富经验和高超技艺的老艺人为代表性传承人，为年轻一代的学习和传承提供了宝贵的资源和指导。在具体实施过程中，各级政府和相关部门也会提供必要的支持和保障，例如，为传习基地和代表性传承人提供一定的资金支持，确保非物质文化遗产的传承活动得以顺利进行；同时，也会通过媒体和公共平台，对非物质文化遗产传习基地的活动和代表性传承人的成果进行宣传和推广，提高社会公众对非物质文化遗产保护和传承的认识和支持。此外，通过与教育机构和社区的合作，将非物质文化遗产的传承活动融入日常教育和社区活动中，也是一种有效的保护措施。例如，将传统手艺的体验课程纳入学校的课程体系，让学生有机会学习和体验传统文化，同时也为非物质文化遗产的传承人提供了更为广泛的传承平台。

第五，利用博物馆、传习馆、文化馆等公共文化机构，对社会民众开展非物质文化遗产通识教育，是提高非物质文化遗产社会认可度、促进社会集体传承的有效途径。通过这些公共文化机构的平台，会有更多的社会民众接触到非物质文化遗产，了解其历史背景和文化意义。通识教育的推广，有助于提高社会对非物质文化遗产的认识和理解，从而促进非物质文化遗产的社会集体传承，让更多的人参与到非物质文化遗产的保护和传承工作中来。

第六，通过学校教育，在青少年中开展非物质文化遗产普及教育对非物质文化遗产是一种有效的保护措施。青少年是国家的未来，通过在学校系统内对非物质文化遗产进行教育，可以让青少年从小就对非物质文化遗产有所了解，培养其对传统文化的兴趣和尊重。同时，将非物质文化遗产传承与职业教育结合，可以培养出一批具备专业知识和技能的非物质文化遗产接班人。这不仅有助于非物质文化遗产的传承，也为非物质文化遗产的发展注入了新的活力。

第七，举办非物质文化遗产展览、演出、培训等专题活动以及研讨会、论坛等学术性活动。举办非物质文化遗产展览和演出，能够让更多的人直观地感受到非物质文化遗产的魅力和价值。例如，通过展览和演出，传统的手工艺、民间艺术、传统音乐和舞蹈等非物质文化遗产得以展现在公众面前，让人们有机会近距离接触和了解这些传统文化。同时，这些活动也为非物质文化遗产的传承人提供了展示和交流的平台，使他们得到了更多的认可和支持。培训是非物质文化遗产传承的重要环节。通过组织非物质文化遗产培训活动，可以培养更多的传承人和爱好者，为非物质文化遗产的传承和发展提供人才支持。例如，通过开展传统手工艺、民间艺术等方面的培训课程，使参与者能够学习和掌握相关的技艺和知识，为非物质文化遗产的传承做好准备。研讨会和论坛等学术性活动，为非物质文化遗产的保护和传承提供了思想和理论支持。通过这些活动，学者、专家和传承人能够就非物质文化遗产的保护和传承等问题进行深入的交流和探讨，为非物质文化遗产的保护工作提供有益的建议和方案。同时，这些活动也为非物质文化遗产的研究和推广提供了平台，使得非物质文化遗产得到了更为广泛和深入的关注。通过举办这些专题和学术性活动，不仅可以提高公众对非物质文化遗产的认识和理解，也为非物质文化遗产的传承人和研究者提供了交流和学习的机会。同时，这些活动也为非物质文化遗产的保护和传承提供了实践的平台，使得非物质文化遗产得以在实践中得到保护和传承，为传统文化的传承和发展做出了积极的贡献。在实践中，各级政府和相关部门也应积极支持和参与这些活动的组织和实施，为非物质文化遗产的保护和传承提供更为有力的支持和保障。

第二节 非物质文化遗产项目代表性传承人名录

一、非物质文化遗产项目代表性传承人名录近况

非物质文化遗产的传承和保护，离不开传承人的努力和付出。传承人是非物质文化遗产活动的主体，是传统文化得以延续和发展的关键。通过建立传承人名录，可以明确传承人的责任和权利，为他们提供必要的支持和保障，同时也为社会公众提供了了解和参与非物质文化遗产保护工作的渠道。

（一）背景分析

非物质文化遗产，作为活态文化的体现，其存在与传承都离不开人的参与。这种文化遗产由人类创造，由人类持有，更由人类传承。在这一过程中，非物质文化遗产传承人的角色显得尤为关键。他们不仅是这些文化遗产的守护者，更是传播者，正是他们的存在，使得这些宝贵的文化遗产得以在新的时代背景下继续发展和繁荣。非物质文化遗产项目代表性传承人认定机制的出现，是对非物质文化遗产保护重要性的深刻理解和实践。这一机制的设立，旨在发掘、认定和保护那些在非物质文化遗产传承中具有重要作用的传承人，为他们提供必要的保护和支持，确保非物质文化遗产的传承和发展。这不仅是对个体传承人的认可和保护，也是对整个非物质文化遗产保护工作的推动和促进。与此同时，非物质文化遗产名录制度也与传承人认定机制相辅相成。名录制度为非物质文化遗产提供了一个明确的分类和认定标准，确保了每一个非物质文

化遗产都能够得到应有的关注和保护。而传承人认定机制则为这些文化遗产提供了一个具体的传承和保护路径，确保了这些文化遗产能够在传承人的努力下得以持续发展。

（二）近况探索

2007 年 6 月，文化和旅游部公布的“第一批国家级非物质文化遗产项目代表性传承人名录”是对非物质文化遗产传承工作的重要推动。该名录的公布，也为非物质文化遗产的保护工作提供了明确的方向和依据。通过对传承人的认定和支持，可以确保非物质文化遗产得到有效的传承和保护，避免了传统文化技艺的失传和消失。同时，也为非物质文化遗产的推广和传播提供了有力的人才支持，使得更多的人能够了解和接触到非物质文化遗产，感受到传统文化的魅力和价值。2008 年 1 月，文化和旅游部公布的“第二批国家级非物质文化遗产项目代表性传承人名录”，比第一批公布的代表性传承人 226 名多出了 325 人。名录的公布为非物质文化遗产的传承和保护提供了更为明确和具体的方向。通过对传承人的认定和支持，可以让他们更好地发挥自身的技艺和知识，为非物质文化遗产的传承和保护做出更为积极有效的贡献。同时，名录的公布也为社会公众提供了了解和接触非物质文化遗产的机会，让更多的人能够感受到传统文化的魅力和价值。名录的拓展，显示了对非物质文化遗产多元性的认识和尊重。非物质文化遗产的丰富多彩，是一个国家文化底蕴的重要体现，也是传统文化得以传承和发扬的重要基础。通过对不同类别非物质文化遗产的认定和支持，可以让传统文化得到更为全面和多元的展现，也为非物质文化遗产的传承和保护提供了更为广泛和多样的可能。传承人是非物质文化遗产得以传承和发扬的重要力量，他们的技艺和知识，是非物质文化遗产得以生生不息的重要保障。通过对传承人的认定和支持，可以让他们更好地发挥自身的价值和作用，为非物质文化遗产的传承和保护做出更为积极有效的贡献。

2009年5月，文化和旅游部再次公布“第三批国家级非物质文化遗产项目代表性传承人名录”，共计711名，涉及国家级非物质文化遗产名录十大类项目。2012年12月，文化和旅游部公布了“第四批国家级非物质文化遗产项目代表性传承人名录”，共计498名，这一举措将前三批已公布的1488人与第四批传承人相结合，使得国家级非物质文化遗产项目代表性传承人总数达到1986人。这不仅丰富了传承人的队伍，也为非物质文化遗产的传承和保护提供了更为坚实的基础。2018年5月，文化和旅游部确定并公布了第五批国家级非物质文化遗产代表性项目代表性传承人，共1082人。这一批次传承人名录的公布进一步扩大了传承人的规模，为非物质文化遗产的传承和保护注入了新的活力。据“中国非物质文化遗产网·中国非物质文化遗产数字博物馆”发布的关于国家级非物质文化遗产代表性项目代表性传承人清单显示，截至2022年11月，在非物质文化遗产代表性传承人动态管理和退出机制下，先后有11人失去国家级代表性传承人资格，国家级非物质文化遗产代表性传承人共3057人。这一数据反映了在非物质文化遗产保护和传承工作中，传承人队伍的稳定性和传承工作的连续性。传承人作为非物质文化遗产传承的重要载体，其数量和质量直接影响到非物质文化遗产的传承效果。通过不断地完善和扩充传承人名录，可以为非物质文化遗产的传承和保护提供有力的人才支持。

国家级非物质文化遗产项目代表性传承人是经文化和旅游部认定的，他们是具有公认的代表性、权威性和影响力的非物质文化遗产持有者。这些传承人承担着国家级非物质文化遗产名录项目保护和传承的使命，是非物质文化遗产保护体系中不可或缺的一环。他们的存在和工作，为非物质文化遗产的传承和保护提供了有力的支撑。国家级非物质文化遗产项目代表性传承人认定制度是对“国家级非物质文化遗产名录”机制的重要补充。这一制度的设立，体现了非物质文化遗产中“人”的核心作用。非物质文化遗产的传承和保护，离不开人的参与和努力。传承人是非物质文化遗产的活体载体，他们通过自身的实践和教授，将非物质文化遗产的技艺和知识传递给下一代，保证了非物质文化遗产的生命力和活态性。非物质文化遗产传承的活态性正是通过传承人的不断实践和创新得以体现。传承人不仅仅是非物质文化遗产的保护者，也是非物质文化遗产的创新者。他们在传承传统的同时，也会根据时代的变化和社会的需求对非物质文化遗产进行适度的创新和发展，使其保持生命力，不断适应社会的发展。

二、国家级非物质文化遗产项目代表性传承人的认定

国家级非物质文化遗产项目代表性传承人的认定，对于非物质文化遗产的保护和传承具有不可忽视的重要性。依据《国家级非物质文化遗产项目代表性传承人认定与管理暂行办法》，被认定的传承人需满足三个基本条件，这三个条件是对传承人在非物质文化遗产传承方面能力和影响力的基本要求。其首要条件是传承人需掌握并承续某项国家级非物质文化遗产。这意味着传承人不仅要对所传承的非物质文化遗产有深刻的理解和掌握，还要有能力将其传承下去。这是确保非物质文化遗产得以延续的基础，也是传承人能够被认定的基本要求。其次，传承人需被公认为在一定区域或领域内具有代表性和影响力。这一条件要求传承人在社区或者相关领域内得到广泛的认可和尊重，其传承的非物质文化遗产在一定程度上能够代表该区域或领域的文化特色和价值。这样的传承人，能够为非物质文化遗产的传承和推广提供有力的支持。最后，传承人还需积极开展传承活动，培养后继人才。非物质文化遗产的传承不仅仅是对过去的保存，更是对未来的投资。传承人通过培养新一代的传承者，确保非物质文化遗产能够得以延续和发扬。这也是衡量传承人是否具备被认定资格的重要标准。

这三个条件构成了传承人认定的基本框架，它们旨在确保非物质文化遗产得以有效、规范和持续的传承。传承人不仅要掌握某项技能，更

承担着传承、发展该项技能的使命。这一使命不仅仅是技艺的传递，更是文化价值和历史记忆的传递。传承人的角色不仅仅是技艺的传播者，更是文化传承的重要载体。通过传承人的努力，非物质文化遗产得以在社会中得到传播和认可，成为连接过去与现在、传统与现代的重要纽带。传承人对应着各级非物质文化遗产名录的项目，是该项目在某一区域中最具代表性和影响力的技艺持有者。这种对应关系确保了非物质文化遗产项目的传承和保护工作具有明确的方向和依据。传承人的存在，为非物质文化遗产的传承提供了具体可行的实施主体，为非物质文化遗产的保护和传承提供了有力的支撑。值得注意的是，传承人只能是某项技艺的直接持有者，而不应是从事该技艺资料收集、整理和研究的人员。这一规定明确了传承人的基本定位，即应是技艺的实践者和传播者，而非仅仅是研究者或者学者。这种定位有助于确保非物质文化遗产的传承活动具有实际的效果和影响，确保非物质文化遗产能够在实践中得到传承和发展。

国家级非物质文化遗产项目代表性传承人的认定是一项严肃而庄重的任务，它对于非物质文化遗产的传承和保护具有重要意义。认定过程中需严格遵循一系列的程序，确保每一个被认定的传承人都具备相应的资质和能力，这样才能为非物质文化遗产的传承和保护提供有力的支持。在认定过程的开始阶段，申报是第一步，随后相继为审核环节，对申报材料进行初步的检查；评审环节，专家组将对申报人的资质和能力进行深入的评估；公示环节，让社会公众了解和监督认定过程，确保过程的透明和公正；审批环节将对整个认定过程进行最后的确认。具体操作步骤为：

第一步，公民申请国家级非物质文化遗产项目代表性传承人时，需向所在地县级以上文化行政部门提交申报材料。这一环节的目的是收集和整理申请人的基本信息和资质，为后续的审核和评审提供必要的数据支持。同时，国家级非物质文化遗产项目保护单位也可向所在地县级以上文化行政部门推荐该项目代表性传承人。这种推荐机制为非物质文化遗产项目保护单位提供了一个参与传承人认定的渠道，也为传承人的认定提供了更多的选择和可能。项目保护单位属省级行政部门直属单位时，可直接向省级文化行政部门报送推荐材料。这一环节简化了推荐和申报的流程，为省级行政部门直属的项目保护单位提供了便利。同时，项目保护单位属中央各部门直属单位时，可直接向文化和旅游部提交材料。这种直接提交的方式为中央各部门直属单位提供了一个高效的申报渠道，也为文化和旅游部提供了更多的选择和参考。

第二步，各省级文化行政部门接到申报材料后，会组织省级非物质文化遗产专家委员会进行评审，提出推荐名单和审核意见。这一环节是对申报材料的初步审核，确保所有的申报材料都符合国家对非物质文化遗产项目代表性传承人的基本要求和标准。随后，将推荐名单连同原始申报材料和专家评审意见报送文化和旅游部，为下一步的审核和评审提供基础。

第三步，文化和旅游部在收到省级文化行政部门的申报材料后，会组织各项目领域的专家进行初评，并提出初评意见。这一环节是对申报材料的进一步审核，确保所有的申报材料都符合国家对非物质文化遗产项目代表性传承人的高级要求和标准。初评之后，文化和旅游部会设立国家级非物质文化遗产项目代表性传承人评审委员会，对各专家组的初评意见进行审核评议，提出国家级非物质文化遗产项目代表性传承人推荐名录。这一环节是对前两个环节工作的总结和提炼，确保推荐名单的准确性和权威性。随后，推荐项目将面向社会公示 15 天，接受社会的监督和评议，确保整个过程的公开透明。

第四步，在公示环节结束后，文化和旅游部会根据公示结果，审定国家级非物质文化遗产项目代表性传承人名录，并予以批准、公布。这一环节是对整个认定过程的最终确认和批准，确保所有被认定的传承人都是最符合标准和要求的，也标志着整个认定过程的完成。

经过多年的实践，国内的非物质文化遗产项目代表性传承人认定制度已臻于完善，为非物质文化遗产的保护与传承提供了坚实的制度保障。各省市县依据“国家级非物质文化遗产项目代表性传承人名录”的体例和制度，积极申报和评审本地的非物质文化遗产项目代表性传承人。目前，全国各省和地级市都已设立了本级的非物质文化遗产项目代表性传承人名录，多数区县也跟进设立了区县级非物质文化遗产项目代表性传承人名录，形成了覆盖全国的多级传承人认定体系。各地持续在民间挖掘非物质文化遗产传人，尽可能将他们纳入各级非物质文化遗产项目代表性传承人名录的保护体系，以确保非物质文化遗产的传承不断、不失。这种做法不仅丰富了传承人的队伍，也为非物质文化遗产的保护和传承提供了更为广泛和深入的社会基础。

三、国家级非物质文化遗产项目代表性传承人名录的传承人保护措施

国家级非物质文化遗产项目代表性传承人名录的传承人保护措施，体现了国家对非物质文化遗产保护的高度重视和决心。这些保护措施是为了确保传承人能够在良好的环境中，将宝贵的非物质文化遗产传承下去，使之得以延续和发扬。

（一）财政扶持

国家级非物质文化遗产项目代表性传承人名录的建立，旨在保护和传承非物质文化遗产，其中财政扶持是保护措施的重要组成部分。国家通过财政扶持，可以为传承人提供必要的资金支持，确保他们能够专心致志于非物质文化遗产的传承工作，同时也为相关的研究、展示和推广活动提供资金保障。

财政扶持的重要性不言而喻。非物质文化遗产的传承和保护需要大量的人力、物力和财力投入。传承人往往需要长时间的学习和实践，以

熟练掌握和传承相关的技艺。而这些学习和实践活动往往需要资金的支持，例如购买相关的材料、设备，或是组织相关的展示、交流和推广活动。财政扶持可以分为直接和间接两种方式。直接的财政扶持，例如通过拨款、补贴等方式，为传承人提供必要的资金支持。间接的财政扶持，则可以通过减税、优惠贷款等方式降低传承人的财务负担，为他们的传承工作提供便利。财政扶持不仅可以解决传承人在传承过程中面临的资金问题，还可以为非物质文化遗产的研究、展示和推广提供支持。通过财政扶持，传承人可以组织各种展示和交流活动，让更多的人了解和认识非物质文化遗产，提高社会公众的文化认知和理解。同时，财政扶持也可以为非物质文化遗产的研究提供资金支持，推动相关领域的学术研究和技艺创新。财政扶持也是激励传承人坚持传承工作的重要手段。财政扶持可以改善传承人的生活条件，提高他们的社会地位，激励他们更加积极地投入非物质文化遗产的传承工作中。同时，财政扶持也可以吸引更多有意愿、有能力的人参与到非物质文化遗产的传承工作中，为非物质文化遗产的长远发展提供人才保障。

（二）政策扶持

为了更好地保护传承人，确保非物质文化遗产的持续传承，各级文化行政部门出台了一系列的政策扶持措施。这些措施旨在为传承人提供一定的政策支持，以鼓励他们积极参与市场竞争，增强非物质文化遗产参与社会实践的活力，推动非物质文化遗产的可持续发展。

政策扶持的核心是为传承人开展与非物质文化遗产有关的商业活动提供支持。这种方式可以激励传承人将非物质文化遗产与市场经济相结合，探索非物质文化遗产的商业价值，同时也为传承人提供了一定的经济保障。这不仅有助于提高传承人的积极性，也为非物质文化遗产的传承和保护提供了实实在在的物质基础。政策扶持还体现在鼓励传承人参与社会实践，将非物质文化遗产融入社会生活的各个方面。这种方式可以让更多的人了解和认识非物质文化遗产，也为非物质文化遗产的传承和保护提供了广泛的社会基础。同时，传承人的社会实践活动也为非物质文化遗产的创新和发展提供了有益的尝试和探索。通过政策扶持，传承人得到了实质性的帮助和支持，非物质文化遗产的市场活力得到了激发，非物质文化遗产的社会实践活力得到了增强。这种政策支持不仅为传承人提供了发展的空间，也为非物质文化遗产的传承和保护提供了有力的保障。同时，政策扶持也为非物质文化遗产的可持续发展提供了可能，为非物质文化遗产的长远传承和保护奠定了坚实的基础。

（三）全面记录与展示

其一，通过开展普查，采用文字、图片、录音、录像等多种方式，全面记录传承人掌握的非物质文化遗产表现形式、技艺和知识，这种做法不仅为非物质文化遗产的传承提供了重要的实物和数字基础，也为公众了解和接触非物质文化遗产提供了丰富的渠道。其二，征集传承人代表作品，是对传承人技艺和非物质文化遗产表现形式的一种重要保存。每一件代表作品都是传承人技艺的独特展现，也是非物质文化遗产多样性的体现。这种方式可以让更多人了解和认识到非物质文化遗产的独特价值和意义。其三，建立档案、数据库或非物质文化遗产博物馆，是对非物质文化遗产和传承人的一种长期保护。系统地整理和保存非物质文化遗产的相关资料和信息，可以为非物质文化遗产的研究、展示和传承提供重要的支持。同时，这也为公众提供了一个接触和了解非物质文化遗产的平台，让非物质文化遗产能够在更广泛的范围内得到传播和认知。其四，出版相关成果，是对非物质文化遗产和传承人技艺的一种重要推广。通过出版物的形式，非物质文化遗产的独特价值和传承人的技艺可以被传播给更多人。这不仅是对传承人技艺的认可，也是对非物质文化遗产的推广和传播，能够让更多的人了解和认识到非物质文化遗产的重要性。

这些保护措施构成了一个全方位、多层次的非物质文化遗产传承人保护体系。这些全面记录和展示传承人的技艺和非物质文化遗产表现形式的种种方式，为非物质文化遗产的传承和保护提供了有力的支持。同时，也为公众了解和接触非物质文化遗产提供了丰富多样的渠道。让非物质文化遗产能够在更广泛的社会范围内得到认知和传播。这些措施不仅保护了传承人的权益，也为非物质文化遗产的长远传承和保护提供了坚实的基础。

（四）举办各类活动

举办展览、演出、培训班等活动，宣传传承人的传承成果，为传承人的传承授艺活动提供平台。通过展览，举办方可以展示传承人的传承成果，让更多的人了解和欣赏非物质文化遗产的魅力。展览不仅可以吸引观众的目光，还可以为传承人提供一个与公众互动的机会，使他们的技艺得到更广泛的传播和认可。此外，展览还可以为传承人带来经济收益，从而激励他们更加积极地参与非物质文化遗产的传承工作；通过演出，传承人可以直接向公众展示他们的技艺，让观众亲身体验非物质文化遗产的魅力。与展览不同，演出更加注重实时的互动和体验，可以让观众更加深入地了解和感受非物质文化遗产。同时，演出也为传承人提供了一个展示自己才华的舞台，使他们的技艺得到更广泛的传播和认可。培训班则不仅可以培养新的传承人，还可以为传承人提供一个与学员互动的机会，使他们的技艺得到不断的完善和提高。通过培训班，传承人可以将自己的技艺传授给年轻一代，确保非物质文化遗产得到有效的传承。此外，培训班还可以吸引更多的年轻人参与非物质文化遗产的传承工作，为非物质文化遗产的未来发展提供有力的人才支持。

为传承人的传承授艺活动提供平台，是确保非物质文化遗产得到有效传承的关键。通过这些平台，传承人可以与公众互动，分享自己的技艺和经验，使非物质文化遗产得到更广泛的传播和认可。同时，这些平台还可以为传承人提供经济支持，激励他们更加积极地参与非物质文化遗产的传承工作。

（五）传习所的设立

传习所的设立，实际上是对非物质文化遗产传承人的一种保护和支持。在传习所里，传承人可以有序、系统地传授非物质文化遗产的技艺和知识，同时也能够得到相应的社会认可和支持。传习所成为传承人与社会、传承人与学徒之间沟通交流的桥梁，有助于非物质文化遗产的传承和推广。

传习所不仅是传承人传授技艺的场所，也是非物质文化遗产活动的重要载体。在传习所里，传承人可以定期举办各类非物质文化遗产的展示、演出和讲座，让更多的人了解和认识到非物质文化遗产的价值和意义。同时，传习所也可以成为非物质文化遗产研究和交流的重要平台，为非物质文化遗产的研究和传承提供宝贵的实践基地。传习所的设立，也为非物质文化遗产的传承提供了一种制度化、规范化的保障。传习所可以制订相应的传承和教学计划，确保非物质文化遗产的传承工作能够有序、有效地进行。同时，传习所也可以通过各种方式，如举办培训班、开设课程等，吸引更多有兴趣、有志于非物质文化遗产传承的人参与进来，从而为非物质文化遗产的传承培养新的力量。传习所的设立，还为非物质文化遗产的传承和保护提供了一个可持续发展的模式。通过传习所，非物质文化遗产的传承工作可以与社区、与公众更好地结合起来，形成一个多方参与、多方共赢的传承和保护模式。这种模式不仅有利于非物质文化遗产的传承和保护，也有利于提升社区和公众对非物质文化遗产的认识和理解。

第三节　文化生态保护区名录与非物质文化遗产生产性保护示范基地名录

一、文化生态保护区名录

文化生态保护区的设立是对非物质文化遗产保护的一种创新和拓展。它以保护非物质文化遗产为核心，旨在为历史文化积淀丰厚、存续状态良好的特定区域提供一个整体性的保护框架。这种保护并非仅仅局限于某一项或某几项非物质文化遗产，而是覆盖了该区域内所有具有重要价值和鲜明特色的文化形态。

（一）发展历程

设立“文化生态保护区”是为了实现非物质文化遗产的整体性保护，这种保护方式并非仅仅是对单一文化项目的保护，而是对一个区域内多种文化元素和文化生态的综合保护。设立文化生态保护区，可以在一定程度上保持非物质文化遗产的生态环境和传承环境，为非物质文化遗产的传承和发展提供一个相对稳定和有利的外部环境。21世纪以来，全球化趋势的增强和现代化进程的加快，对国内的文化生态环境构成了挑战。文化生态保护区的设立，是对文化生态环境恶化问题的积极回应。它们为非物质文化遗产的保护和传承提供了有力的支持，也为维护文化生态系统的平衡和完整提供了有效的途径。设立文化生态保护区，可以在地方层面实现文化生态的保护和恢复，为非物质文化遗产的传承和发展提供良好的环境。

2007年，国家级文化生态保护区的设立标志着文化生态保护区制度在国内的正式实施，闽南文化生态保护实验区为首个实践案例。该保护区的论证过程，实际上也是国内对文化生态保护区制度的初探过程。在这个过程中，参与论证的非物质文化遗产保护专家对非物质文化遗产与文化生态保护区的关系进行了深入的探讨。提出文化生态保护实验区是以非物质文化遗产为核心，对区域内与之相关的物质遗产及其生存发展的自然环境、经济环境和社会组织环境进行整体保护的特定区域。这种定义不仅明确了文化生态保护区的核心价值和功能，也为后续的文化生态保护区的规划和建设提供了理论基础和指导方向。以非物质文化遗产为核心，意味着文化生态保护区的建设和管理应着重于保护和传承非物质文化遗产，同时也要关注与非物质文化遗产密切相关的物质遗产和生态环境。在闽南文化生态保护实验区的实践中，通过对非物质文化遗产及其相关的物质遗产和生态环境的整体保护，特定区域实现了文化和自然生态的和谐共生。这种保护模式不仅有助于保护和传承非物质文化遗产，也为区域内的生态环境和社会经济发展提供了有利条件。[①]

2008 年 10 月出版的《非物质文化遗产概论》为“文化生态保护区”提供了明确的定义，强调了一个特定区域内物质文化遗产与非物质文化遗产的相依共存，以及它们与人们的生活生产、自然环境、经济环境和社会环境的和谐共处。这种共处构建了一个独特且丰富多彩的文化生态系统，反映了人与自然、人与社会的和谐相处，同时也展现了文化的多样性和传承的重要性。在这个特定的区域中，物质文化遗产如古建筑、历史街区与村镇、传统民居及历史遗迹等，成为文化生态保护区的有形载体。它们见证了历史的变迁，承载了地区的文化记忆，同时也为现代社会提供了宝贵的学术研究和旅游资源。这些物质文化遗产不仅仅是石头和木头的堆砌，更是历史和文化的凝聚，是过去与现在、传统与现代的桥梁。与此同时，非物质文化遗产如口头传统与表述、传统表演艺术、民俗活动、礼仪、节庆、传统手工技艺等，构成了文化生态保护区

① 汪欣．传统村落与非物质文化遗产保护研究——以徽州传统村落为个案[M]．北京：知识产权出版社，2014：67.

的无形精神。它们是文化生态保护区生命力的体现，是人们精神世界的寄托，也是社区凝聚力和文化认同感的源泉。非物质文化遗产的传承和保护，使得文化生态保护区的文化底蕴得以延续，也为后人提供了丰富的文化资源和学术研究素材。物质文化遗产与非物质文化遗产的相依共存，构建了一个完整的文化生态系统。它们相辅相成，共同维系着文化生态保护区的文化连续性和多样性。在这个系统中，每一个元素都是不可或缺的，它们共同维护了文化生态保护区的生态平衡，也为文化的传承和创新提供了可能。[①]2010 年，文化和旅游部发布了《文化部关于加强国家级文化生态保护区建设的指导意见》，旨在明确其设立条件和程序，确保文化生态保护区的科学性和合理性。这一举措体现了国家对文化生态保护的重视和决心，同时也为文化生态保护区的建设提供了明确的方向和路径。该指导意见明确了国家级文化生态保护区的设立条件，强调了充分研究和评估的重要性。通过明确地设立条件和程序，文化生态保护区的设立可以被确保是在充分的研究和评估基础上进行，避免了盲目建设和浪费资源的可能。同时，这也有助于确保文化生态保护区的科学性和合理性，使其真正能够发挥保护和传承文化生态的作用。指导意见还对文化生态保护区的建设原则、方针和基本措施进行了详尽的规定。这些规定为文化生态保护区的建设提供了明确的方向和路径，使相关的建设工作能够有的放矢，避免了方向不明和目标不清的问题。明确的建设原则和方针，可以确保文化生态保护区的建设工作符合国家的文化发展战略，同时也符合文化生态保护的基本要求。

文化生态保护区的建设不仅仅是保护和传承文化遗产的重要手段，也是推动文化发展和创新的重要平台。文化生态保护区的建设，可以为文化遗产的保护和传承提供良好的环境和条件，同时也为文化交流和创新提供了重要的平台。这对于丰富和发展我国的文化事业，提高国家文

---

① 王文章．非物质文化遗产概论 [M]. 北京：文艺艺术出版社，2008：309.

化软实力具有重要的意义。该指导意见的发布标志着国家对文化生态保护区建设的重视达到了新的高度。明确的设立条件、程序和建设原则，可以为文化生态保护区的建设提供科学、合理和可行的指导。这不仅有助于推动文化生态保护区的建设工作，也为我国的文化生态保护和文化遗产传承提供了有力的政策支持。

国家级文化生态保护区的设立是对一个地区文化和生态双重价值的认可。根据规定，国家级文化生态保护区的设立需遵循五个条件，这五个条件相辅相成，共同构成了文化生态保护区的基本框架。第一，传统文化历史积淀丰厚、存续状态良好，并为社会广泛认同，是文化生态保护区设立的基础。一个地区的传统文化历史积淀是该地区文化生态保护区价值的体现，而社会的广泛认同则是对这种价值认可的表现。这种认可为文化生态保护区的设立提供了社会基础；第二，非物质文化遗产资源的丰富与集中分布，以及其高度的历史、文化、科学价值和区域、民族特色，是文化生态保护区的核心。第三，非物质文化遗产所依存的自然生态环境和人文生态环境的良好状态，为非物质文化遗产的保护提供了基础条件。良好的自然生态环境和人文生态环境是非物质文化遗产得以生存和传承的基础，也是文化生态保护区得以长期存在的重要条件。第四，当地群众的文化认同和保护自觉性的高度，是文化生态保护区得以长期保护和发展的社会保障。群众的文化认同和保护自觉性能够为文化生态保护区的建设和保护提供持续的动力。第五，当地人民政府对文化生态保护区建设的重视和保护措施的有力，是保证文化生态保护区得以有效保护和发展的政策保障。政府的重视和保护措施的有力，能够为文化生态保护区的建设提供必要的资源和政策支持。

文化生态保护区的设立，是对一个地区文化生态的重要认可和保护，体现了国家对文化遗产保护的重视和支持。在设立程序上，各地文化行政部门需组织专家对申请设立国家级文化生态保护区的地区进行实地考察，同时对申报书——《文化生态保护区规划纲要》进行深入的论证。实地考察和深入论证是确保文化生态保护区设立科学性和合理性的重要环节。通过实地考察，专家可以直观了解申请地区的文化生态现状，评估其保护和传承的价值。而深入论证则可以确保《文化生态保护区规划纲要》的科学性和实施性，为文化生态保护区的长期发展提供规划和指导。经过省级人民政府同意后，省级文化行政部门将申请地区人民政府和省、自治区、直辖市文化行政部门设立文化生态保护区的申请、专家论证意见以及《文化生态保护区规划纲要》等申报材料报送文化和旅游部。文化和旅游部在接收到各地报送的申报材料后，会对这些材料进行仔细审核，同时组织专家对申请地区进行实地考察，并对《文化生态保护区规划纲要》进行论证、评审。通过论证和评审的申请地区，文化和旅游部将其命名为"国家级文化生态保护实验区"。这一命名标志着申请地区进入了文化生态保护区建设的实验阶段，为其最终成为国家级文化生态保护区提供了试验和准备的机会。在这一阶段，申请地区可以根据《文化生态保护区规划纲要》的指导，开展文化生态保护和传承的实验工作，积累宝贵的经验和成果。国家级文化生态保护实验区经过一段时间的建设，取得一定的成果和经验后，文化和旅游部将组织专家进行验收。验收合格的国家级文化生态保护实验区，将被正式命名为"国家级文化生态保护区"。这一命名不仅是对申请地区文化生态保护工作的肯定和认可，也是对其未来发展的期望和鼓励。整个设立过程严谨、科学，确保了文化生态保护区的设立具有明确的目标、合理的规划和可行的实施方案。这为文化生态保护区的长期发展提供了坚实的基础，也为文化遗产的保护和传承提供了有力的支持；同时，也展现了国家对文化生态保护和文化遗产传承工作的高度重视和支持，为推动我国文化事业的发展做出了积极的贡献。

通过以上的发展历程可以看出，文化生态保护区的设立和完善为非物质文化遗产的保护提供了重要的制度保障和实践基础。各个文化生态保护区的设立，不仅为非物质文化遗产的保护提供了地域性的支持，也为不同地区的文化交流和传承提供了平台。同时，通过不断地扩大文化生态保护区的数量和范围，非物质文化遗产的传承和保护也获得了更为广泛和深入的社会基础。文化生态保护区的设立是对非物质文化遗产保护工作的有力支撑，也是对传统文化保护和传承的重要举措。通过这些文化生态保护区的建设和完善，为非物质文化遗产的长远发展提供了有利的条件，也为推动传统文化的传承和发展注入了新的活力和力量。同时，各地的文化生态保护区也可以成为展示和传播本地非物质文化遗产的重要窗口，为促进文化多样性和文化交流提供了有益的平台。

表 4-2 国家级文化生态保护（实验）区列表

序号	名称	地区	批复年份	序号	名称	地区	批复年份
1	闽南文化生态保护区	福建省（泉州市）、福建省（漳州市）、福建省（厦门市）	2007	7	齐鲁文化（潍坊）生态保护区	山东省（潍坊市）	2010
2	徽州文化生态保护区	安徽省（黄山市、绩溪县）、江西省（婺源县）	2008	8	客家文化（梅州）生态保护区	广东省（梅州市）	2010
3	热贡文化生态保护区	青海省（黄南藏族自治州）	2008	9	晋中文化生态保护（实验）区	山西省（【保护区】晋中市，【实验区】太原市小店区、晋源区、清徐县、阳曲县，吕梁市交城县、文水县、汾阳市、孝义市）	2010

续表

序号	名称	地区	批复年份	序号	名称	地区	批复年份
4	羌族文化生态保护区	四川省（阿坝藏族羌族自治州茂县、汶川县、理县、松潘县、黑水县，绵阳市北川羌族自治县，平武县）；陕西省（宁强县、略阳县）	2008	10	迪庆民族文化生态保护区	云南省（迪庆藏族自治州）	2010
5	武陵山区（湘西）土家族苗族文化生态保护区	湖南省（湘西土家族苗族自治州）	2010	11	大理文化生态保护区	云南省（大理白族自治州）	2010
6	海洋渔文化（象山）生态保护区	浙江省（象山县）	2010	12	陕北文化生态保护（实验）区	陕西省（【保护区】榆林市、【实验区】延安市）	2014
13	铜鼓文化（河池）生态保护区	广西壮族自治区（河池市）	2012	19	客家文化（闽西）生态保护实验区	福建省（龙岩市长汀县、上杭县、武平县、连城县、永定区，三明市宁化县、清流县、明溪县）	2017
14	黔东南民族文化生态保护区	贵州省（黔东南苗族侗族自治州）	2012	20	说唱文化（宝丰）生态保护实验区	河南省（宝丰县）	2017
15	客家文化（赣南）生态保护区	江西省（赣州市）	2013	21	藏族文化（玉树）生态保护实验区	青海省（玉树藏族自治州）	2017

续表

序号	名称	地区	批复年份	序号	名称	地区	批复年份
16	格萨尔文化（果洛）生态保护区	青海省（果洛藏族自治州）	2014	22	河洛文化生态保护实验区	河南省（洛阳市）	2020
17	武陵山区（鄂西南）土家族苗族文化生态保护实验区	湖北省（恩施土家族苗族自治州宜昌市长阳土家族自治县、五峰土家族自治县）	2014	23	景德镇陶瓷文化生态保护实验区	江西省景德镇市	2020
18	武陵山区（渝东南）土家族苗族文化生态保护实验区	重庆市（黔江区、石柱土家族自治县、彭水苗族土家族自治县、秀山土家族苗族自治县、酉阳土家族苗族自治县、武隆县）	2014	—	—	—	—

（二）保护措施

文化生态保护区的建设是对一个国家文化资源和文化遗产保护的重要体现。文化和旅游部发出的《关于加强国家级文化生态保护区建设的指导意见》为国家级文化生态保护区建设的措施提供了明确的指导和规定，确保文化生态保护区的建设能够按照既定的标准和要求进行，以实现文化资源的有效保护和合理利用。

1. 加强保护区内各级非物质文化遗产名录项目及其代表性传承人保护

文化生态保护区的设立是为了更好地保护和传承非物质文化遗产，确保这些宝贵的文化资源能够得以保存并传递给后代。在保护措施方面，加强保护区内各级非物质文化遗产名录项目及其代表性传承人的保护显得尤为重要。

非物质文化遗产是一个国家、一个民族文化传统和历史的重要体现，它们是文化多样性的重要组成部分，也是人类文化遗产的重要组成。在文化生态保护区内，各级非物质文化遗产名录项目及其代表性传承人是非物质文化遗产保护的重要载体。对于保护区内的非物质文化遗产名录项目，应当建立完善的保护机制，确保这些文化遗产得到有效的保护和传承。包括但不限于对非物质文化遗产的传承、展示、推广等方面进行系统的规划和管理，同时也要注重对相关的传统技艺、传统知识和传统表现形式的保护和传承。代表性传承人是非物质文化遗产传承的重要人物，他们担负着将非物质文化遗产传递给下一代的重要任务，因此，应当为他们提供必要的支持和保障，包括提供适宜的传承环境、提高他们的社会地位和经济待遇，以及为他们提供传承、教育和展示非物质文化遗产的平台和机会。还可以通过加强法律法规的制定和实施，确保非物质文化遗产保护的法律地位和权益，为保护区内的非物质文化遗产名录项目及其代表性传承人提供法律保障。同时，应当鼓励社会力量参与非物质文化遗产的保护和传承，形成政府、社会和传承人共同参与的非物质文化遗产保护机制。

非物质文化遗产的保护是一个系统工程，需要各级文化行政部门、保护区管理机构和社会各界共同参与和努力。加强对非物质文化遗产名录项目及其代表性传承人的保护，可以为保护区的文化生态建设提供有力的支持，也可以为非物质文化遗产的传承和发展提供良好的环境和条件。文化生态保护区的建设是一个长期、系统和综合的工程，需要在保护非物质文化遗产的基础上不断探索和实践，形成符合保护区实际情况的保护和管理机制。这种机制可以为保护区的文化生态建设提供持续的动力和支持，也可以为非物质文化遗产的保护和传承提供有力的制度保障；同时，也为推动非物质文化遗产的研究、传承和发展，提供了重要的实践平台和制度支持。

2. 在保护区内划定重点区域，实行由点到线到面的循序渐进式的保护

文化生态保护区的设立是为了保护和传承特定区域内丰富多彩的文化遗产。在这个框架下，保护措施的制订和执行显得尤为重要。在保护区内划定重点区域，采取由点到线到面的循序渐进式的保护，是一种科学而有效的保护策略。

划定重点区域是基础工作，而后应通过对保护区内的文化资源、生态环境和社区需求进行全面评估，确定一些具有代表性或者急需保护的重点区域。这些区域通常包括具有独特文化价值、历史意义或生态价值的地方。重点区域的划定有助于集中资源，优先解决最为紧迫的保护问题。接下来，由点到线的保护策略是延伸阶段，即在重点区域的基础上，通过建立生态走廊、文化交流通道等方式，将保护工作从单一区域延伸到相邻区域，形成保护网络。这种由点到线的延伸，有助于整合区域内的文化资源，促进不同区域间的文化交流和生态保护，同时也为后续的面上保护打下基础。最终，由线到面的保护策略是拓展阶段，也即在前两个阶段的基础上，进一步拓展保护范围，将保护工作从线性网络拓展到更广泛的区域，形成面上的保护体系。这种循序渐进的保护策略有助于逐步完善保护体系，确保文化生态保护区内的文化和生态资源得到全面而有效的保护。在实施保护措施的过程中，需要充分考虑地方特色和社区需求，确保保护工作既符合科学原则，又能得到当地社区的支持和参与。同时，也需要不断监测和评估保护效果，及时调整保护策略，确保文化生态保护区的可持续发展。

以闽南文化生态保护实验区为例，福建省在规划中精心设立了 41 个示范点和 9 个示范园，以期通过这种方式为文化生态保护提供有力的支持和推动。示范点的设立，是围绕非物质文化遗产项目或某一具体文化形式而展开的。这些示范点通常覆盖较小的区域，但却能够集中展现

该区域的文化特色和价值。对示范点的保护和推广，可以让更多人了解和认识到本土文化的独特之处，同时也为文化的传承和发展提供了实实在在的支持。示范园则是在更为宽广的范围内，对非物质文化遗产和文化生态进行保护和展示的区域。它们通常包括街道、社区、乡镇、村落等，这些地方的文化生态保存较好，非物质文化遗产较为集中，某一文化形态的辐射范围也较广。示范园的设立不仅为当地的文化生态保护提供了良好的实践平台，也为探索和总结有效的文化保护和传承机制提供了宝贵的经验。通过对示范点和示范园的设立和保护，闽南文化生态保护实验区的保护工作得以有序推进。这种由点到线到面的循序渐进式的保护方式确保了文化保护工作的系统性和连续性，也让文化遗产得以在更为宽广的区域内得到有效的保护和传承。同时，这种保护方式也为相关部门提供了明确的工作重点和方向。对特定区域的保护，可以逐步推动整个文化生态保护区的保护工作，形成良好的示范效应，推动文化保护工作的深入开展。

这种由点到线到面的循序渐进式保护不仅有助于集中资源和精力，对具有重要文化价值和生态价值的区域给予重点保护，也有助于探索和总结出更为有效的保护方法和模式。那些在小范围内的实践和探索，为大范围、大区域的文化生态保护提供了经验和参考，为文化生态保护区的长远发展奠定了坚实的基础；同时，也为保护区内的文化遗产和生态环境的和谐共生提供了有力的支撑和保障，使得文化生态保护区的保护工作能够在一个健康、有序和持续的轨道上推进。[①]

3. 加强文化生态保护实验区内的基础设施建设

文化生态保护区的设立是为了保护和传承非物质文化遗产，其中，加强文化生态保护实验区内的基础设施建设成为重要的一环。主要的方

① 汪欣．传统村落与非物质文化遗产保护研究——以徽州传统村落为个案［M］．北京：知识产权出版社，2014：186.

向是加强展示和传习非物质文化遗产的博物馆、展示馆、传习所等设施的建设。这些设施的完善不仅为非物质文化遗产的展示和传习提供了必要的空间，也为公众了解和接触非物质文化遗产提供了便利。

博物馆和展示馆作为非物质文化遗产展示的重要场所，其设施的完善直接影响到非物质文化遗产的展示效果。通过现代化的展示技术，可以使非物质文化遗产以更为直观、生动的方式展现在公众面前，增强公众对非物质文化遗产的认识和理解。同时，博物馆和展示馆也可以成为非物质文化遗产研究和交流的平台，为学者和研究人员提供交流和展示的机会。传习所的建设则是非物质文化遗产传承的重要保障。通过传习所，可以组织和开展非物质文化遗产的传习活动，使传统技艺和知识得以传承。传习所不仅为传承人提供了传授技艺的场所，也为学习者提供了学习和实践的机会。通过系统的培训和学习，可以使更多人掌握非物质文化遗产的技艺和知识，为非物质文化遗产的长远传承提供了人才保障。

4. 做好非物质文化遗产宣传教育传承

在文化生态保护区的保护措施中，做好非物质文化遗产的宣传、教育和传承是不可忽视的一环。保护区内的文化和教育资源整合，为非物质文化遗产的传承提供了丰富的资源和平台。将非物质文化遗产保护知识纳入当地教育体系，是推动非物质文化遗产进课堂、进教材、进校园的重要基础。这种整合不仅丰富了教育内容，也为非物质文化遗产的传承和推广提供了有力的支持。

组织非物质文化遗产传承人进学校开展授课活动是非常有实效的传承方式。通过这种直接的交流和传授，学生可以更加直观、深刻地理解和感受非物质文化遗产的价值和意义。同时，非物质文化遗产传承人的亲身参与，也为学生提供了与传统文化直接对话的机会，激发了他们对非物质文化遗产的兴趣和热爱。编写非物质文化遗产传承普及教材，是将非物质文化遗产知识系统化、标准化的重要举措。通过教材的编写和推广，非物质文化遗产的知识和价值可以被传递给更广泛的群体，为非物质文化遗产的长远传承奠定基础。在中小学开设选修课程，以及在保护区内的职业院校和高等院校中设立非物质文化遗产相关专业，是非物质文化遗产教育的重要组成部分。这些课程和专业不仅为学生提供了学习和了解非物质文化遗产的平台，也为非物质文化遗产的研究和传承培养了专业人才。通过对青年一代的普及教育，对非物质文化遗产的集体记忆和情感认同有助于在社会上形成。这种集体记忆和情感认同，为非物质文化遗产的集体传承提供了强大的社会支持。同时，这样的教育和传承，可以让更多人认识到非物质文化遗产的价值，促使他们参与到非物质文化遗产的保护和传承中来。

5. 加强非物质文化遗产保护工作者队伍的建设

建立稳定的保护工作者队伍是非物质文化遗产保护工作的基础。一个稳定、专业的保护工作者队伍，能够为非物质文化遗产的保护提供持续、专业的支持。通过招募具有相关背景和兴趣的人员，组建起一支知识结构合理、经验丰富的保护工作者队伍，是确保非物质文化遗产得到有效保护的基础。同时，稳定的保护工作者队伍也能为非物质文化遗产的长期保护提供可靠的人力资源保障。

通过培训提升保护工作者的业务水平和专业素质是非物质文化遗产保护工作的关键。非物质文化遗产保护是一个专业性很强的工作，需要保护工作者具备一定的知识背景和实践经验。通过定期的培训和学习，保护工作者能够不断提升自身的业务水平和专业素质，更好地完成非物质文化遗产的保护工作。培训内容可以包括非物质文化遗产的相关法律法规、保护技术、传承方法等，以确保保护工作者具备全面、系统的知识结构。同时，培训也是一个交流和学习的平台。保护工作者可以通过培训，交流自己在非物质文化遗产保护工作中积累的经验和遇到问题，与其他保护工作者共同学习、共同进步。这不仅能够提升保护工作者的个人能力，也能够促进保护工作者队伍的整体水平的提升。此外，通过培训，保护工作者也能够了解到非物质文化遗产保护的最新动态和国际经验。非物质文化遗产保护是一个不断发展和变化的领域，保护工作者需要不断更新自己的知识和技能，以适应非物质文化遗产保护工作的开展需求。

6. 提升保护区内民众的参与意识，突出其文化主体地位

文化生态保护区的建设与发展离不开当地民众的积极参与。在保护非物质文化遗产的过程中提升保护区内民众的参与意识，突出其文化主体地位，是实现文化遗产有效保护的重要环节。非物质文化遗产是民众文化生活的重要组成部分，其保护工作应尊重社会公众的意愿，积极支持有益的民俗活动，鼓励民众参与非物质文化遗产的生产性保护和民俗节庆活动等。

非物质文化遗产的保护不仅仅是对传统文化的保护，更是对民众文化主体地位的确认和尊重。积极支持有益的民俗活动，可以让民众感受到传统文化的魅力和价值，从而提高他们参与非物质文化遗产保护的意愿和热情。同时，鼓励民众参与非物质文化遗产的生产性保护和民俗节庆活动，不仅可以丰富民众的文化生活，也有助于传统文化的传承和发展。得到社会公众的认同，充分调动民众参与的积极性和主动性，是为保护区的建设奠定长远基础的关键。只有当地民众真正成为文化生态保护区建设的参与者和受益者，才能确保保护区的可持续发展。民众的参与不仅可以为非物质文化遗产的保护提供丰富的资源和多元的视角，也可以为保护区的长远发展提供强大的社会支持和广泛的社会基础。在实践中，可以通过多种方式提高民众的参与意识和文化主体地位。例如，通过开展丰富多彩的民俗活动和文化交流活动，让民众更加了解和正确评估非物质文化遗产的价值；通过提供非物质文化遗产保护的培训和指

导，提高民众的保护能力和参与水平；通过建立开放透明的保护机制和参与机制，确保民众能够在非物质文化遗产保护的各个环节中发挥积极的作用。

7. 开展宣传活动，提高对非物质文化遗产以及维护本土文化生态环境意义的认识

文化生态保护区的建设和非物质文化遗产的保护是文化可持续发展的重要组成部分。在这一过程中，宣传活动的开展具有不可忽视的作用。它能够提高人们对非物质文化遗产以及维护本土文化生态环境的意义的认识，为文化生态的可持续发展营造良好的社会氛围。

利用报刊、广播电视、互联网等传统媒体和新媒体进行宣传，是提高公众认识的有效途径。通过这些媒体，管理者可以将非物质文化遗产保护和文化生态保护区建设的重要信息传递给广大人群，让更多的人了解到文化生态保护区的价值和意义。同时，这些媒体的广泛传播也有助于形成公众对文化生态保护的共识，为文化生态保护区的建设提供社会支持。除了常规的媒体宣传，利用传统节日等特殊时期举办展览、演出、讲座等群众文化活动以及民俗文化活动也是一种有效的宣传方式。这些活动能够让人们在参与和体验中，更直观、更深刻地理解非物质文化遗产的价值和文化生态保护区的重要性。通过展览和演出，人们可以直接感受到本土文化的魅力和非物质文化遗产的独特价值。通过讲座和交流，人们可以更加清晰地理解文化生态保护区的意义和非物质文化遗产保护的重要性。同时，这些文化活动和民俗文化活动也为人们提供了一个了解和参与非物质文化遗产保护实践的平台。人们在参与这些活动的过程中，不仅可以增加对非物质文化遗产和文化生态保护区的了解，也可以实际参与到非物质文化遗产的保护实践中来，为文化生态保护区的建设和非物质文化遗产的保护贡献力量。

二、非物质文化遗产生产性保护示范基地名录

生产性保护示范基地的建设，为非物质文化遗产的保护提供了一个具体可行的模式。通过这种模式，非物质文化遗产得以在市场经济的环境中得到有效的保护和传承。同时，生产性保护示范基地也为非物质文化遗产与现代产业的结合提供了一个平台，使得非物质文化遗产能够在现代社会中找到其价值和定位。

2010年11月，文化和旅游部办公厅印发《关于开展国家级非物质文化遗产生产性保护示范基地的通知》，该通知的印发，为非物质文化遗产的生产性保护工作提供了政策支持和指导，明确了评审的标准和程序，为各地区的非物质文化遗产保护工作提供了参考和借鉴。各省、自治区、直辖市积极响应，推荐了一批实施生产性保护较好的非物质文化遗产项目参评，这不仅促进了非物质文化遗产的保护和传承，也为相关的技艺和文化产业的发展提供了良好的条件。2011年10月，文化和旅游部正式公布了首批“国家级非物质文化遗产生产性保护示范基地”名单，标志着国家对非物质文化遗产保护工作的重视和推进。该名单包括41个项目保护单位或企业以及39项国家级非物质文化遗产名录项目，这一举措为非物质文化遗产的生产性保护提供了实践的平台，同时也为相关保护单位和企业提供了展示和交流的机会。非物质文化遗产生产性保护示范基地的设立，为非物质文化遗产的保护工作提供了新的方向和实践场域。通过这样的基地，可以将传统文化与现代生产相结合，使得非物质文化遗产得以在现代社会中得到传承和发展。同时，这些基地也成了各地非物质文化遗产项目的展示和交流平台，为各地的非物质文化遗产保护单位和企业提供了学习和交流的机会，推动了非物质文化遗产保护工作的交流与合作。2014年4月，文化和旅游部再次公布了第二批“国家级非物质文化遗产生产性保护示范基地”，涉及57家单位或企业。这一批次示范基地的公布，进一步丰富了非物质文化遗产生产性保护的

内容和形式，为非物质文化遗产的生产性保护提供了更为广泛的实践基础。通过这些示范基地的建设和运营，可以探索出更为有效和适用的非物质文化遗产生产性保护模式，为非物质文化遗产的保护提供了有益的参考和借鉴。

非物质文化遗产生产性保护示范基地名录的评选是一个严格和系统的过程，旨在确保被选中的单位或企业真正具备生产性保护的典型示范价值。这一评选过程遵循地方文化行政部门推荐申报项目、国务院文化行政部门实施评审的程序，确保了评选的公正性和权威性。各省（区、市）文化厅（局）在评选过程中起到了关键的推荐作用。它们需要对本地具有生产性保护典型示范价值的企业或单位进行初步的考察论证，确保推荐的项目真正符合国家级非物质文化遗产生产性保护示范基地的标准和要求。此外，中央直属单位和企业也可以直接向文化和旅游部提出申请，这为更多的单位和企业提供了参与评选的机会。文化和旅游部在接到推荐材料后，会进行详细的审核。这一审核不仅仅是对推荐材料的审查，还包括对各地推荐项目的实地考察。通过实地考察，文化和旅游部可以更加直观地了解项目的实际情况，确保评选结果的准确性和公正性。结合推荐材料，文化和旅游部会进行评审论证，提出考察论证意见，确保每一个被推荐的项目都经过严格的评审和论证。为了确保评选结果的公开透明，文化和旅游部还会对列入“国家级非物质文化遗产生产性保护示范基地”的项目进行为期 15 天的社会公示。这一公示过程旨在让社会各界对评选结果进行监督，确保评选的公正性和权威性。公示期满后，对于无异议的单位或企业，文化和旅游部会给予正式命名，并颁发标牌和证书，这是对被选中的单位或企业的一种鼓励和认可。

非物质文化遗产生产性保护示范基地的建设，一方面可以引导相关企业在保护好非物质文化遗产的基础上，适应现代市场经济的发展。这不仅可以帮助企业找到一个在保护非物质文化遗产的同时实现自身发展的路径，也为非物质文化遗产的传承与发展提供了可能。另一方面，通过选取在非物质文化遗产生产性保护上做得较好的企业作为示范，可以引导其他相关项目和企业的发展，提升他们的自力更生和市场参与能力。通过这种方式，非物质文化遗产生产性保护示范基地不仅可以为相关企业提供一个展示和学习的平台，也为非物质文化遗产的传承与发展提供了新的思路和方向。它突破了简单的保护与产业化之间的对立，探索了一种既能保护非物质文化遗产，又能适应现代市场经济发展的新模式。

第五章
地方政府主导下的非物质文化遗产保护

第一节　非物质文化遗产保护与地方政府概述

一、非物质文化遗产保护中的地方政府职能定位

2005 年国务院下发的《关于加强文化遗产保护的通知》为地方政府在非物质文化遗产保护中的职能定位提供了明确的指导，强调了地方政府应当从思想上重视非物质文化遗产的保护工作。这不仅明确了地方政府在非物质文化遗产保护中的重要性，也为地方政府在非物质文化遗产保护中所需履行的扶持职能、组织职能、引导职能、传播职能等提供了明确的指导。

（一）扶持职能

地方政府需要对非物质文化遗产给予资金和政策扶持，这种扶持不能仅仅是一种短期的、应急的支持，而应该是一种长期、持续的关注和投入。

非物质文化遗产的保护工作是地方政府需要持续关注的重要工作。政府的财政支持和政策支持是保护工作能够持续开展的重要保障。财政支持可以为非物质文化遗产的保护提供必要的资金保障，而政策支持则

可以为非物质文化遗产的保护提供法律和制度的保障。在具体的实施过程中，地方政府可以通过多种方式来支持非物质文化遗产的保护工作。例如，建设相关的博物馆、文化馆等，利用这些非物质文化遗产相关的场所开展非遗（非物质文化遗产）保护和传承活动。这些场所不仅可以为非物质文化遗产的展示和传承提供空间，也可以为公众提供了解和接触非物质文化遗产的机会。《中华人民共和国立法法》规定，民族自治地方的人民代表大会有权依照当地民族的政治、经济和文化的特点，制定自治条例和单行条例。这为地方政府提供了法律依据，使其可以根据本地的实际需求，为本地区少数民族非遗的保护和传承制定相关的政策和法律法规。法律法规的支持，可以为非物质文化遗产的保护工作提供更为坚实的基础。地方政府完善相关非遗保护政策，为非遗保护提供充足资金，是非物质文化遗产保护工作能够持续开展的重要条件。只有在政府的支持下，非物质文化遗产的保护工作才能够得到有效的推进，非物质文化遗产才能够得到真正的保护和传承。

（二）组织职能

非物质文化遗产保护是一项重要的公共事务，地方政府作为保护主体，承担着保护非物质文化遗产的主要责任。在这个过程中，组织职能是地方政府的一个重要职能。2021 年 8 月由中共中央办公厅、国务院办公厅印发的《关于进一步加强非物质文化遗产保护工作的意见》明确了构建政府负责、部门协同、社会参与的工作格局，为地方政府在非物质文化遗产保护中的组织职能提供了明确的指导。

非物质文化遗产的保护工作是一项复杂而系统性强的工作，涵盖了多个领域和多种类别，一个部门无法独立完成非物质文化遗产的保护工作。地方政府需要发挥组织协调的职能，统筹规划各个部门，确保非物质文化遗产的保护工作得以顺利推进。在这个过程中，地方政府需要详细掌握当地非物质文化遗产的情况，组织开展对非物质文化遗产的认定、记录和建档工作。同时，还需要对当地非物质文化遗产进行调查，整理、归纳并保存好实地调查资料，为非物质文化遗产的保护提供必要的基础数据和信息支持。社会各个保护力量具有分散性，地方政府需要发挥自身的权威和公信力，协调组织各方力量共同参与非物质文化遗产的保护。政府的组织协调，可以帮助整合社会上的保护资源，形成合力，推动非物质文化遗产保护工作的开展。地方政府还可以通过制定相关政策和措施，为非物质文化遗产保护提供法律和政策保障，确保非物质文化遗产保护工作的顺利进行。非物质文化遗产保护不仅仅是保护传统文化的任务，更是推动地方文化发展、促进文化产业发展的重要途径。地方政府通过发挥组织职能，可以有效推动非物质文化遗产保护工作的开展，为地方文化的传承和发展提供有力的支持。同时，通过非物质文化遗产保护，地方文化的影响力和认知度也可以获得提升，为地方文化的发展提供有利的条件。

（三）引导职能

非物质文化遗产保护是文化传承的重要组成部分，地方政府在其中扮演着不可或缺的角色。通过不断努力，地方政府应致力于塑造社会保护非物质文化遗产的整体氛围，履行其引导职能，营造一个浓郁的非遗保护氛围，引导全社会各方力量共同参与非遗保护。开展宣讲、讲座、文化活动、表彰大会等相关宣传活动，是地方政府在非遗保护中的重要举措。通过这些活动，地方政府可以有效宣传当地的非物质文化遗产的珍贵性和重要性，引导社会各方力量共同参与非遗保护，提升本地人民群众对当地非遗的认同感和自豪感。这种宣传活动不仅能够提高公众的文化认知，也能为非遗保护营造良好的社会氛围，为非遗传承提供有力的社会支持。对于非物质文化遗产传承人，政府也应以自身力量满足他们的认同感、获得感，如通过定期开展培训、举办表彰活动、制定奖惩政策等，引导传承人更积极参与非遗传承工作。这些举措不仅能够激励传承人，也能为非遗传承提供必要的支持和保障，确保非物质文化遗产得以有效传承。地方政府作为保护主体，应当凝聚当地群众，引导社会组织、企业、学者等共同保护当地非物质文化遗产，以及通过组织各种非遗保护活动，集中社会资源，形成保护非物质文化遗产的强大合力；同时，通过与社会组织、企业、学者的合作，充分发挥各方的专业优势，为非遗保护提供多方位的支持。

（四）传播职能

在非物质文化遗产保护的多元体系中，地方政府承担着不可或缺的角色，其中传播职能是其重要职责之一。有效的传播可以让更多的人了解和认识非物质文化遗产的价值和意义，为非物质文化遗产的保护和传承营造良好的社会氛围。

地方政府通过传统的宣传方式传播非遗的相关信息，具有直接、实效的特点。例如定期开展相关讲座、举办相关文化活动、组织非遗交流活动和相关比赛，这些活动可以让公众近距离接触和了解非物质文化遗产，感受其独特的文化魅力；再如将非物质文化遗产的传播融入教育体系，鼓励非遗进校园，这样不仅可以让学生从小就有机会接触和了解非物质文化遗产，也为非物质文化遗产的传承培养了新的接班人。现代化的线上宣传工具为地方政府提供了新的传播途径。线上宣传覆盖面广、时效性强，能够更好传播当地非物质文化遗产。通过社交媒体、网络平台等现代化的线上宣传工具，地方政府可以将非物质文化遗产的信息快速、准确地传递给公众，让更多的人了解和关注非物质文化遗产。同时，线上宣传也为非物质文化遗产的传播提供了更为广阔的空间，它可以通过图文、视频、直播等多种形式，展示非物质文化遗产的独特魅力，吸引更多人的关注和参与。地方政府的传播职能不仅仅是传播非物质文化遗产的信息，更是要在全社会形成统一的保护氛围，为非物质文化遗产的保护和传承提供社会基础。有效的传播可以让公众认识到非物质文化遗产的价值，激发公众的保护意识和参与热情，为非物质文化遗产的保护和传承营造良好的社会环境。

二、地方政府在非物质文化遗产保护中的重要地位

非物质文化遗产是一个国家和地区文化传统与历史的重要组成部分，它的保护和传承对于维护民族文化特色和促进文化多样性具有重要意义。

（一）政府在非物质文化遗产保护中具有主导性

在非物质文化遗产保护领域，地方政府占据着不可忽视的重要地位，尤其在特定群体的非物质文化遗产保护中，政府的主导作用更为突出。非物质文化遗产保护的工作原则是：政府主导、社会参与、明确职责、形成合力。这四个方面相辅相成，共同推动非物质文化遗产保护工作的开展。

非遗作为全民的财富，其保护不仅仅是文化传承的需要，更是满足人民群众对美好生活的向往。政府作为服务型政府，保障非物质文化遗产的传承与发展，确保这些宝贵的文化财富不会因为环境变化和社会发展而消失是其重要职责。当非遗面临各种威胁时，政府必须发挥自身的主导作用，采取有效措施保护非物质文化遗产。政府的主导作用主要体现在以下几个方面：一是政策制定与实施。地方政府负责制定和实施与非物质文化遗产保护相关的地方性法规和政策，确保非物质文化遗产得到有效保护。通过制定具体的保护措施和实施细则，地方政府能够为非物质文化遗产的保护提供法律和政策保障。二是资金投入与支持。地方政府能够通过设立专项基金，支持非物质文化遗产的研究、传承和推广活动，为非物质文化遗产的保护提供资金保障。三是组织和协调各方力量，包括社会组织、企业和公众，共同参与非物质文化遗产保护，形成合力。四是宣传推广与教育培训。地方政府通过各种渠道对非物质文化

遗产进行宣传推广，提高公众对非物质文化遗产的认识和理解；同时，通过开展非物质文化遗产的教育和培训活动，培养非物质文化遗产的传承人和研究人员，为非物质文化遗产的传承和发展提供人才支持。

非物质文化遗产保护不仅仅是保护文化的问题，更是关系到人民群众文化需求和民族文化自信的重要问题。政府的主导作用是确保非物质文化遗产保护工作的顺利进行，满足人民群众的文化需求，为构建文化自信和文化繁荣的社会提供坚实的基础。通过政府的主导和社会的参与，非物质文化遗产保护工作能够得到有效的推进，为传承和发展本土文化提供有力的支持。

（二）非物质文化遗产的特殊性需要政府发挥保护作用

非物质文化遗产的保护是一项系统而复杂的工程，它不仅仅涉及文化的保护和传承，更关乎一个地区、一个国家的文化自信和文化延续。非物质文化遗产的特殊性决定了政府在其保护工作中的不可替代性。

非物质文化遗产无比珍贵又十分脆弱，它是人类社会的重要组成部分，却也常常受到社会各个因素和人的活动的影响，随时面临消失的危险。这种特殊的属性使得非物质文化遗产的保护不仅仅是文化领域的事务，更是政府和全社会共同关注和参与的重要议题。政府作为社会各项事务的主要管理者，有责任和义务保护非物质文化遗产。通过利用行政资源履行自身文化职能，政府可以为非物质文化遗产的保护提供有力的支持和保障。例如，政府可以通过制定和实施相关的法律法规，为非物质文化遗产的保护提供法律支持和保障；通过资金投入，为非物质文化遗产的保护提供必要的资金支持；通过宣传推广，提高社会对非物质文化遗产保护的认识和支持。同时，政府还可以通过组织引导社会各主体共同参与非遗的保护和传承工作，发挥社会力量在非物质文化遗产保护中的作用。例如，政府可以通过举办非物质文化遗产展览、讲座、培训等活动，提高社会公众和相关企业、组织对非物质文化遗产保护的认识和技能；通过搭建交流合作平台，促进非物质文化遗产传承人、研究机构、企业和社会公众之间的交流和合作，共同推动非物质文化遗产的保护和传承。非物质文化遗产的保护不仅仅是保护历史和文化，更是对未来的投资和责任。政府在非物质文化遗产保护中的重要地位和作用不容忽视。政府的积极参与和有效引导，可以为非物质文化遗产的保护和传承提供有力的支持和保障，确保非物质文化遗产能够得到有效的保护和传承，为文化的持续发展和社会的和谐稳定贡献力量。

第二节　非物质文化遗产保护中地方政府主导的实证分析

广西河池市环江县作为非物质文化遗产的重要承载地，拥有丰富的非物质文化遗产资源。地方政府在非物质文化遗产保护中的主导作用不仅体现在政策制定和执行上，更展现在实际操作和社会动员上。以下是以环江县非物质文化遗产保护为例，对地方政府主导作用的实证分析。

一、环江县非物质文化遗产概况

环江县在非物质文化遗产保护方面取得了一定的成绩。该县制定了多项政策和措施，加强了对非物质文化遗产的普查、收集、整理和保护工作，建立了一批非物质文化遗产保护机构和代表性传承人名录，同时开展了一系列宣传和推广活动，提高了公众对非物质文化遗产保护的认识和意识。

（一）环江县非物质文化遗产的类别

环江县，作为一个拥有丰富少数民族文化遗产的地区，其非物质文化遗产的保护和传承显得尤为重要。环江毛南自治县的非物质文化遗产种类繁多，涵盖了传统的文化表现形式，体现了该地区少数民族的文化特色和历史积淀。环江县的非物质文化遗产主要集中在毛南族的传统手工艺和节日庆典上。国家级的非物质文化遗产有毛南族花竹帽编织技艺和毛南族肥套两项，这两项非遗展现了毛南族独特的手工艺技能和传统文化的精髓。自治区级的非物质文化遗产包括毛南族分龙节、毛南族木雕技艺、毛南族石刻技艺、壮族铜鼓铸造技艺、毛南族花竹帽编织技艺和毛南族肥套，这些非遗不仅仅是技艺的传承，更是毛南族和壮族文化的生动体现。市级的非物质文化遗产则包括毛南族民歌、毛南族傩舞、民间铜鼓铸造、毛南族石刻、毛南族木面具雕刻、毛南族分龙节、毛南族婚俗、苗族芦笙节、毛南族肥套和毛南族花竹帽编织技艺，这些非遗项目丰富了环江县的文化内涵，为地方的文化发展提供了丰富的资源。

表 6-1　环江县非物质文化遗产的类别

编号	类别	项目名称
1	民俗	毛南族肥套、毛南族分龙节、毛南族婚俗、苗族芦笙节
2	传统技艺	民间铜鼓铸造、毛南族石刻、毛南族木面具雕刻
3	传统美术	毛南族花竹帽编织技艺
4	传统舞蹈	毛南族傩舞
5	传统音乐	毛南族民歌

（二）环江县非物质文化遗产的典型

1. 毛南族肥套

作为环江县两个国家级非物质文化遗产之一的毛南族肥套，其珍贵性不言而喻。虽然关于毛南族肥套具体的起源时期缺乏确切的记载，但通过它能够深入探讨毛南族的信仰和精神，从而为人们提供一个深入了解毛南族文化丰富内涵的窗口。毛南族肥套不仅仅是一个单纯的艺术表现形式，它还是毛南族传统社会生活和思想形态的真实反映。通过肥套，能够看到毛南族传统社会生活生产方式的影子，它将许多毛南族的艺术文明集为一体，展现了毛南族独特的文化艺术价值。肥套实际上是一种艺术化的还愿仪式，通过这种仪式，毛南族人民表达了对神灵的敬畏和感激，同时也传递了对生活的热爱和对社区的责任。

毛南族肥套不仅是一种祈愿的艺术形式，更是毛南族文化的重要组成部分，它反映了毛南族人民与自然环境和睦相处、自强不息的民族精神。毛南族肥套的仪式通常是以家庭为单位进行的，通过一系列的艺术动作和形式与神灵沟通，祈祷家族人丁兴旺和感恩神灵的恩赐。这种仪式不仅表现了毛南族最初的崇拜痕迹，也展现了毛南族人民对生活的热爱和对未来的期盼。在毛南族的传统节日中，毛南族肥套成为连接现实与神灵、个体与集体的重要纽带，它以一种独特的艺术形式，将毛南族人民的情感和价值观融入民族文化中，为毛南族的文化传承提供了有力的支撑。

2. 花竹帽编织技术

环江县拥有丰富的非物质文化遗产资源，其中花竹帽编织技术是毛南族传统文化的独特体现。花竹帽在毛南语中称为“顶卡花”，意指“帽子下面的花”，是毛南族的传统编织工艺品。不同于毛南族的其他工艺品，花竹帽承载了毛南族人民对美好生活的向往和祝福，成为幸福和吉祥的象征。特别是对于毛南族的青年人，花竹帽不仅仅是一种日常用品，更是定情的信物，他们通过赠送花竹帽表达对心爱之人的喜欢和期许。花竹帽的制作工艺独特，分为内外两层，使用环江县特产的金竹和墨竹作为编制材料。外层是由墨竹交织而成的花边，内层则是金竹和墨竹两种竹片交织编成，形成圆锥形的帽子结构，直径约为两尺。花竹帽上的图案主要是一些象征幸福和吉祥的花样，如同心结、吉祥结和花开四季等，这些图案不仅美观，更富有深刻的文化内涵。花竹帽不仅仅是一种工艺品，它的出现和传承也反映了毛南族文化的多层面价值。从花竹帽可以看到毛南族对生活、对自然的热爱和尊重，以及对传统文化的继承和发扬。花竹帽的故事、花竹帽的手工编织技术和与花竹帽有关的歌舞等，都是毛南族文化的重要组成部分，展现了毛南族文化的丰富多彩和独特魅力。[①]

二、环江县少数民族非物质文化遗产保护中政府职能的履行

环江县在非物质文化遗产保护方面展现了显著的决心和果断的实践。作为一个拥有丰富民族文化的地区，环江县深知其文化遗产的无价。为了确保这些宝贵的文化传统得到妥善的保护和传承，地方政府采取了一系列积极的措施。

（一）加强组织领导，增加经费投入

组织领导是任何项目成功的关键。环江县委、县政府充分认识到这一点，因此成立了民族传统文化保护工作领导小组。这个小组不仅仅是一个名义上的组织，它在人力、物力、财力和政策等方面都得到了充分的支持。这种支持确保了文化保护工作的顺利进行，也为相关的文化项目提供了必要的资源。资金投入是实现目标的关键。环江县在非物质文化遗产保护上的投资达到了约 2000 万元。这笔资金不仅用于文化遗产的保护和传承，还用于文物的保护和发展。这种大规模的投资显示了环江县对其文化遗产的高度重视，也为文化遗产的长期保护提供了坚实的财务基础。对于那些致力于技艺传承的人来说，经济支持是非常重要的。环江县充分认识到这一点，因此为国家级和自治区级的技艺传承人提供了每月 800 元至 1500 元不等的补助金。这种经济激励不仅为技艺传承人提供了稳定的生活来源，还激发了他们的创作和创新活力，确保了文化遗产不仅得到了保护，还得到了进一步的发展和创新。环江县在

① 吕洁，徐昕，吴桂清.毛南族花竹帽文化的保护与传承[J].广西民族大学学报（自然科学版），2012（4）：18-20，46.

非物质文化遗产保护方面取得的成果是显而易见的。目前，该县有国家级非遗代表性传承人 2 人，自治区级非遗代表性传承人 10 人，市级非遗代表性传承人 15 人。这些数字充分证明了环江县在文化遗产保护方面的努力和成果。[①]

（二）完善管理机制，加大保护力度

环江县政府通过成立专职机构，如县非物质文化遗产展示中心和毛南族花竹帽编织技艺传习所，为非物质文化遗产的普查、挖掘、抢救、研究、保护、整理申报和传承人才培训提供了组织和平台。这些专职机构的成立，确保了全县非物质文化遗产工作的系统性和专业性，为非物质文化遗产的长期保护奠定了基础。同时，环江县政府注重信息化手段的运用，建立了包括声、影、文、图等多媒体内容的全县文化遗产保护数据库档案。信息化手段不仅可以系统地记录和整理非物质文化遗产的相关信息，还可以为文物保护单位申报提供便利，为生产性保护工作提供数据支持。

为了进一步推动非物质文化遗产的传承和发展，环江县政府鼓励和引导花竹帽编织艺人、傩面雕刻艺人、铜鼓铸造艺人等文化传承专业人才加大民族工艺品的生产力度。通过创建非物质文化遗产保护工作平台，环江县政府为花竹帽编织技艺、毛南族肥套、毛南族民歌等非物质文化遗产的传承提供了展示和交流的空间。据广西壮族自治区民族宗教事务委员会的《环江毛南族自治县多措并举传承保护少数民族优秀传统文化》显示，截至 2019 年底，环江县已成功登记入库的非物质文化遗产名录共 1442 个，调查登记的不可移动文物 152 处，征集入博物馆的可移动文物 500 余件。同时，环江县还成功申报了国家级名录 2 项，自治区级名录 6 项，市级非物质文化遗产保护名录 11 项。这些成果展现

① 环江毛南族自治县多措并举传承保护少数民族优秀传统文化 [EB/OL].（2020-07-14）[2023-09-25].http://mzw.gxzf.gov.cn/gzyw/sxxx/t5724191.shtml.

了环江县政府在非物质文化遗产保护方面的决心和效果，也为其他地区提供了宝贵的经验和参考。

（三）注重基地建设，壮大传承队伍

环江县注重基地建设，通过实施一系列的项目，为非物质文化遗产的保护提供了实体基础。例如，该县建成了民族文化广场、毛南族新博物馆和花竹帽艺术中心等具有毛南族品牌文化的场馆，这些场馆不仅为民众提供了了解和接触毛南族文化的平台，同时也为非物质文化遗产的传承提供了重要的物质基础。此外，环江县全域 145 个村（社区）的综合文化服务中心的建设，进一步推动了文化服务的基层普及，为广大农民提供了丰富多彩的文化生活，同时也为非物质文化遗产的传承和推广提供了广泛的社区基础。江滨体育公园、“非遗”展示馆、毛南剧院等重大项目的加紧建设，显示了政府在文化基础设施建设上的决心和投入，为非物质文化遗产的长远发展奠定了坚实的基础。

据《环江毛南族自治县多措并举传承保护少数民族优秀传统文化》可知，在传承队伍的培养和壮大方面，环江县通过组织多期的花竹帽编织技艺、傩面具雕刻和毛南族歌舞培训班，为非物质文化遗产的传承培养了大量人才。这些培训班不仅提高了传承人的技艺水平，也激发了社区对非物质文化遗产保护的热情和参与。通过这些培训班，累计培训“非遗”传承人 400 余人，为非物质文化遗产的传承和发展注入了新的活力。环江县还积极发展文化志愿者队伍和业余文艺、体育队，当地共有文化志愿者队伍 25 支、业余文艺队 196 支、业余体育队 106 支、农村龙狮队 30 多支，以及文化骨干人才 1500 余人。这些队伍和人才成为非物质文化遗产传承的重要力量，通过他们的努力，使得非物质文化遗产在社区得到了广泛的传播和推广。

（四）推荐项目申报，创建文化品牌

环江县作为多元民族文化的聚集地，其非物质文化遗产保护工作具有不可忽视的重要性。地方政府在这方面的主导作用不仅仅体现在保护传统文化的决心上，更在于通过实际行动推动非物质文化遗产的传承与发展。通过推荐项目申报，成功创建了一系列具有地方特色的文化品牌，为环江县的文化保护与发展注入了新的活力。

下南乡因其在傩戏传承方面的贡献，被文化和旅游部授予“中国傩戏之乡”称号，这不仅是对下南乡非物质文化遗产的认可，也是对地方政府在文化保护方面努力的肯定。毛南族的肥套经国务院批准列入第一批国家级非物质文化遗产名录，显示了国家对于少数民族非物质文化遗产保护的重视，同时也反映了地方政府在推荐项目申报方面的积极性和效率。毛南族的分龙节被列为广西民族文化节庆十大品牌，并被评为“中国最具特色的民族节庆”，这种荣誉不仅提升了分龙节的社会认知度，也为环江县的文化交流与推广提供了有力的支撑。下南乡凤腾山古墓群的重要性得到了国务院的认可，被公布为第七批全国重点文物保护单位，这对于地方文化遗产保护的推动具有里程碑意义。明伦镇北宋牌坊等文保单位被列为自治区重点文物保护单位，这不仅是对明伦镇非物质文化遗产价值的认可，也是对地方政府在非物质文化遗产保护方面工作的肯定。通过这些成功的案例，可以看出地方政府在非物质文化遗产保护中的主导作用是不可替代的。

（五）开展创作交流，促进文化活现

通过开展创作交流和文化活动，环江县成功地促进了文化的繁荣与传承，为毛南族文化的保护与发展做出了积极贡献。

环江县政府注重文化的系统性整理与传承，通过出版《毛南族文学史》《毛南族研究》《毛南族民歌》等20部优秀民族文化类专著，为

毛南族文化的研究与传承提供了宝贵的文献资源。其中，《毛南族文学史》获得广西社科二等奖，而《毛南族民歌》更是荣获自治区文化成果最高奖——广西铜鼓奖，这些荣誉不仅是对环江县政府工作的肯定，也是对毛南族文化价值的认可。除了文献的整理与出版，环江县还积极推动文化创作与交流，通过创作音乐、舞蹈、小品、戏剧等多种艺术形式的作品，丰富了毛南族文化的表现形式，为传统文化注入了新的活力。特别是小品《左邻右舍》和《乡路遥远》分别获得第十六届广西“八桂群星奖”金奖和第十七届广西“八桂群星奖”金奖、第九届广西戏剧展桂花剧目金奖。这些奖项的获得，不仅提升了毛南族文化的影响力，也为环江县的文化创作提供了鼓励与动力。环江县政府还着力于对散落民间的毛南族文化元素进行系统性的挖掘、整理、保护和传承。包括歌、舞、戏、美术、手工技艺、传统体育等在内的一大批毛南族文化元素得到了妥善保护和有效传承。这不仅为毛南族文化的持续发展提供了坚实基础，也为毛南族文化在世界文化艺术的舞台上展现独特魅力创造了条件。由此可以看出环江县政府在非物质文化遗产保护中的主导作用是显而易见的。通过系统性的文献整理、文化创作与交流，以及对民间文化元素的保护与传承，环江县政府为毛南族文化的繁荣与发展做出了不可忽视的贡献；同时，也为其他地区在非物质文化遗产保护中的政府职能履行提供了有益的参考。

第三节　地方政府主导下的非物质文化遗产保护强化策略

一、国内其他地区非物质文化遗产保护策略相关经验及启示

非物质文化遗产是民族文化传承的重要载体，它的保护和传承对于

维护民族文化的多样性和丰富性具有重要意义。我国各地在非物质文化遗产保护方面都有着丰富的经验和独特的做法。以下是对国内其他地区在非物质文化遗产保护方面的相关经验及其启示的探讨。

（一）国内其他地区非物质文化遗产保护策略相关经验

1. 浙江省对非物质文化遗产保护的经验

自2006年起，浙江省的非物质文化遗产保护工作逐渐取得了显著的成效，其入选国家级非物质文化遗产保护名录的数量始终位居全国各省市前列。浙江省拥有深厚的历史文化底蕴，共有11个非遗项目成功入选联合国教科文组织非遗名录，人类非遗项目数量继续保持全国第一，[①] 包括昆曲、古琴艺术、中国活字印刷术等，同时还有发绣、炼火、庙会（绍兴舜王庙会）等257个国家级非物质文化遗产。自2018年起，浙江省针对列入联合国教科文组织非遗名录项目试行开展了“3+N”保护行动。该保护行动包括项目保护的3项规定动作和N项自选动作。“3”是指每个相关非遗项目保护地文化主管部门，每年要制订1个针对项目的年度保护计划、开展1次针对性的保护传承工作座谈、递交1份专项年度保护工作总结。“N”则是指该项目所在地文化主管部门在做好规定动作的基础上，因地制宜，创造性地实施多个保护措施和保护活动，探索非遗项目的保护路径，形成区域经验，为人类非遗项目保护工作提供“浙江实践”。浙江省的非物质文化遗产保护工作不仅仅是对传统文化的保护，更是对传统文化传承和发展的深度思考。通过“3+N”保护行动，浙江省为非物质文化遗产保护提供了一种新的、具有实践指导意义的模式。该模式强调了地方政府在非物质文化遗产保护中的主导

① “中国传统制茶技艺及其相关习俗”入选人类非遗[EB/OL].（2020-11-30）[2023-09-25].https：//www.zj.gov.cn/art/2022/11/30/art_1554467_59944363.html.

作用，同时也体现了保护工作的灵活性和创新性。通过制定明确的年度保护计划，开展针对性的保护传承工作座谈，以及递交专项年度保护工作总结，确保了非物质文化遗产保护工作的规范性和系统性。而“N”项自选动作的引入，为地方政府提供了更多的自主权和创新空间，使得非物质文化遗产保护工作能够更好地适应地方实际情况，发挥地方特色，实现非物质文化遗产保护工作的多元化和个性化。

浙江省在非物质文化遗产保护方面拥有独到的经验和模式。该省设立了三大保护机构，分别为浙江省文化和旅游厅非遗处、浙江省非物质文化遗产保护中心和浙江省非物质文化遗产保护协会。其中，浙江省非遗处和保护中心为官方组织，主要负责修订和印发全省的非遗保护政策，确保非遗保护工作的顺利进行。而浙江省非物质文化遗产保护协会则是由社会各界人士自愿组成的群众性、非营利性的非物质文化遗产保护专门团体。通过官方和民间的组织协同，浙江省成功地团结了全省人民，共同致力于保护本省的非物质文化遗产。这种模式的成功之处在于，它不仅仅依赖于政府的力量，更是充分发挥了社会力量的作用，形成了官民合力，共同推动非物质文化遗产保护工作的良好局面。官方组织提供了政策支持和指导，而民间组织则发挥了广泛的社会联系和群众基础，使得非物质文化遗产保护工作得以深入人心，形成了全社会共同参与的良好氛围。浙江省的非物质文化遗产保护工作不仅仅局限于政策的制定和实施，还涵盖了非物质文化遗产的挖掘、整理、传承和推广等多个方面。通过多方面的工作，确保了非物质文化遗产得以有效保护和传承，同时也为其他地区提供了宝贵的经验和参考。浙江省的做法充分体现了地方政府在非物质文化遗产保护工作中的主导作用，同时也展示了社会力量在非物质文化遗产保护中的重要性。

浙江省政府对非物质文化遗产传承人的保护和传承评估给予了高度重视，相继推出了多项规定，如《浙江省省级非物质文化遗产代表性传承人管理办法》《浙江省省级非物质文化遗产代表性项目评估实施细则》

及《浙江省省级非物质文化遗产代表性传承人评估实施细则》。这些规定的目的是通过每年的评估工作，对非物质文化遗产传承人的传承效果进行评估，评估结果将作为发放年度补助的重要依据，以确保非遗传承工作的有效进行。浙江省通过这些规定，确立了一个系统性的、官方主导的非物质文化遗产保护机制。全省共有约 40 个非物质文化遗产传承基地、140 个非物质文化遗产教学基地、134 个生产性保护基地，这些基地成为非遗传承的重要阵地。同时，浙江大学、温州大学、浙江师范大学、杭州师范大学、浙江传媒学院、中国美术学院、浙江艺术职业技术学院、浙江海洋学院 8 所高校成立了非遗研究基地，为非遗保护提供了强有力的学术支持。

浙江省政府开始将非遗保护工作与数字技术相结合，运用网络平台创新保护形式，为非物质文化遗产的传播和保护打开了新的渠道。通过网络平台，非物质文化遗产得以在更广泛的范围内得到展示和传播，同时这些网络平台也为公众提供了更为便捷的接触和了解非物质文化遗产的渠道。此外，浙江省政府也将非物质文化遗产与旅游业进行了有机结合。通过 O2O 线上线下互动模式，开展形式多样的非遗购物活动，这一举措不仅为非物质文化遗产的传播和保护提供了新的平台，也为地区的经济发展注入了新的活力。非物质文化遗产与旅游业的结合为地区的文化和旅游产业发展提供了新的思路和方向，同时也为非物质文化遗产的保护和传承提供了更为广泛和多元的社会支持。

2. 内蒙古自治区对非物质文化遗产保护的经验

在国务院政策例行吹风会上，主讲人特别提及了内蒙古自治区国家级非遗图什业图刺绣的问题。虽然该地区交通不便利，经济发展相对滞后，但是在地方政府的引导和支持下，图什业图刺绣得到了“生产性保护”。地方政府通过组织大量的刺绣培训班，引导和支持了大量妇女参与图什业图刺绣的生产这项措施，不仅保护了这项具有民族特色的非物质文化遗产，同时也为当地的经济发展注入了新的活力。该地区通过实施由文化和旅游部、教育部的"全国非遗传承人群研修研习培训计划"，联合内蒙古农业大学举办了蒙古族刺绣、蒙古族服饰艺术等多个国家级代表性项目传承人群普及培训班，为大量的传承人提供了专业的培训与指导，同时完成了大量非遗展品的制作，为非物质文化遗产的传承与保护奠定了坚实的基础。同时，内蒙古自治区在财政预算中专门设立了非物质文化遗产保护活动的专项资金，以确保相关活动如培训、展览、交流等得到充足的资金支持。自治区政府对非物质文化遗产保护的投入逐年增多，即便在财政收入增速放缓的情况下，也让非物质文化遗产专项资金有所增加，为区级以上的传承人每年提供了一定的资金补助，以支持相关活动的开展。为了将非物质文化遗产保护的理念深入人心，内蒙古自治区还启动了"千校万户"计划，与众多中小学签订了保护传承合作教学协议，将非物质文化遗产活动推进校园。通过这种方式，学生从小就被培养了对本民族非物质文化遗产的热爱，社会也从而被营造出一个良好的保护氛围。这不仅有助于提高学生和社区居民对非物质文化遗产的认识和理解，也为非物质文化遗产的长远保护和传承提供了有力的社会基础。

内蒙古自治区政府对非物质文化遗产的宣传采取了一种独特的方式，即将非物质文化遗产宣传与旅游业相融合。通过这种方式，内蒙古自治区积极推动非物质文化遗产走进景区、走进卖场，同时遴选推介了一系列"非遗旅游融合发展"优秀案例。通过推介运行非物质文化遗产主题旅游线路，游客有机会亲身体验一些非物质文化遗产，从而在旅游过程中自然而然地了解到内蒙古的非物质文化遗产。这种方式不仅丰富了旅游产品，也为非物质文化遗产的宣传提供了广泛的传播平台。随着旅游人群的不断流动，非物质文化遗产的宣传得到了大量的免费"喇叭"，从而实现了非物质文化遗产保护与宣传的双重目的。

3. 贵州省黔东南苗族侗族自治州对非物质文化遗产保护的经验

贵州省以其丰富多样的非物质文化遗产而闻名，特别是在黔东南苗族侗族自治州，这一地区的非物质文化遗产保护工作具有独特的经验和意义。黔东南州位于贵州省东南部，是一个多民族聚居的地区，其中苗族和侗族占据了主要的人口比重。这里的民族文化丰富多彩，为非物质文化遗产的保护提供了丰富的资源和底蕴。

地方政府制定了完善的政策体系，为非物质文化遗产保护提供了坚实的保障。例如，通过《黔东南州非物质文化遗产保护专项资金管理办法》，明确了专项资金的使用范围和管理制度，确保资金的规范使用，为非物质文化遗产的保护提供了充足的资金支持。同时，黔东南州政府还对非遗传承人给予了一定的资金补助，以激励他们更好地传承和保护非物质文化遗产。通过定期的选拔和认定，以及资金奖励的方式，激发非遗传承人的积极性和责任心。此外，每年的优秀传承人评选活动也为非遗传承人提供了展示和交流的平台，进一步推动了非物质文化遗产的传承和保护工作。为了保证非物质文化遗产的长远传承，黔东南州还注重非遗传承人的培养。通过与地方高校合作，开展民间非遗传承班的培训项目，为非遗传承人提供了系统的培训和学习机会。这种培训不仅提高了非遗传承人的专业水平，也为非物质文化遗产的传承和保护提供了人才支持。

黔东南政府在州级及各县（市）设立非遗保护中心和非遗保护机构，这种举措在全国范围内具有先行优势。这些机构的设立，为非物质文化遗产的保护和传承提供了有力的组织保障。黔东南政府还依托全州的民族博物馆，建成了一批综合性非遗展示馆和各类非遗传习基地。这些展示馆和传习基地成为非物质文化遗产传承和展示的重要平台，让更多的人能够近距离接触和了解非物质文化遗产，同时也为非物质文化遗产的传承者提供了学习和交流的场所。在非物质文化遗产的传承工作方面，黔东南政府也做了大量的工作：如通过实施非物质文化遗产传承人研学研习的培训计划，为传承人提供了专业的培训和指导，确保非物质文化遗产能够得到有效的传承和发展。同时，政府还推荐了一批优秀的非物质文化遗产传承人到国内一流的工艺美术高校参加传统工艺研修培训，进一步提升了传承人的专业技能和理论水平。此外，黔东南政府的这些举措也得到了社会各界的广泛认可和支持。非遗保护中心和非遗保护机构的设立，以及非遗展示馆和传习基地的建设，为非物质文化遗产的保护和传承创造了良好的社会环境和公众基础。同时，非物质文化遗产传承人的培训计划也为传承人提供了更多的学习和发展机会，确保了非物质文化遗产的传承和发展。

黔东南州政府对非物质文化遗产的保护与宣传工作投入了极大的热情和资源，明确了非物质文化遗产与地方旅游业发展的紧密联系——通过将非物质文化遗产的宣传融入当地的旅游业中，成功打造了具有非遗特色的小镇和旅游精品线路，为地区的文化旅游发展注入了新的活力。西江千户苗寨、肇兴侗寨、镇远历史文化名城和丹寨万达非遗小镇等地，已成为黔东南州非物质文化遗产的重要载体和展示窗口。这些非遗特色小镇不仅保留和展示了丰富多彩的非物质文化遗产，也成为吸引游客的独特景点。每个小镇都以其独特的非物质文化遗产为特色，为游客提供了深入了解和体验非物质文化遗产的宝贵机会。同时，黔东南州还推出了“魅力黔东南多彩非遗体验走廊”等系列旅游精品线路，让游客在享受自然风光的同时，也能深入体验到地方非物质文化遗产的魅力。这些旅游线路的设计充分考虑了非物质文化遗产的展示和传播需求，为游客提供了丰富多样的非遗体验。这些举措不仅丰富了当地的旅游资源，也为游客提供了深入了解和体验非物质文化遗产的机会。通过非物质文化遗产的宣传和展示，黔东南州的旅游业得到了提升，同时非物质文化遗产的传承和保护也得到了有力的支持。非物质文化遗产的宣传和展示不仅增加了当地旅游业的吸引力，也为非物质文化遗产的保护和传承提供了新的平台和机会。

黔东南州以其独特的民族文化和丰富的非物质文化遗产为背景，积极探索将非物质文化遗产保护与宣传有机地融入地方旅游的多元路径。通过“非遗 + 品牌”“非遗 + 景区”和“非遗 + 节庆”三种形式，黔东南州不仅为非遗旅游产业的发展奠定了坚实的基础，也为非物质文化遗产的传承和推广提供了新的平台和机会。在“非遗 + 品牌”的探索中，黔东南州通过打造特色非遗品牌，将非物质文化遗产与市场经济相结合，为非物质文化遗产的保护和传承提供了商业支持。同时，通过“非遗 + 景区”和“非遗 + 节庆”的方式，黔东南州将非物质文化遗产有机地融入地方旅游中，为游客提供了丰富多彩的非遗体验，也为非物质文化遗产的宣传和展示提供了新的舞台。黔东南州还通过影视剧的形式，生动、详细地记录了本地区的民族文化和非物质文化遗产。例如，通过拍摄《侗族大歌》《云上绣娘》《仰欧桑》《行歌坐月》等一系列民族文化的优秀影视剧，黔东南州为本地区的民族文化和非物质文化遗产的保护和传播提供了有力的支持。这些影视剧以生动的故事和精美的画面，展现了黔东南民族文化的丰富多彩，也为非物质文化遗产的宣传和推广提供了新的渠道。同时，黔东南州还组织拍摄制作了《黔东南印象・民族节日》《黔东南印象・民族技艺》宣传片和《黔东南民族文化生态保护实验区》专题宣传片。这些宣传片以视频的方式，展现了黔东南民族文化的独特魅力和价值，进一步加深了人们对非物质文化遗产的理解和认识。通过视频的形式，黔东南州成功地将非物质文化遗产的保护和宣传推向了新的高度。

（二）国内非物质文化遗产保护的经验启示

1. 注重对非物质文化遗产传承人工作的扶持

非物质文化遗产的保护与传承，是连接过去与未来的重要纽带，也是文化自信的重要体现。传承人作为非物质文化遗产的直接传播者和保护者，其工作的重要性不言而喻。在不同地区，政府对非物质文化遗产传承人的支持程度不同，但都显示出对非物质文化遗产保护的重视。尽管内蒙古自治区和黔东南苗族侗族自治州的经济发展相对缓慢，但地方政府仍然注重非物质文化遗产的保护和传承，逐年提高了相关的资金投入，并为非物质文化遗产设立了专项保护资金。这种政府的支持，为非物质文化遗产的保护和传承提供了坚实的基础。浙江省作为经济较为发达的地区，政府每年都拨发充足资金用于非物质文化遗产的保护工作。对于年度评估考核通过的非物质文化遗产传承人，浙江政府还每年发放一定的补助金，以提升他们的传承热情。这种经济上的激励，为非物质文化遗产的传承人提供了实质性的支持，也为非物质文化遗产的长期保护提供了有力保障。

2. 组织社会各方力量共同参与非物质文化遗产保护

组织社会各方力量共同参与非物质文化遗产保护方面，地方政府能够发挥其独特的地位和资源，引导社会各组织、各群体形成“官民合作”。以浙江省为例，该省政府高度重视与当地高校和学术团体的合作，充分发挥了学术团体在非遗保护中的作用。浙江省设立了三个非物质文化遗产保护机构，分别为文化和旅游厅非遗处、浙江省非物质文化遗产保护中心和浙江省非物质文化遗产保护协会。特别值得一提的是非物质文化遗产保护协会，它由民间人士组成，展现了官方组织与民间组织协同合作的良好范例。浙江省的这种合作模式，为非物质文化遗产的保护提供了多元化的支持和资源。学术团体和民间组织的参与，不仅丰富了非遗保护的内容和形式，也为非遗保护提供了更为广泛的社会支持和参与。这种官民合作的模式为其他地区的非遗保护工作提供了借鉴。同时，浙江省的做法也体现了地方政府在非遗保护工作中的主导作用。通过设立专门的非遗保护机构，地方政府为非遗保护工作进行了组织和协调，确保了非遗保护工作的顺利推进。同时，地方政府也通过政策支持和资金投入，为非遗保护提供了必要的保障。此外，浙江省的做法也展现了非遗保护的社会化和专业化。通过与学术团体和民间组织的合作，非遗保护工作得到了专业化的支持和指导。这种社会化和专业化的非遗保护模式，为非遗保护的长远发展提供了有力的支撑，也更为符合社会和时代的需求。

3. 政府重视引导传承人开展传承工作

非物质文化遗产（非遗）是民间文化的重要组成部分，其传承与保护离不开广大群众的参与和支持。非遗的传承主要依赖于非遗传承人通过口传心授的方式，将这些宝贵的文化遗产传递给后代。[①] 非遗传承人的存在和活动，是非遗能够持续存在的重要保证。因此，保护和重视非遗传承人，对于非遗的保护至关重要。

浙江省政府通过制定相关政策，如《浙江省省级非物质文化遗产代表性传承人评估实施细则》，明确了非遗传承人的责任和评估传承工作的实际效果。这种政策框架为非遗传承人提供了明确的指导，通过相关的奖惩机制，激励传承人更加积极地参与非遗传承工作，确保非物质文化遗产得以有效传承。内蒙古自治区政府则通过定期开展非物质文化遗产培训班和启动“千校万户”的计划，将非物质文化遗产的宣传推进到校园，引导当地学生了解非物质文化遗产，并使他们产生兴趣。这种做法不仅增加了非物质文化遗产的社会影响力，也为非遗传承人提供了更广泛的传承平台，使得非遗文化得以在更年轻的一代中传播和传承。黔东南自治州政府对非物质文化遗产传承人的引导工作也十分重视，通过实施研学研习培训计划，定期为非遗传承人提供培训，增强他们的传承能力和对非物质文化遗产传承工作的热情。这种培训计划不仅提高了非

① 李荣启．对非遗传承人保护及传承机制建设的思考[J]．中国文化研究，2016（2）：20-27.

遗传承人的传承技能，也增强了他们对自身传承人身份的满足感和认同感，为非物质文化遗产的长期传承提供了有力的人才支持。

4. 注重营造社会层面保护氛围

在全社会范围内营造浓厚的非遗保护氛围，政府的非物质文化遗产传播工作显得尤为重要。以内蒙古自治区、浙江省和黔东南州为例，这些地区成功地将非物质文化遗产融入当地旅游业之中，使地区旅游业和非物质文化遗产传播相得益彰。浙江省和黔东南州地方政府对于非物质文化遗产的记录工作也做得很好。当地将非物质文化遗产以书籍、视频方式进行保存，这种保存方式不仅可以将非物质文化遗产作为教学记录传递给下一代传承人，而且由于书籍和视频的受众范围广且易于传播，可以有效地扩大非物质文化遗产的知名度。这不仅促进了当地经济发展，提升了地区知名度，还让当地人民更加了解本地非遗、明确非遗的珍贵性。地方政府通过履行传播职能，利用自身的权力和影响力在全社会构建非遗保护氛围。非物质文化遗产的保护和传播不仅是对传统文化的维护，也是对地区文化特色和历史的展现。将非物质文化遗产与旅游业结合，不仅可以为地区带来经济效益，还能为非物质文化遗产的传播提供更为广泛的平台。地方政府的记录工作，为非物质文化遗产的长期保存提供了有力保障，同时也为传承人和社会公众提供了丰富的学习资源。通过书籍和视频的传播，非物质文化遗产的知名度得以提升，同时也有更多人开始关注和了解非遗，非遗的珍贵性和对其加以保护的重要性也得到了进一步明确。

二、地方政府主导下非物质文化遗产保护的实现策略

非物质文化遗产是民族文化的重要组成部分，对其加以保护不仅是文化传承的需要，也是社会发展的需求。地方政府作为非物质文化遗产保护的主导者，其策略选择对非物质文化遗产的保护具有决定性的影响。

（一）加强扶持职能

1. 设立专项保护资金并拓宽融资渠道

非物质文化遗产是一个地区文化的重要组成部分，它的保护和传承对于维护地区文化特色和促进文化多样性具有重要意义。为了更好地保护非物质文化遗产，地方政府需要采取一系列实现策略，其中加强扶持职能是基础。

设立专项保护资金是保护非物质文化遗产的基础措施。通过设立专项资金，可以为非物质文化遗产的保护、传承和推广提供必要的财政支持。专项资金可以用于资助非物质文化遗产的传承人培训、非物质文化遗产项目的开展、非物质文化遗产的宣传和展示等多个方面。资金的支持可以保证非物质文化遗产得到有效的保护和传承，同时也为非物质文化遗产的发展提供了基础。黔东南苗族侗族自治州的做法为此提供了有益的借鉴。该自治州通过制定《黔东南州非物质文化遗产保护专项资金管理办法》，为非物质文化遗产的保护提供了明确的制度保障。加强扶持职能是实现非物质文化遗产保护的基础。通过设立专项保护资金，地方政府能够为非物质文化遗产的保护提供必要的资金支持。同时，拓宽融资渠道，可以进一步增加非物质文化遗产保护的资金来源，为非物质文化遗产的保护提供更为稳定的资金保障。黔东南苗族侗族自治州的做法正是对这一点的有力体现。在管理工作方面，明确专项资金的来源、各职能部门的职责及分工、专项资金的使用范围及用途、专项资金的申报与审批、资金管理与绩效评价、资金监督管理等，能够为非物质文化遗产的保护提供全方位的支持。在资金保障的基础上，地方政府还需加强对非物质文化遗产保护的组织协调，确保各职能部门能够有效地履行其职责，形成合力，推动非物质文化遗产保护工作的开展。同时，制定明确的资金申报与审批流程，可以确保专项资金能够及时、准确地投入非物质文化遗产保护的实际工作中，避免资金的浪费和滥用。绩效评价和资金监督管理是确保非物质文化遗产保护工作有效开展的重要环节。通过建立完善的绩效评价体系，地方政府能够及时了解非物质文化遗产保护工作的实际效果，为下一步的工作提供参考。同时，加强资金监督管理，可以确保专项资金能够真正用于非物质文化遗产保护，避免资金的挪用和滥用，保障非物质文化遗产保护工作的顺利开展。

除了设立专项保护资金，拓宽融资渠道也是地方政府加强非物质文化遗产保护扶持职能的重要措施。地方政府可以通过制定和完善相关政策或条例，鼓励和引导民间组织、个人和企业参与非物质文化遗产保护事业。[①] 例如，可以通过税收优惠、资金补贴、政府采购等方式，激励和支持社会力量参与非物质文化遗产保护；同时，也可以通过发行非遗保护专项债券、设立非遗保护基金等方式，拓宽非物质文化遗产保护的融资渠道。多渠道吸纳社会资金是拓宽融资渠道的重要途径。地方政府可以通过公开透明的方式，吸引社会公众、企业和社会组织参与非物质文化遗产保护的捐赠和投资。例如，可以通过网络众筹、慈善捐赠、社会责任投资等方式，吸纳社会资金用于非物质文化遗产保护。

通过上述措施，地方政府不仅能够为非物质文化遗产保护提供必要的经济保障，也能够调动社会各方面的力量，共同参与非物质文化遗产保护事业。这种多方参与和多渠道融资的模式，能够为非物质文化遗产保护提供更为广泛和多元的支持，也为非物质文化遗产保护的长远发展提供了有力的保障。同时，这也体现了地方政府在非物质文化遗产保护中的主导和扶持职能，证明了地方政府为推动非物质文化遗产保护的系统化、规范化和持续化发展提供了重要的支撑。

---

① 王伟杰，肖远平．民族文化生态保护区：少数民族非遗整体性保护的“中国模式”[J].深圳大学学报：人文社会科学版,2020（5）：28-37.

2. 专项保护政策的完善

完善专项保护政策是地方政府加强非物质文化遗产保护的重要手段。通过制定针对性的法律法规，地方政府能够为非物质文化遗产的保护提供明确的法律依据和制度保障。例如，新疆维吾尔自治区、甘肃省、云南省、福建省、安徽省和贵州省等地，根据本地的文化特色和非遗保护的实际需求，分别制定了一系列的专项保护政策。这些政策不仅为非物质文化遗产的保护提供了法律支持，还为相关的研究、传播和利用提供了指导。通过这些专项保护政策的实施，地方政府能够为非物质文化遗产的保护提供有力的支持，同时也为民族文化的传承和发展做出了积极的贡献。

地方政府人员和地方的人大代表和常委会在这个过程中起到了关键的作用。他们主动、积极地根据地方特色和民族特色，以及当地少数民族非遗保护的现实需求，参与到专项保护政策的制定和完善中来，通过广泛的调查研究和深入的讨论，确保专项保护政策能够切实符合地方非物质文化遗产保护的实际需求，为非物质文化遗产的保护提供有力的制度保障。此外，地方政府还应加强与国家级非物质文化遗产保护机构的沟通和协作，确保地方政策与国家政策的一致性和有效性。同时，地方政府也应加强对专项保护政策的宣传和解释，提高公众对非物质文化遗产保护的认识和理解，为非物质文化遗产的保护和传承营造良好的社会环境。

（二）落实组织职能

1. 组织建立非物质文化遗产传承人培训体系

非物质文化遗产的保护与传承是一项系统工程，其核心关键在于人。非物质文化遗产的存在与传承都是依附于人而存在，特别是那些被认定为非遗传承人的个体。他们是传统文化的活载体，通过他们的实践和传授，非物质文化遗产得以生生不息。因此，地方政府在非物质文化遗产保护工作中需要充分发挥组织职能，高度重视非遗传承人的培训和技能提升，以确保非遗传承的质量和活力。

地方政府要实现这样的职能，首要的一步是组织建立非物质文化遗产传承人培训体系。地方政府应当制订明确的培训计划和标准，包括传承人的选拔、培训、考核和激励机制。系统的培训可以提高传承人的非遗技艺水平和教育传授能力，使他们能够更好地传承和推广非物质文化遗产。在构建培训体系时，应注重理论与实践相结合；除了传统技艺的传授，还应加强对现代教育方法和技术的培训，使传承人能够以更为现代、更具吸引力的方式传授非遗文化，吸引更多的年轻人参与到非遗文化的传承中来。同时，地方政府应当建立完善的激励机制，包括经济补贴、荣誉奖励和社会保障等，以确保传承人能够安心从事非遗传承工作。政府的支持和社会的认可，能够提高传承人的社会地位和自信心，使他们更有动力投身于非遗文化的传承和推广。此外，地方政府还应当注重传承人培训体系的长期发展和持续改进，通过定期的评估和反馈不断优化培训体系，以适应非遗传承工作的开展需求和社会变化。

在浙江省，政府与地区高校联合牵头，成功建设了非物质文化遗产研究基地，组织非物质文化遗产传承人定期前往培训。这种培训模式不仅为传承人提供了更新教学理念和教学方法的机会，也有效提高了传承工作的效率。通过政府、高校和传承人的紧密合作，一个良性的非物质文化遗产保护和传承生态得以形成。黔东南州政府则是以凯里学院为依托，与高校共同建设了专业的非物质文化遗产传承人培训基地。通过科学的、系统的培训，传承人的素质得到了显著提升。这种模式不仅为传承人提供了专业的培训和指导，也为非物质文化遗产的保护和传承提供了有力的组织保障。这两个案例显示，地方政府在非物质文化遗产保护实现策略中应充分发挥组织职能，推动相关机构和组织的合作，确保传承人培训体系的有效建立和运行。同时，地方政府应加强对非物质文化遗产保护的投入和支持，为传承人培训提供必要的资金和政策保障。

2. 实现非物质文化遗产传承人的专业化管理

非物质文化遗产传承人作为非遗保护的直接执行者和传承者，其专业化管理显得尤为重要。地方政府作为非遗保护的主导者，应当积极推动非物质文化遗产传承人的专业化管理，以实现非遗保护工作的长远发展。

非物质文化遗产传承人不仅仅是一个名号，更是一种责任和使命的体现。他们肩负着将非遗文化传承给后代的重要任务。地方政府通过实现非物质文化遗产传承人的专业化管理，可以更好地落实责任主体，促使非遗传承人对自身的责任有更清晰的认知。有条件的地区政府应当帮助非遗传承人向职业化传承人转变，这对于非遗传承工作的开展具有积极的推动作用。地方政府需要明确自身在非遗保护中的责任，积极履行组织职能。与当地高校的对接是一个很好的途径，通过申请和准备相应的培训项目，为非物质文化遗产传承人提供更多的研修研习机会。这不仅可以提高非遗传承人的专业知识和技能，也有助于他们更好地认识到自身的价值和社会身份。当非遗传承人从内心认可自己的社会身份时，他们更愿意自愿向职业传承人转变，为非遗文化的传承投入更多的精力和热情。实现非物质文化遗产传承人的专业化管理，需要地方政府、高校和社会各方的共同努力。地方政府应当制定相应的政策和措施，为非遗传承人的专业化管理提供法律和政策支持。同时，高校和社会各方也应当积极参与到非遗传承人的培训和支持中来，为他们提供必要的知识和技能培训，帮助他们实现自我价值的提升。

（三）重视引导职能

1. 提升民众的文化获得感

在现代社会，非物质文化遗产保护不仅是文化传承的需要，也是提升民众文化获得感的重要途径。地方政府作为非物质文化遗产保护的主导者，其引导职能的发挥至关重要。

（1）地方政府可以从学校层面入手，推动非物质文化遗产教育的普及。通过让本地学校开设相关课程，邀请非遗传承人定期到学校开展讲座和实践活动等方式，可以有效引导提高学生对非遗的认识和兴趣。这些方式不仅能让学生从小接触和了解非遗，也为非遗传承人提供了传承和展示非遗的平台。

（2）地方政府可以通过制作和发放生动有趣的非遗宣传册子，以及拍摄非遗纪录片在当地电视台播放，来丰富民众的非遗知识和体验；同时，定期组织本地各个单位和社区进行学习和宣传活动，可以进一步引导提高当地群众对非遗的认识和关注。通过这些方式，地方政府可以在较为广泛和深入的层面上推动非遗的宣传和传承。

（3）利用现代化的宣传工具，如微信公众号、微博等社交媒体平台，地方政府可以更为直接和有效地向年轻人传递非遗的价值和意义。这些现代宣传工具的受众主要为年轻人，通过这些平台的宣传和推广，可以培养年轻一代对非遗的热爱和尊重，从而有利于引导提升民众的文化自信心和文化获得感。

2. 提升传承人的文化认同感

非物质文化遗产的保护和传承，离不开传承人的积极参与和投入。传承人的文化认同感是非物质文化遗产保护工作的重要基础，也是传承人持续、积极参与非物质文化遗产传承工作的重要动力。在地方政府主导下的非物质文化遗产保护工作中，重视引导职能，特别是提升传承人的文化认同感，具有重要的实践意义和价值。文化认同感是一种情感认同，是个人对自己所掌握的非物质文化遗产的价值和意义的认同。对于传承人来说，文化认同感的构建是一个多层次、多维度的过程。

地方政府可以利用其权力和资源，为非遗传承人塑造一个能够满足其情感需求的社会氛围。例如，地方政府可以通过与当地中小学校合作，定期邀请传承人到学校开展讲座，与学生进行深刻交流。这种交流不仅可以让年轻一代了解和尊重非物质文化遗产，也可以让传承人感受到社会的认可和尊重，从而增强其文化认同感。同时，地方政府可以举办各种民俗活动，邀请非物质文化遗产传承人在活动中展示个人所掌握的技艺。通过这种方式，传承人可以得到展示和传承非物质文化遗产的平台，也可以感受到公众对非物质文化遗产的喜爱和尊重。公众的热烈反馈和认可会进一步增强传承人的文化认同感和传承动力。此外，地方政府还可以通过拍摄传承人的相关记录视频，并在本地电视台播放，来展示和宣传非物质文化遗产。视频的拍摄和播放不仅可以让更多人了解和认识非物质文化遗产，也可以让传承人感受到社会的关注和认可，从而增强其文化认同感。地方政府的政策支持也是提升传承人文化认同感的重要方式。通过提供一些政策和资金支持，地方政府可以帮助传承人解决在非物质文化遗产传承过程中遇到的困难和问题，也可以让传承人感受到社会和政府的支持，从而增强其文化认同感和传承动力。

3. 引导实现非物质文化遗产的“生产性保护”

“生产性保护”是指在保护非物质文化遗产的基础上，通过合理的开发利用，使非物质文化遗产产生一定的经济效益，从而为其自身的保护和传承提供经济支持。这种保护方式不仅能够为非物质文化遗产注入新的活力，而且能够将非物质文化遗产与现代社会连接，实现其持续发展。

以柳州螺蛳粉制作技艺为例，这项非物质文化遗产不仅具有重要的文化意义，而且近年来已经发展成为面向全国的特色产业。通过地方政府的正确引导和支持，柳州螺蛳粉带动了柳州的养殖、种植、加工以及服务业等相关产业的融合发展，为地方经济发展和就业提供了重要的支持。这种“生产性保护”策略不仅保护了柳州螺蛳粉制作技艺的传承，而且为其赋予了新的经济价值和社会意义。然而，在推动非物质文化遗产的“生产性保护”过程中，地方政府需要做好正确引导，避免盲目追求经济利益而忽视非物质文化遗产本身的文化价值。非物质文化遗产的保护和传承应该是首要目标，而“生产性保护”只是实现这一目标的手段。地方政府应该在保护非物质文化遗产的文化价值和推动其经济发展之间找到一个合理的平衡点。

（四）履行传播职能

1. 重视传统传播方式

传播是非物质文化遗产保护与推广的重要环节，它不仅能够增强公众对非物质文化遗产的认识和理解，还能为非物质文化遗产的传承和发展提供有力的支持。地方政府作为非物质文化遗产保护的主体，应当积极履行传播职能，以确保非物质文化遗产得到有效的保护和传承。在传播非物质文化遗产时，传统传播方式具有不可替代的优势，它能够以直观、生动的方式，让公众更加深刻地理解和感受非物质文化遗产的价值。

在地方政府开展的各类文化活动中，利用传统的传播方式传播非遗成为一种有效的策略。例如，通过博物馆或非遗展览的形式，以实物的形式展示非遗，可以让公众更直观地感受到非物质文化遗产的魅力。虽然非物质文化遗产是无形的，但其衍生出的实物作品和工具等都是其重要组成部分，它们承载着丰富的文化信息和历史价值。通过对这些“实物”的展示和讲解，公众可以更好地理解非物质文化遗产的文化价值和历史意义。地方政府可以定期举行各类文化活动，如非遗展览、非遗演示、非遗讲座等，通过这些活动吸引公众对非物质文化遗产的关注，增加公众对本地非遗的了解和认识。同时，这些活动也能够提高公众的文化自豪感和认同感，为非物质文化遗产的保护和传承营造良好的社会氛围。

传统的传播方式具有直接性和实效性。通过进校园宣传非物质文化遗产的方式，可以让学生们直接接触和了解非物质文化遗产，感受非物质文化遗产的魅力和价值。同时，文化活动宣传的开展，可以吸引更多的本地群众参与，让他们在参与的过程中了解非物质文化遗产的重要性，增强他们对非物质文化遗产保护的认识和支持。通过建立长期的进校园宣传机制和文化活动宣传机制，持续的非物质文化遗产保护和传播效应将得以形成，从而为非物质文化遗产保护提供长期的社会支持。

2. 充分利用新媒体技术

在数字化时代的背景下，新媒体技术为非物质文化遗产的传播提供了广阔的平台和无限的可能。地方政府作为非物质文化遗产保护的主导者，有责任和义务充分利用新媒体技术，将非遗项目的丰富资源传递给广大受众。通过电视、广播、移动媒体、数字电视以及权威公众号在微信、微博、抖音等各大手机 APP 上的宣传，地方政府能够以轻松、潜移默化的方式，让更多人接触和了解到非物质文化遗产的魅力。

新媒体技术的运用，使得非物质文化遗产的传播不再受限于传统的展览和演出，而是能够通过图文、视频、直播等多种形式，随时随地被传递给公众。这种传播方式不仅覆盖面广，而且互动性强，能够吸引不同年龄层和不同兴趣群体的关注。例如，通过短视频平台抖音，可以将非遗项目以轻松幽默或者高度艺术化的方式展现给观众，让观众在轻松愉快的氛围中接受非物质文化遗产的熏陶。同时，新媒体技术还能够为非物质文化遗产的传播提供数据支持。通过数据分析，地方政府可以了解非遗项目在网络上的传播效果，了解公众的喜好和反馈，从而对非遗项目的传播策略进行调整和优化。例如，通过分析微博和微信上的转发和点赞数据，可以了解到哪些非遗项目更受欢迎，哪些传播方式更有效，从而为下一步的传播工作提供参考。此外，新媒体技术还能够为非物质文化遗产的传播提供新的创意和思路。例如，可以通过虚拟现实（VR）技术，为公众提供身临其境的非遗体验，让公众在虚拟的环境中感受非遗项目的独特魅力；或者通过增强现实（AR）技术，将非遗项目以新的、创意的方式展现给公众，让非遗项目与现代科技完美结合，呈现出新的活力。

3. 发展非物质文化遗产旅游产业

在现代社会，旅游业作为一个重要的经济产业，与非物质文化遗产的保护和传播有着天然的联系。将非物质文化遗产的保护和宣传嵌入地方旅游，不仅可以为旅游业增色，也能为非物质文化遗产的保护和传播提供新的平台和机会。将非物质文化遗产的宣传嵌入地方旅游宣传中，可以让二者形成一种互相促进的关系。一方面，非物质文化遗产的展示和体验能丰富旅游产品的内容，提高旅游目的地的吸引力，为地方旅游业的发展注入新的活力；另一方面，旅游业的发展能为非物质文化遗产的保护和传播提供更广泛的社会基础和经济支持。

非物质文化遗产的保护从“静态保护”向“动态保护”转换，是非物质文化遗产保护发展的重要方向。传统的“静态保护”往往只注重非物质文化遗产的保存，而忽视了非物质文化遗产的生命力和发展潜力。而“动态保护”则强调非物质文化遗产的活力和创新，通过将非物质文化遗产嵌入旅游中，可以激活非物质文化遗产新的生命活力，实现非物质文化遗产的持续发展。地方政府在推动非物质文化遗产旅游产业的发展时，应发挥主导作用，制定相应的政策和措施。例如，可以通过政府的引导和支持，鼓励旅游企业和非物质文化遗产传承人的合作，推动非物质文化遗产旅游产品的开发和推广；同时，也可以通过政府的宣传渠道，加大非物质文化遗产旅游的宣传力度，提高非物质文化遗产旅游的知名度和影响力。此外，地方政府还应加强对非物质文化遗产旅游的监管和指导，确保非物质文化遗产旅游的健康、有序和可持续发展。例如，可以通过制定和完善相关的法律法规，规范非物质文化遗产旅游的开发和运营，保护非物质文化遗产的完整性和传承性。

（五）发挥 PPP 模式作用

非物质文化遗产是一个国家和地区文化多样性的重要体现，它是人类文化遗产的重要组成部分。然而，随着现代化进程的加速，非遗保护面临着前所未有的挑战。在这种背景下，地方政府主导下的非遗保护显得尤为重要。PPP（Public-Private-Partnership，公私合作伙伴关系）模式作为一种创新的非遗保护和传承模式，为地方政府提供了一个新的思路。PPP 模式是一种政府与社会资本合作的模式，它能够有效地整合政府和社会资本，为非遗保护提供更为丰富的资源。通过 PPP 模式，地方政府可以实现非遗保护的多主体、多元化和协作化，有助于改善传统的政府主导型保护模式对政府资源过度依赖的现状。广西地区通过《广西推广运用 PPP 模式三年行动计划（2021—2023 年）》明确了在多个领域，包括文化旅游领域推广运用 PPP 模式的计划。通过 PPP 模式，地方政府能够与私营企业合作，共同推动非物质文化遗产的保护和传承，同时促进地区文化旅游的发展。文化旅游是非物质文化遗产保护的重要载体，它能够将非物质文化遗产以直观、生动的方式展现给公众，增强公众对非物质文化遗产的认识和理解。开发文化遗产旅游线路可以将非物质文化遗产与旅游资源相结合，为游客提供丰富多彩的文化体验，同时也为地区的文化遗产保护提供了经济支持。

1. 开发非物质文化遗产旅游线路

通过 PPP 模式，地方政府能够与私营企业合作，共同推动非物质文化遗产的保护和利用，实现双赢的效果。以广西壮族自治区为例，该地区拥有丰富的非物质文化遗产资源，如壮族的歌仔戏、织锦、壮锦等。通过 PPP 模式，地方政府可以与旅游公司等私营企业合作，共同开发非物质文化遗产旅游线路。例如旅游公司可以利用其市场运营和推广能力，将广西的非物质文化遗产整合到旅游线路中，为游客提供丰富多彩的文化体验。同时，地方政府可以提供必要的政策支持和保护措施，确保非物质文化遗产的原生态展现和传承。

2. 推出非物质文化遗产创意产业

PPP 模式在此背景下的应用，可以为非物质文化遗产创意产业的发展提供强有力的支持。地方政府可以通过 PPP 模式，与私营创意企业合作，共同投资开发非物质文化遗产产品。政府可以提供必要的政策支持和资金投入，而私营企业则可以利用其市场敏感度和创新能力，开发出市场需求旺盛的文化产品。这种合作可以实现非物质文化遗产保护的长期可持续发展，同时也能为地方经济的发展做出贡献。例如，通过 PPP 模式，地方政府可以与私营创意企业合作，共同开发壮锦和壮族三弦等文化产品。政府可以提供技术支持和市场推广，而私营企业则可以负责产品设计和销售。这种合作可以将壮族的非物质文化遗产转化为具有市场竞争力的文化产品，实现非物质文化遗产的商业化和市场化，同时也能为地方经济的发展做出贡献。

第六章 文化与科技融合的非物质文化遗产保护机制

第一节　基于文化与科技融合的非遗保护机制概述

一、基于文化与科技融合的非遗保护机制的认识

非物质文化遗产保护是一个多维度、多层次的系统工程，它涉及文化传承、社区参与、法律保护、经济支持等多方面的内容。随着科技的不断进步，文化与科技的融合成为非遗保护的新趋势和新方向。科技手段可以为非遗保护提供更多的可能性和更高的效率。

（一）非遗保护机制

1. 非遗保护机制的概念

在非物质文化遗产的保护领域中，存在一个综合性的机制，该机制汇聚了多个系统间的相互作用、制约与影响要素。从非遗的视角审视，此机制不仅构成了非遗保护活动的核心基石，而且是实施非遗保护的关键方式，这个机制称之为非遗保护机制。非遗保护机制的核心目的是保护和传承那些具有历史、文化和社会价值的非物质文化遗产，使之能够

得以延续并在现代社会中得到合理的利用和发展。

非遗保护机制的构建是根据保护目标的要求和实现体系的功能来设计的。它主要由“行为导向”“内部协调”和“环境适应”三个主要因素构成。

（1）行为导向因素。行为导向因素揭示了保护机制在确定保护目标和保护行为之间的关系和作用。保护行动是在保护机制的约束下，推动保护对象实现预定保护目标的过程。这个过程如果没有保护主体的推动和干预，保护行为的对象也不可能自动自发地实现。

在非遗保护机制的实施过程中，行为导向因素起到了桥梁的作用。它不仅指导保护主体如何进行保护行为，还为保护机制的实施提供了反馈和评估。例如，通过信息反馈，保护主体可以了解保护行为的效果：通过评估监督，可以确保保护行为的质量和效率；通过目标对比，可以明确保护行为与预定保护目标之间的关系。非遗保护机制是一个系统性的内容，它是在保护对象的保护行为的基础上建立的。这意味着，保护机制不仅仅是一个理论框架，而是一个实践过程。在这个过程中，行为导向因素为保护机制的实施提供了方向和支持。它确保了保护行为能够按照预定的保护目标进行，同时也为保护机制的持续改进提供了可能。

（2）内部协调因素。内部协调是为了实现保护体系所追求的目标，通过协调保护体系各功能因子之间的信息交流、责任归属、权力构成等系列内容，以确保非遗保护工作的顺利进行。

整体协调是保证非遗保护体系有效运作的前提。整体协调可以确保保护体系中的各个要素和部门之间形成良好的合作关系，共同为非遗保护目标的实现努力。内部分工是提高非遗保护效率的关键。通过明确各部门和个人职责和任务的举措，可以确保非遗保护工作的有序进行，避免资源的重复投入和工作的重复。集中控制是保证非遗保护体系高效运作的重要手段。集中控制可以确保非遗保护工作的方向和目标的明确，同时也能确保资源的合理分配和利用。体系规范是保证非遗保护体系长期稳定运作的基础。建立完善的体系规范，可以确保非遗保护工作的标准化和规范化，为非遗保护的长期发展提供有力的保障。

（3）环境适应因素。环境适应是一个复杂而多层次的概念，它涵盖了个体或组织在面对内外部环境变化时，采取的被动或主动的应对措施。这种适应不仅仅局限于对当前环境的响应，更包括对未来可能变化的预测和准备。在非物质文化遗产（非遗）保护机制中，环境适应显得尤为重要，它涉及保护体系的多方面内容，包括环境适应要素、管理创新要素和结构要素等。

环境适应要素是非遗保护的基础。保护非遗的目的是让这些珍贵的文化遗产能够在现代社会中得以传承和发扬。然而，随着社会的发展和环境的变化，非遗保护面临着诸多挑战。例如，城市化进程可能会影响非遗项目的传承环境，而现代生活方式的改变也可能会影响人们对非遗的认识和参与。因此，非遗保护机制需要不断地适应环境变化，寻找新的保护和传承方式，以确保非遗项目的生存和发展。管理创新要素是非遗保护环境适应的重要组成部分。随着科技的进步和社会管理理念的更新，非遗保护机制也需要不断创新。例如，可以通过数字化技术来记录和传播非遗文化，通过社区参与和公众教育来提高人们对非遗保护的认识和参与度；同时，也可以通过制定更为完善和适应时代要求的非遗保护法律法规，来为非遗保护提供更为有力的制度保障。结构要素的更新和提升是非遗保护环境适应的必要条件。非遗保护机构的组织结构和运作模式需要随着环境的变化而不断优化。例如，可以通过建立跨部门、跨地区的非遗保护协作机制，来提高非遗保护的效率和效果；同时，也需要加强非遗保护人才的培养和引进，以确保非遗保护工作的专业性和持续性。

2. 非遗保护机制的内涵

非遗保护机制是一个精心设计的系统，依据一定的既定规则自动运转，从而产生可预见性的结果。这种机制不是非遗保护的终点，而是一个手段，它旨在实现非遗保护的整体目标，是整合社会各方资源的中介物。非遗保护机制与非遗保护工作息息相关，为该项工作的顺利开展提供了前提和基础。

（1）非遗保护机制的运作，展现了一种自动化和可预见性。既定规则的执行，为非遗保护工作提供了清晰的方向和预期结果。这种可预见性不仅为非遗保护工作的实施提供了便利，也为社会各方的参与提供了信心。

（2）非遗保护机制的存在，体现了非遗保护工作的社会性和多元性。它不仅仅是一个单一的机构或者部门的工作，还是社会各方共同参与的过程。通过非遗保护机制，各方资源得以整合，共同为非遗保护的目标服务。

（3）非遗保护机制与非遗保护工作的关系，突显了非遗保护工作的重要性和紧迫性。没有有效的非遗保护机制，非遗保护工作将难以开展。而一个良好运转的非遗保护机制，不仅能够为非遗保护工作提供强有力的支持，也能为社会各方提供一个展示和交流的平台。

（4）在非遗保护工作中，非遗保护机制的形成和完善，是基于对非遗运动变化规律的理解，对我国非遗保护现状和特点的分析，以及对文化行政管理部门相关精神的贯彻。这种机制的存在，为非遗保护工作的持续和深入提供了可能，也为社会各方的参与提供了条件。

（二）基于文化与科技融合的非遗保护机制构建目标

在当今时代，文化与科技的融合已成为推动社会进步的重要力量。非物质文化遗产保护机制的构建，是为了保护和传承我们宝贵的文化遗产。在文化与科技融合的背景下，非遗保护机制的构建目标不仅仅是实现非遗保护体系的保护功能，更是在此历史契机下对我国非遗保护的现有结构提出的新要求、实现的新发展和带来的新创造。

从宏观层面来看，文化与科技的融合将非遗的文化内涵、形式结构以及有关历史文化的丰富信息与非遗保护的新兴技术、研究成果和手段方式相结合。这种结合不仅能够丰富非遗保护的方法论，也能为非遗保护提供更为先进、有效的技术支持。通过吸收国内外的先进经验，可以形成非遗保护的新方法和新范式，为我国的非遗保护工作提供国际视野和先进技术。在中观和微观层面，根据我国非遗保护的迫切需要，可以根据科技进步与文化发展的客观规律和一般特性，采用相关的技术研发、系统构建、项目实施等应用来构成创新过程。例如，通过数字化技术，可以对非遗项目进行数字化记录和展示，使得非遗能够以更为直观、生动的方式呈现在公众面前；同时，通过大数据、人工智能等先进技术，可以对非遗的传承、保护和推广进行智能化管理和分析，为非遗保护提供科学、精准的决策支持。

在文化与科技融合的推动下，非遗保护机制的构建将更加注重技术与文化的交融，以期在保护非遗的同时，也能推动非遗的创新发展。这种创新发展不仅能够丰富非遗的文化内涵，同时也能为非遗保护提供更为广泛和深入的社会基础。

二、基于文化与科技融合的非遗保护机制的创新阐释

基于文化与科技融合的非遗保护机制的创新，是对传统非遗保护模式的重要补充和提升。随着科技的不断进步，更多用来保护和传承非物质文化遗产的可能性和手段出现了。

（一）创新价值

1. 科学技术的发展是文化进步的动力

非物质文化遗产保护是文化保护的重要组成部分，也是文化传承的重要载体。然而，传统的非物质文化遗产保护方式往往受限于地域、资

源和技术等因素，难以适应现代社会的发展需求。基于文化与科技融合的非遗保护机制的创新，为非物质文化遗产保护提供了新的思路和方法。创新为非物质文化遗产保护提供了强有力的技术支持。例如，数字技术可以用于非物质文化遗产的数字化保护，通过三维扫描、虚拟现实等技术，将非物质文化遗产以数字化的形式保存下来，为非物质文化遗产的长期保护提供了可能。同时，互联网和移动通信技术也为非物质文化遗产的传播和推广提供了新的平台，使得非物质文化遗产能够得到更广泛的传播和认知。科技创新还为非物质文化遗产保护提供了新的传播和教育方式。例如，通过网络平台，可以开展非物质文化遗产的在线展示和教育活动，让更多的人能够了解和学习非物质文化遗产，为非物质文化遗产的传承培养了新的接班人。

2. 文化事业的进步是科技创新的基础

文化事业的进步与科技创新之间存在着密不可分的关系。在非物质文化遗产保护领域，基于文化与科技融合的保护机制的创新，为非遗保护提供了新的思路和方法。文化事业的进步不仅是科技创新的基础，同时也是科技创新的动力源泉。

文化事业的进步为科技创新提供了丰富的素材和灵感。非物质文化遗产是人类文化的重要组成部分，它们承载着人类的智慧和创造力。通过对非物质文化遗产的研究和保护，我们可以挖掘出许多有益于科技创新的元素和思想。例如，传统工艺的技术、传统医药的理论等，都可能为现代科技创新提供有益的参考和启示。同时，文化事业的进步也为科技创新提供了良好的社会环境。一个文化繁荣、文化自信的社会，更容易产生创新的思想和行为。非物质文化遗产保护的成功，可以增强社会对传统文化的认同和尊重，为科技创新提供良好的文化土壤。基于文化与科技融合的非遗保护机制的创新，是对传统非遗保护方法的重要补充。通过运用现代科技，例如数字技术、虚拟现实技术等，可以使非物质文化遗产保护工作更为高效、精准。同时，科技也可以使非物质文化遗产的传播和展示更为生动、直观，吸引更多人的关注和参与。

3. 学科跨界融合是保护工作的迫切需要

学科跨界融合在非物质文化遗产保护工作中的重要性不容忽视。文化与科技跨界融合的研究思路，能够为非物质文化遗产保护提供新的视角和方法。数字化保护、虚拟现实重建、数字化图谱研究等多学科融合研究，是实现非遗保护领域突破的有效途径，同时也极大拓展了非遗保护的应用范围和实践价值。

数字化保护是利用现代科技手段，对非物质文化遗产进行数字化记录和保存。通过高清影像、三维扫描等技术，可以将非物质文化遗产以数字形式保存下来，为非遗的长期保护提供了可靠保障。同时，数字化保护也为非遗的传播和推广提供了新的途径，让更多人能够通过数字平台了解和接触非物质文化遗产。虚拟现实重建则是利用虚拟现实技术，对非物质文化遗产进行三维重建，让人们能够通过虚拟现实设备，身临其境地体验非物质文化遗产的魅力。这不仅为非遗的传播和推广提供了新的途径，也为非遗的教育和研究提供了新的工具。数字化图谱研究是通过数字技术，对非物质文化遗产进行深入的分析和研究，形成数字化的非遗图谱，为非遗的保护和传承提供科学依据。数字化图谱研究可以更为准确地让我们了解非遗的结构和特点，为非遗的保护和传承提供重要参考。这些多学科融合研究不仅推动了非遗保护领域的技术和方法创新，也为非遗保护的实践提供了新的可能。通过文化与科技的跨界融合，非遗保护不仅能够得到更为科学、系统的保护，也能够得到更为广泛的传播和推广，让更多人了解和认识到非物质文化遗产的价值。同时，文化与科技的跨界融合也为非遗保护的未来发展提供了新的思路。在未来，随着科技的不断进步，非遗保护的方法和手段也会不断创新，为非遗保护的长远发展提供有力支持。通过多学科融合研究，非遗保护能够不断实现领域突破，为非物质文化遗产的保护和传承提供坚实基础。

（二）创新特征

1. 保护对象的系统性

非遗保护是一项涵盖广泛、内容丰富的文化事业。在我国，非遗的传播和影响深远，其保护工作需从纵向和横向两个层面进行细致设计，以期在文化与科技融合的推动下，为非遗保护打下坚实基础。纵向方面的设计主要包括从宏观到微观的多层次非遗名录体系的构建，而横向方面则着重于工作体系与学术体系的并举。

在纵向方面，构建多层次非遗名录体系是基础性工作。宏观分类主要关注文化管理层面，旨在优化和提升现有的非遗保护体制和管理制度，使之更为符合非遗保护的实际需求和特点。宏观分类可以为非遗保护提供清晰的管理框架和指导原则，也可以为非遗保护的实施提供有力的制度保障。微观分类则更为贴近非遗的文化空间和实际生活，着重于完善和充实现有的非遗档案管理方式和应用办法。微观分类可以为非遗保护提供具体的操作指南和实施方案，也可以为非遗保护的实施提供实际的支持和保障。在横向方面，工作体系与学术体系的并举是推动非遗保护工作的重要原则。工作体系主要满足非遗保护工作的管理需求，包括非遗项目的甄别、记录和保护等，而学术体系则为工作体系提供融合支撑和创造支持，包括非遗研究、非遗传承和非遗推广等。工作体系与学术体系的并举可以为非遗保护提供全面的支持和保障，也可以为非遗保护的实施提供有力的理论和实践支持。

2. 保护技术的集成性

保护技术的集成性在非遗保护机制创新中发挥了重要作用。多种新兴技术的集成和应用可以为非遗保护提供有力的技术支持，也可以为非遗保护的创新提供新的思路和方向。未来的非遗保护工作应充分发挥保护技术的集成性，推动非遗保护机制的创新和发展，为非遗资源的长远发展提供有力的支持和保障。元数据技术的应用，为非遗资源的数字化和信息化提供了有力的支持。元数据技术可以对非遗资源进行详细的描述和标识，为非遗资源的管理和检索提供便利条件。模数转换技术的应用，使非遗资源得以在数字平台上得到有效的展示和传播。模数转换技术可以将非遗资源的传统表现形式转化为数字格式，为非遗资源的数字化和网络化提供技术支持。数据管理与分发技术的应用，为非遗资源的存储和传播提供了有效的解决方案。数据管理与分发技术可以对非遗资源进行系统的管理和分发，为非遗资源的传播和推广提供有力的支持。网络舆情分析与监控技术的应用，为非遗资源的社会影响评估和舆情监测提供了有效的工具。网络舆情分析与监控技术可以对非遗资源的社会影响进行实时监测和分析，为非遗保护的决策提供数据支持。可虚拟感知的数字化信息资源系统、可定位追溯的文化脉络结构系统和可广泛传播的文化价值观念系统的确立，为非遗保护的创新提供了新的思路和方向。这三个系统的构建和应用，可以对非遗资源进行系统的管理和传播，也可以为非遗资源的传承和推广提供新的可能和机遇。

3. 保护成果的应用性

在文化与科技融合的背景下，通过集成创新过程，我们可以突破传统的以文字描述为主的非遗档案表现形式和以收集保存为主的非遗工作方式，利用信息技术、管理技术与实践工具对非遗资源进行保护和推广，形成一种新的非遗成果应用模式。这种新的非遗成果应用模式集声像、数据、图谱等多种形式于一体，通过非遗资源地图、图例、图示与文字、表格、多媒体数据相结合，从意形合一和价值传播的角度，全方位展示非遗的表现形式和文化空间。这种模式不仅丰富了非遗档案的表现形式，也拓宽了非遗工作的方式，为非遗资源的保护和推广提供了新的可能。

信息技术的应用，为非遗资源的数字化保护提供了有力的技术支持。数字化技术可以对非遗资源进行高精度的数字化记录和展示，使非遗资源得以在数字平台上得到广泛的传播和分享。同时，大数据分析和人工智能技术的应用，可以对非遗资源的传播效果和社会影响进行实时监测和分析，为非遗保护提供数据支持。管理技术的应用，为非遗资源的系统管理提供了有效的方法。通过构建高效的管理体系，我们可以对非遗资源进行系统的管理和保护。例如，建立非遗资源的数据库和档案系统，可以为非遗资源的管理提供有力的支持；同时，通过构建非遗资源的传承和推广平台，可以为非遗资源的传承和推广提供便利条件。实践工具的应用，为非遗资源的传承和推广提供了实用的手段。通过实践工具，可以对非遗资源进行实地的保护和传承，也可以为非遗资源的推广提供实用的手段。例如，非遗展览、讲座和体验活动的举办，可以增强公众对非遗的认识和理解，也可以为非遗的传承和推广提供更多的社会支持。

第二节　文化与科技融合的非遗保护机制模型构建

一、文化与科技融合的非遗保护机制模型构建要素与原则

文化与科技融合在非遗保护机制模型构建中扮演着至关重要的角色。它不仅能够为非遗保护提供新的视角和方法，还能够为非遗保护的长期发展提供有力的支持。

（一）文化与科技融合的非遗保护机制模型构建要素

文化与科技融合为非遗保护提供了新的视角和方法，它不仅能够推

动非遗保护的技术创新和方法创新，还能够为非遗保护的长期发展和持续推进提供支持。明确战略功能和事务流程两大要素，可以为非遗保护机制构建提供清晰的指导和有力的支持，确保非遗保护的科学性和有效性，推动非遗保护领域的持续发展和进步。

机制的战略功能是非遗保护机制在非遗保护体系中的总体规定和整体框架。它涵盖了非遗保护的目标、方向和重点。明确战略功能可以为非遗保护提供清晰的指导，确保非遗保护的长期发展和持续推进。在文化与科技融合的背景下，战略功能的明确，可以为非遗保护的技术创新和方法创新提供方向，推动非遗保护领域的技术和方法创新，为非遗保护的长期发展提供有力支持。机制的事务流程则是指对系统所处理的管理事务的具体规定。它是对非遗保护的具体操作和管理流程的规定，为非遗保护的实施提供具体的操作指南。在文化与科技融合的背景下，事务流程的明确，可以为非遗保护的数字化管理和智能化运营提供基础，推动非遗保护的现代化管理和高效运营，为非遗保护的有效实施提供保障。

（二）文化与科技融合的非遗保护机制模型构建原则

文化与科技融合的非遗保护机制模型构建原则是非遗保护工作的重要指导方针。在构建非遗保护机制模型时，应遵循以下原则，以确保非遗保护工作的科学性、有效性和可持续性。

1. 规范化保护原则

随着科技的飞速发展，数字化技术已经成为非物质文化遗产保护的重要手段。数字化技术能够将非遗信息和资源以数字形式保存，为后世留下宝贵的文化遗产。然而，如何确保非遗信息的原真性和非遗资源的活态性，成为非遗数字化保护面临的重要问题。在这方面，规范化保护原则的提出为非遗的数字化保护提供了有益的指导。

规范化保护原则强调了非遗信息原真性的重要性。为了保证非遗信息的原真性，应当引入元数据研究的相关成果，结合档案学的成熟方法，对非遗数字化信息的收集、整理、鉴定、保管、编目和检索提出指导性意见。通过元数据的标准化处理，能够确保非遗信息的准确无误，减少人为错误和主观判断对非遗信息原真性的影响。规范化保护原则也关注非遗资源的活态性保护。非遗资源的活态性是指非遗文化的生命力和传承性，它要求在数字化保护过程中，不仅仅是简单的信息记录，更应关注非遗文化的传承和发展。通过数字化技术，可以为非遗文化的传播和交流提供便利，促进非遗文化的活态传承。规范化保护原则也强调了非遗信息的档案化管理和数字化应用。通过档案化管理，能够实现非遗信息的有序存储和检索，为非遗保护提供强有力的数据支持。同时，数字化应用也为非遗文化的传播和交流提供了新的平台，使得非遗文化能够在更广泛的范围内得到传播和认知。

2. 平台化保护原则

在构建非遗保护机制模型时，平台化保护原则的重要性不言而喻。建立开放、兼容和普适的数字化保护标准，可以为非遗项目提供一个统一的、标准化的保护和展示平台。这种平台不仅可以实现非遗信息的集中管理和展示，还可以通过数字技术，如虚拟现实和增强现实，让公众以更直观、更生动的方式了解和体验非遗文化；同时，通过规范保护方式和保护技术，可以确保非遗项目的原始信息和文化价值得到准确无误的传递和展示。例如，高清影像和三维扫描技术可以将非遗项目的形象和结构准确地记录下来，为后期的研究和展示提供可靠的数据支持。

融合保护平台的构建，是实现文化与科技融合非遗保护的关键一环。这种平台可以将传统的非遗保护方式与现代的数字技术相结合，实现非遗项目的数字化、网络化和智能化保护。这不仅可以提高非遗保护的效率和效果，还可以为非遗项目的传承和推广提供强有力的支持。全国非遗保护机制的构建，需要各级政府、非遗保护机构和科技企业的共同努力。通过平台化保护原则，非遗保护机制各组成部分可以实现顺利对接和有效运行，这为非遗项目的长期保护和发展提供有力的保障；同时，也为推动我国非遗保护工作的现代化和国际化提供了新的思路和方案。

3. 集成化保护原则

集成化保护原则以档案学成熟理论为基础，旨在通过扩大研究视野，确立非遗的文化符号系统、文化结构系统和文化价值系统。这三个系统是非遗保护的基础，它们为非遗的识别、评估和保护提供了理论和实践的指导。通过深入研究和理解这些系统，我们可以为非遗保护找到更为科学和系统的方法。

随着全球数字化应用的发展，高新技术如虚拟现实、数据管理与分发等成为可能的解决方案，为非遗保护提供了新的可能和空间。通过选择并集成这些高新技术，可以创新非遗保护机制的应用方式与实现途径。例如，虚拟现实技术可以为公众提供一个身临其境的非遗体验，使人们能够更直观、更生动地了解和感受非遗的魅力。同时，数据管理与分发技术可以帮助收集、整理和传播非遗相关的信息和知识，为非遗的研究、保护和传承提供数据支持。为了更好地实现文化与科技的融合，还需要探索建立基于非遗特性的集成技术标准和集成管理流程。制定明确、统一的技术标准和管理流程，可以确保非遗保护工作的规范化和系统化，同时也可以提高非遗保护工作的效率和效果。集成技术标准和集成管理流程的建立，不仅可以为非遗保护提供技术和管理的支持，也可以为相关领域的研究和实践提供参考和借鉴。

4. 社会化保护原则

非遗包括文物、民俗、宗教等多种形式，它们是民族文化的重要载体，也是社会历史的生动见证。为了更好地保护和传承非遗，构建符合社会化需求的非遗保护机制显得尤为重要。社会化保护原则旨在通过集成示范项目，将非遗保护机制与公众生活紧密结合，让更多人通过文化馆、图书馆、博物馆等公共文化平台，享受到非遗保护机制的各类成果。

在构建非遗保护机制模型时，需充分考虑非遗的多样化和个性化发展趋势。每种非遗都有其独特的文化价值和社会意义，应根据其特点和社会需求，制定相应的保护和传承措施。例如，通过数字技术，可以将非遗以多媒体、虚拟现实等形式展现在公共文化平台上，让公众能够以更直观、生动的方式了解和体验非遗，从而增强非遗保护的社会认知度和参与度。集成示范项目是实现社会化保护原则的重要举措，通过集成示范项目，可以将非遗保护机制与现代科技相结合，形成一种新的、符合社会化需求的非遗保护模式。例如，地方政府可以通过大数据分析，了解公众对非遗的认知和需求，为非遗保护提供数据支持；同时，可以利用云计算、人工智能等技术，为非遗的数字化、网络化提供技术支持，使非遗保护机制更加智能化、现代化。公共文化平台是实现社会化保护原则的重要载体。文化馆、图书馆、博物馆等公共文化平台是非遗展示和传播的重要场所。这些平台可以让公众更方便地接触和了解非遗，也可以为非遗的保护和传承提供更多的社会资源。例如，可以在这些平台举办非遗展览、讲座、工作坊等活动，让公众有机会近距离感受非遗的魅力，同时也为非遗的保护和传承提供了有力的社会支持。

二、文化与科技融合的非遗保护机制模型构建基础

非物质文化遗产以其庞杂性、无形性和不可储存性为特征，为如何令其在现代社会得到保护与传承提出了新的挑战。在制定文化与科技融合的非遗保护机制时，必须充分考虑这些特点，以确保非遗保护的有效性和可持续性。在文化与科技融合的大背景下，非遗保护机制模型的构建应从非遗资源和文化空间两个角度进行深入探讨。

（一）以有效保护非遗资源为基础

每种非遗资源都蕴含着丰富的文化、历史和社会价值。在构建保护机制模型时，应充分挖掘和利用这些资源，为非遗的保护和传承提供坚实的基础。

1. 非遗资源的界定

《辞海》将资源解释为某个地区辖域内的人、财、物资源要素的总和。[①] 联合国环境规划署则从人类社会劳动生产力的提升角度，将资源定义为能够产生经济价值并提升人口生活质量和水平的因素集合体。而马克思更是将劳动和土地视为财富的两个原始形成要素。[②] 这些定义都从有形资源的角度对其进行了详细的描述，强调了自然资源、社会、经济、技术等多方面要素的综合性，其中，人类劳动，包括人力资源、情报信息和知识组织等要素，被视为资源的关键推动力。然而，当谈及非遗资源时，这种传统的资源定义方式似乎并不完全适用。非遗资源与传统的有形资源有着本质的不同。本书认为非遗资源主要指的是各种非物质文化遗产，如民间艺术、传统手工艺、民间传说、传统医药等。这些资源不仅仅是物质的，更多的是无形的，它们蕴含着丰富的文化、历史和社会价值。

非遗资源的价值并不仅仅体现在其经济价值上，更多的是其对于文化传承、民族认同和社会和谐的重要作用。这些资源是民族文化的重要载体，是历史的见证，是民族精神的体现。它们不仅仅是某个地区或民族的财富，更是全人类的共同遗产。与传统的有形资源相比，非遗资源更加脆弱和易失。由于其无形性，非遗资源很容易受到现代化、全球

---

① 夏征农，陈至立．辞海[M]. 上海：上海辞书出版社，2009：461.

② 马克思，恩格斯．马克思恩格斯选集（第四卷）[M]. 北京：人民出版社，1995：373.

化等外部因素的冲击和侵蚀。一旦失传，这些资源将永远消失，无法再生。因此，对非遗资源的保护和传承显得尤为重要。

2. 非遗资源的分类

非遗资源作为文化遗产的重要组成部分，其丰富多样的内涵为人类文化的多样性提供了生动的证明。在非遗资源的保护和传承过程中，对其进行合理的分类是基础性的工作。通常，非遗资源的分类可以从宏观和中观两个层面进行。

（1）宏观分类。通过宏观分类，可以看到非遗资源从世界级到县级的不同层次，每个层次都有其独特的文化价值和历史意义。这种分类不仅有助于非遗资源进行系统的管理和保护，也为非遗的研究和传承提供了清晰的框架。如图 6-1。

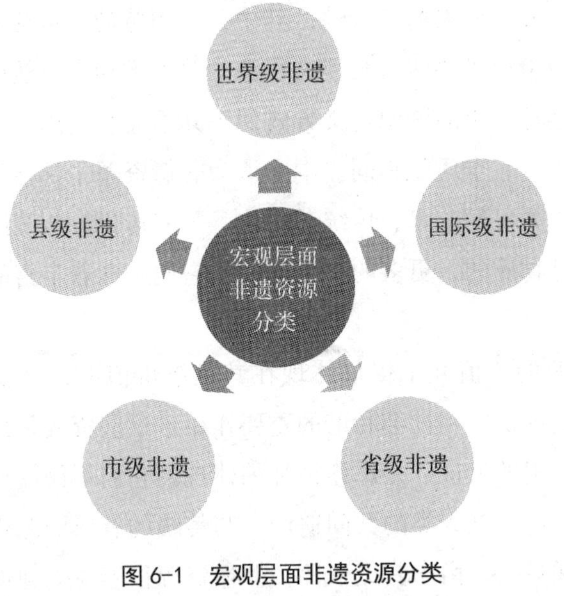

图 6-1　宏观层面非遗资源分类

世界级非遗如昆曲、古琴艺术、新疆木卡姆等，是中华民族文化的瑰宝，也是世界文化遗产的重要组成部分。它们代表了中华文化的精粹和传统艺术的高度发展，为世界文化多样性做出了重要贡献。国家级非遗如荆州鼓盆歌、山西左权开花调等，体现了各地区文化的特色和民族文化的多样性。它们是民族文化传承的重要载体，也是各地区文化交流和传播的重要资源。

省级非遗如桑植民歌、澧水船工号子等，展现了各省区的文化特色和地方文化的丰富多彩。它们是地方文化传承的重要组成部分，也是地方文化交流和合作的重要基础。

市级非遗如潜江婚礼习俗、维吾尔族桑皮纸制作技艺等，反映了市区文化的多样性和地方文化的独特魅力。它们为市区文化的传承和发展提供了丰富的资源，也为地方文化的交流和合作提供了有益的经验。

县级非遗如郧西三弦、石柱土家啰儿调等，是县区文化的重要表现，也是地方文化传承的重要载体。它们体现了县区文化的特色和地方文化的生动性，为县区文化的传承和发展提供了宝贵的资源。通过对非遗资源的多层次分类，非遗资源的丰富多样性和中华文化的深厚底蕴得以呈现。每个层次的非遗资源都有其独特的文化价值和历史意义，为非遗的保护和传承提供了丰富的资源和有益的经验。

（2）中观分类。中观分类有助于深化对非遗资源的理解，为非遗资源的保护、传承和推广提供了更为明确和具体的方向。中观分类可以让我们清晰地看到非遗资源的多样性和复杂性，也可以为非遗资源的研究和传承提供更为精准的参考。

①根据非遗资源的表现形式分类。第一，表演艺术类，如戏曲、舞蹈、音乐、杂技等；第二，手工艺类，如刺绣、雕刻、绘画、陶瓷等；第三，传统技艺类，如农耕技艺、渔猎技艺、传统医药等。

②根据非遗资源的功能分类。第一，生活类，包括传统的饮食、服装、住房等方面的非遗资源；第二，礼仪类，包括各种传统的节日、仪式、庆典等非遗资源；第三，娱乐类，包括传统的游戏、竞技、表演等非遗资源。

③根据非遗资源的传承方式分类。第一，口耳相传类，主要通过口

头传授、示范教学等方式传承的非遗资源；第二，实物传承类，主要通过实物、工具、设备等传承的非遗资源；第三，文献传承类，主要通过文献、图书、记录等方式传承的非遗资源。

3. 非遗资源的保护措施

（1）推动文化与科技融合创新。非遗资源的保护是一项系统工程，涉及多方面的创新和整合。在文化与科技融合的大背景下，非遗资源保护的四大构成要素——技术创新、管理创新、制度创新、机制创新，成为推动非遗保护向前发展的重要力量。这四大构成要素的发展、组合与运动方式，将对基于文化与科技融合下的非遗保护机制产生关键性影响。技术创新是非遗保护的重要支撑。通过引入先进的数字技术，如三维扫描、虚拟现实和增强现实等，可以对非遗资源进行数字化记录和展示，使非遗资源得以在数字平台上得到广泛的传播和分享。同时，大数据分析和人工智能技术的应用，可以对非遗资源的传播效果和社会影响进行实时监测和分析，为非遗保护提供数据支持。管理创新是非遗保护的有效保障。通过构建高效的管理体系，可以对非遗资源进行系统的管理和保护。例如，建立非遗资源的数据库和档案系统，可以为非遗资源的管理提供有力的支持；同时，通过构建非遗资源的传承和推广平台，可以为非遗资源的传承和推广提供便利条件。制度创新是非遗保护的重要基础。通过完善非遗保护的法律法规和政策体系，非遗保护可以获得良好的制度环境。例如，制定非遗资源的保护法律和政策，可以为非遗资源的保护提供法律保障。同时，构建非遗资源的评价和认证体系，可以为非遗资源的保护提供制度支持。机制创新是非遗保护的重要途径。通过构建多方参与的非遗保护机制，非遗保护可以获得多元化的支持。例如，构建政府、社区、企业和公众参与的非遗保护机制，可以为非遗保护提供多方面的支持和保障。同时，构建非遗资源的传承和推广机制，可以为非遗资源的传承和推广提供有力的保障。

（2）构建非遗保护理论体系。第一，推动基础理论建设。非遗基础理论建设是非遗保护工作的核心，它涵盖了理论基础、科技保护、融合路径、指标体系、类型划分和项目界定等多个方面。非遗基础理论建设的推进，可以为省级、市级和区级非遗的界定与保护工作提供明确的指导。对非遗理论研究的深化，可以帮助人们更好地理解非遗的文化价值和社会意义，也可以为非遗的保护和传承提供科学的指导。科技保护是非遗保护工作的重要手段。先进科技手段的引入，可以对非遗资源进行数字化记录和展示，人们也可以通过大数据分析和人工智能技术，对非遗资源的传播效果和社会影响进行实时监测和分析。通过探索文化与科技的融合路径，非遗保护可以获得新的可能和机遇。例如，通过虚拟现实和增强现实技术，公众可以获得丰富多彩的非遗体验，人们也可以通过数字平台，让非遗资源得以在网络空间得到广泛的传播和分享。构建科学的指标体系，可以让非遗保护工作得到客观的评价和监测，也可以为非遗保护工作的持续改进提供参考。类型划分和项目界定是非遗保护工作的基础。通过明确非遗的类型划分和项目界定，非遗保护工作可以获得清晰的框架和方向，非遗资源的管理和利用也可以获得便利。

第二，拓展非遗研究层次。在构建非遗保护理论体系的过程中，拓展非遗研究层次是一个重要的方向。引入多学科、多门类的研究领域和科学技术，可以为非遗保护提供更为丰富和多元的理论支持。例如，研究者可以将数字技术、人工智能、社会学、人类学等多学科知识融入非遗保护研究中，为非遗保护提供多维度的理论支持和实践指导。文化与科技的融合是推动非遗保护理论体系构建的重要途径。通过文化与科技融合的研究方法，研究者可以探索非遗保护的新模式和新方法。例如，研究者可以通过数字技术对非遗资源进行数字化记录和展示，利用大数据分析和人工智能技术对非遗资源的传播效果和社会影响进行实时监测和分析，为非遗保护提供数据支持和技术保障。保护主体的实施推进是非遗保护理论体系构建的重要内容。通过研究保护主体的角色定位、责任分配和实施机制，非遗保护可以获得有效的组织保障。例如，可以探讨政府、社区、企业和公众在非遗保护中的角色和责任，构建多方参与的非遗保护机制，令其为非遗保护提供多元化的支持。先进科学技术的利用转换是非遗保护理论体系构建的重要环节。通过研究先进科学技术在非遗保护中的应用和转换机制，非遗保护可以获得技术支持和创新动力。例如，可以探讨虚拟现实、增强现实、三维打印等先进技术在非遗保护中的应用，令其为非遗保护提供新的技术手段和解决方案。

第三，深化非遗保护内容。非遗保护工作的深化和拓展是一个不断进步和完善的过程。在推动国内非遗保护工作与国际先进水平接轨的过程中，除了完善现有的“非遗代表作名录”和“非遗传承人名录”这两个重要组成部分外，还需进一步推动“急需保护的非遗名录”和“保护非物质文化遗产的计划、项目和活动登记名录”的建设工作，以期填补国内在这方面的空白。

“急需保护的非遗名录”是一个重要的方向，它旨在识别和列举那些面临消失风险的非遗项目，为其保护提供优先的资源和支持。通过建立这样一个名录，管理者可以更为明确和具体地了解到哪些非遗项目处于危急状态，需要优先投入资源进行保护和传承。同时，这也有助于提高社会各界对于非遗保护紧迫性的认识，共同参与到非遗的保护和传承工作中。“保护非物质文化遗产的计划、项目和活动登记名录”则是一个全面的平台，它包括了各种非遗保护的计划、项目和活动，为非遗保护提供了一个系统的记录和展示平台。这个名录可以让公众了解到非遗保护的最新进展和成果，也可以为非遗保护的相关机构和个人提供一个交流和合作的平台。同时，这个名录也可以为非遗保护的政策制定和资源分配提供参考和支持。

推动这两个名录的建设工作，不仅可以填补国内在非遗保护方面的空白，也可以为非遗保护提供更为丰富和多元的支持。这两个名录可以让人们更为明确和具体地了解到非遗保护的现状和需求，也可以为非遗保护的未来发展提供有益的参考和支持。同时，这两个名录的建设也是国内非遗保护理论体系构建的重要组成部分。这两个名录可以帮助相关部门更为系统和全面地理解非遗保护的多方面需求和挑战，也可以为非遗保护的理论研究和实践探索提供有益的支持。

（3）加速非遗数字化保护进程。其一，推动制定数字化标准体系。非遗资源的保护是文化传承的重要任务，而数字化保护作为现代技术应用的体现，对于非遗资源的长期保存和广泛传播具有不可忽视的作用。在非遗数字化保护进程的加速中，推动制定数字化标准体系显得尤为重要。数字化标准体系的制定是非遗数字化保护的基础。一个完善的数字化标准体系能够为非遗资源的数字化保护提供明确的指导和规范，确保非遗资源的数字化处理和传播能够在一个统一、高效和安全的框架下进行。例如，数字化标准体系可以规定非遗资源的数字化格式、质量标准、元数据标准等，确保非遗资源的数字化质量和可用性。数字化标准体系的制定也是非遗数字化保护的保障。数字化标准体系可以有效避免非遗资源在数字化过程中的信息丢失、质量降低等问题，确保非遗资源的原始信息和文化价值得以完整保留。同时，数字化标准体系也可以为非遗资源的数字化保护提供法律和技术支持，为非遗资源的长期保存和有效利用提供保障。数字化标准体系的制定还能促进非遗数字化保护的技术创新和方法优化。数字化标准体系的建设可以推动非遗数字化保护技术的研发和应用，促进非遗数字化保护方法的创新和优化。例如，数字化标准体系可以推动非遗资源的三维数字化、虚拟现实展示等技术的研发和应用，为非遗资源的数字化保护提供新的技术支持和方法选择。

其二，深化非遗数据库建设。非遗数据库建设的深化，是非遗数字化保护的重要组成部分。一个完善的非遗数据库可以为非遗资源的管理、研究和传承提供有力的支持。例如，数据库可以让研究者对非遗资源进行系统的分类、记录和检索，为非遗的研究和传承提供便利。同时，非遗数据库还可以为非遗的保护提供数据支持，例如数据分析可以让人们了解非遗资源的传播效果和社会影响，为非遗保护的决策提供依据。

其三，加大数字化非遗信息共享。数字化非遗信息共享是非遗数字化保护的重要内容。数字化技术可以将非遗信息以高效、准确的方式传播给更多的人，为非遗的传承和推广提供了有力的支持。数字化非遗信息共享不仅可以提高非遗信息的传播效率，也可以为非遗保护工作提供更多的社会支持和资源。非遗数字化保护和信息共享的加速，为非遗保护工作提供了新的动力和方向。数字化技术可以将非遗保护工作推向一个新的高度，为非遗资源的长期保护和传承提供了有力的支持。同时，数字化非遗信息共享也为非遗资源的传播和推广提供了新的可能，使非遗资源得以在更广泛的范围内得到传播和认知。

其四，拓展数字化非遗应用体系。数字化非遗应用体系的拓展，是非遗数字化保护工作的重要延伸。构建数字化非遗应用体系，可以为非遗资源的传承和推广提供多元化的支持。例如，构建非遗资源的在线展示和交流平台，可以为公众提供便利的非遗体验和学习条件。同时，构建非遗资源的数字化教育和培训体系，可以为非遗传承者和爱好者提供系统的学习和交流平台。此外，构建非遗资源的数字化商业应用体系，可以为非遗资源的传承和推广提供新的商业模式和盈利渠道。

（二）以构建非遗文化空间为保护形式

1. 非遗文化空间的界定

非遗文化空间的界定涵盖了自然属性、社会属性、文化属性和空间内容四个维度，这样的维度划分为非遗的保护和传承提供了独特的视角和理论基础。从文化空间的自然属性来看，核心价值和文化领域成为文化空间的主要内容，它们的存在基于全面、真实、生态的社会文化生产及其生活化的独立展现。[①] 这种自然属性的解析，为理解非遗文化空间提供了基础性的认识。在社会属性的维度上，文化空间被视为特定形式和环境下，特定活动方式和共同文化的结合。它涵盖了空间、时间、文化三个方面，为非遗文化空间社会功能和社会意义的解析提供了理论支撑。[②] 社会属性的解析，可以让我们更好地理解非遗文化空间在社会生活中的位置和作用，也为非遗文化空间的社会价值提供了评价标准。文化属性的维度则关注文化空间的空间形态和文化氛围，它包括文化空间的综合性、多样性、年龄、周期性、季节性、神圣的性别、种族和娱乐等多环节内容。[③] 这种文化属性的解析，为非遗文化空间的文化特色和文化价值提供了理论框架。文化属性的解析，可以帮助研究者更好地理解非遗文化空间的文化内涵和文化特色，也为非遗文化空间的文化价值提供了评价依据。空间内容的维度关注非物质要素在特定时空背景下形成的空间，它为非遗文化空间的物质基础和空间表现提供了理论依据。[④] 空间内容的解析，可以帮助研究者更好地理解非遗文化空间的物质基础和空间特征，也为非遗文化空间的保护和传承提供了实践指南。

2. 非遗文化空间的分类

（1）按空间位置划分。通过空间位置的划分，研究者可以清晰地理解非遗活动的空间特征和需求。日常场所、室内空间、过渡空间和室外空间，每种空间类型都有其独特的功能和意义，为非遗活动提供了不同的场景和条件。

① 向云驹．论“文化空间”[J]. 中央民族大学学报（哲学社会科学版），2008（3）：83-90.

② 张博．非物质文化遗产的文化空间保护[J]. 青海社会科学，2007（1）：33-36，41.

③ 陈虹．试谈文化空间的概念与内涵[J]. 文物世界，2006（1）：44-46.

④ 张雷．绿洲巴扎非物质文化空间及其保护研究——以喀什市巴扎为例[D]. 乌鲁木齐：新疆师范大学，2009：8.

日常场所是社会生活的集中展现地，各类非遗活动均在这一空间内举行。它是最具特色和韵味的非遗区域，为非遗活动提供了丰富多彩的生活背景。在日常场所中，非遗活动与社会生活紧密相连，使非遗活动得以在日常生活中得到传承和发展。室内空间通常指建筑内部，它是社会成员在生活中劳动、休息和交流的地方。室内空间为非遗活动提供了相对封闭和安静的环境，使非遗活动得以在室内空间中得到专注和深入的传承。例如，传统手工艺的传承和学习往往需要在室内空间中进行，以保证传承的质量和效果。过渡空间是室外空间和室内空间的结合区域，是非遗空间转换的关键区域。过渡空间为非遗活动提供了灵活多变的空间条件，使非遗活动得以在不同空间之间得到自由的转换和延伸。例如，传统的节日庆典活动往往需要在过渡空间中进行，以实现室内和室外活动的自由转换。室外空间指建筑外部的空间，大多数民俗活动、集会等形式的非遗活动均在室外空间举行。室外空间为非遗活动提供了开放和自由的空间条件，使非遗活动得以在室外空间中得到广泛的传播和参与。例如，传统的民俗表演和集会活动往往需要在室外空间中进行，以吸引更多的公众参与和体验。

（2）按可参与度划分。按照可参与度的不同，非遗文化空间可被划分为观赏空间和参与空间两大类别，这种划分方式为非遗文化空间的研究和应用提供了新的视角。

观赏空间主要是为公众提供欣赏和体验非遗的场所，它以观看、游览为主要目的。例如，戏台是传统戏曲表演的重要场所，它为公众提供了欣赏传统戏曲的机会。花园和游园则为公众提供了欣赏传统园林艺术和体验传统游园文化的场所。在这些观赏空间中，非遗以其独特的艺术形式和文化内涵，吸引了大量的观众，使他们能够在欣赏中感受到非遗的魅力和文化价值。

参与空间则是以公众参与和体验非遗为主要特点的空间，它强调人与人、人与社会之间的互动性。例如，晚会和晚宴是传统文化交流和社交的重要场所，它们为公众提供了参与传统文化活动和体验传统礼仪的机会；再如社火是传统的民间庆祝活动，它为公众提供了参与传统民俗活动和体验民间文化的场所。在这些参与空间中，公众不仅是非遗的观众，也是非遗的参与者，他们通过参与和体验，感受到非遗的生动性和实用性，也为非遗的传承和发展提供了有力的支持。

（3）按表现形式划分。按照此种划分方式，非遗文化空间主要包括自然属性和文化属性两大类。

自然属性主要体现在非遗资源与自然崇拜和自然环境的紧密联系上。例如，宗教场所、镇中心、道观、住宅街道和村落等，都是非遗资源在自然环境中的具体体现。这些空间不仅是非遗资源的重要载体，也是非遗资源与自然环境相互交融的重要表现：宗教场所和道观等，往往是自然崇拜的重要场所，它们与周围的自然环境形成了紧密的联系。比如道观往往选择建在山水之间，与自然环境形成和谐统一。住宅街道和村落等，也是非遗资源与自然环境相互交融的重要载体，它们反映了人与自然和谐相处的传统文化。

文化属性主要体现在非遗资源的活动内容与文化和历史的紧密联系上。例如，宗教崇拜、民俗节日和周期集市等，都是非遗资源文化属性的重要表现。宗教崇拜不仅是信仰的表达，也是传统文化和历史的重要载体。它反映了人们对于宗教和信仰的尊重，也是传统文化和历史的重要传承。民俗节日和周期集市等，也是非遗资源的文化属性的重要表现。它们不仅是传统文化和历史的重要载体，也是人们社交和交流的重要场所。通过民俗节日和周期集市等活动，人们可以更好地理解和传承传统文化和历史，也可以增进社区的凝聚力和文化认同感。

3. 非遗文化空间的构建措施

（1）推行非遗文化空间的构建规划。非遗文化空间的构建规划需要基于深入的非遗资源调查和社区需求分析。对非遗资源的详细调查，可以让研究者了解非遗资源的分布、类别和保护状况，为非遗文化空间的构建提供基础数据。同时，社区需求分析可以让研究者了解社区对非遗保护的需求和期望，为非遗文化空间的构建提供社会基础。在非遗文化空间的构建规划中，应充分考虑非遗资源的特点和价值。每种非遗资源都有其独特的文化价值和社会意义，应根据其特点和价值，制订相应的保护和传承措施。例如，对于具有重要历史和文化价值的非遗资源，应给予重点保护和传承，为其构建适宜的文化空间，以便于其传承和发展。非遗文化空间的构建规划是一个系统工程，需要多方面的支持和合作。通过政府、社区、企业和公众的共同参与，非遗文化空间的构建可以获得多元化的支持。同时，法律法规和政策体系的完善，可以为非遗文化空间的构建提供制度保障。

（2）实施非遗文化空间的整体保护。第一，提炼非遗文化空间的文化符号。非遗文化符号的提炼是对非遗文化精髓的提炼和传承。提炼非遗文化符号，可以让大众更好地理解非遗的文化内涵和价值，也可以为非遗文化空间的整体保护提供有力的支持。例如，提炼非遗文化符号，可以帮助研究者恢复非遗情境和历史文化环境，也可以为非遗文化空间的创新和发展提供有益的参考。非遗文化符号主要分为依赖型符号和独立型符号两种类型。依赖型符号是依赖于非遗载体的文化符号，它通过非遗载体来表达非遗的文化内涵和价值。独立型符号则是不依赖于非遗载体的文化符号，它可以独立于非遗载体表达非遗的文化内涵和价值。这两种类型的非遗文化符号，为非遗文化空间的整体保护提供了丰富的资源和选择。

第二，保护非遗文化空间的物质载体。非遗文化空间的物质载体是人类历史文化和民间民俗不断发展的具象表现，它们是人类通过物理形式展现精神内涵的重要载体。对非遗文化空间物质载体的保护，可以为后代提供珍贵的历史资料，也可以为非遗的传承和推广提供有力的支持。

传统建筑物类是非遗文化空间物质载体保护的重要内容。传统建筑物如房屋、塔楼等，是最普遍、最具象的非遗物质载体，也是其他类型非遗载体依存的基础。对传统建筑物的保护，可以保留非遗文化空间的物质基础，也可以为非遗的传承和推广提供有力的支持。例如，通过修复和保护传统房屋和塔楼，可以为非遗文化空间的保护提供实物基础，也可以为非遗的传承和推广提供场所和载体。文化载体类是非遗文化空间物质载体保护的另一个重要内容。文化载体如祭祖神位、门楣门框、戏楼、水榭、花厅、道场、集市、文化广场等，是非遗文化空间的重要组成部分，它们是非遗文化和民间民俗的具象表现。对文化载体的保护，可以保留非遗文化空间的文化内涵，也可以为非遗的传承和推广提供有力的支持。例如，通过修复和保护祭祖神位和门楣门框，可以保留非遗文化空间的传统文化内涵，也可以为非遗的传承和推广提供有力的支持。

第三，非遗文化空间整体保护举措。非遗文化空间的整体保护是一个多维度、多层次的工作过程，它涵盖了非遗文化空间的精神和物质两个层面。通过护留、实展、虚展、再现、恢复等多种保护方式，为非遗文化空间的保护提供了全方位的支持。

护留是非遗文化空间整体保护的基础，它主要是通过法律法规和政策措施，保护非遗文化空间的原有状态和特色。例如，制定和实施非遗文化空间保护法律法规，为非遗文化空间的保护提供法律保障；同时，通过建立非遗文化空间的保护和管理机构，为非遗文化空间的保护提供组织保障。实展是非遗文化空间整体保护的重要组成部分，它主要是通过实物展示和现场展示，向公众展示非遗文化空间的价值和意义。例如，通过建立非遗文化空间的展示中心和体验区，为公众提供直观的非遗文化空间体验；同时，通过举办非遗文化空间的展览和活动，为公众提供丰富多彩的非遗文化空间体验。虚展是非遗文化空间整体保护的新途径，它主要是通过数字技术，如虚拟现实和增强现实，为公众提供虚拟的非遗文化空间体验。例如，通过构建非遗文化空间的虚拟展示平台，为公众提供在线的非遗文化空间体验；同时，通过开发非遗文化空间的虚拟现实应用，为公众提供沉浸式的非遗文化空间体验。再现是非遗文化空间整体保护的重要方式，它主要是通过再现非遗文化空间的历史和文化，为公众提供非遗文化空间的历史和文化体验。例如，通过重现非遗文化空间的历史场景和文化活动，为公众提供非遗文化空间的历史和文化体验；同时，通过举办非遗文化空间的历史和文化讲座，为公众提供非遗文化空间的历史和文化知识。恢复是非遗文化空间整体保护的重要措施，它主要是通过修复和恢复非遗文化空间的原有状态，为非遗文化空间的保护提供实质性的支持。例如，通过修复非遗文化空间的古建筑和文物，为非遗文化空间的保护提供实质性的支持；同时，通过恢复非遗文化空间的传统活动和文化氛围，为非遗文化空间的保护提供实质性的支持。

（3）实施非遗文化空间的生产性保护。非遗项目的商品化是生产性保护的重要方面。将非遗项目转化为商品、艺术品或旅游产品，可以使非遗项目得以在市场上得到广泛的传播和推广。例如，将传统的手工艺品转化为艺术品或旅游纪念品，可以吸引更多的游客和消费者，也可以为非遗项目的传承者提供经济支持。同时，将非遗项目转化为旅游产品，可以丰富旅游资源，也可以为旅游业的发展提供新的动力。现代科技手段的应用是生产性保护的有效途径，通过现代科技手段，可以对非遗项目进行数字化记录和展示，也可以为非遗项目的传承和推广提供技术支持。例如，通过虚拟现实和增强现实技术，开发方可以为公众提供丰富多彩的非遗体验，也可以为非遗项目的传承和推广提供新的可能；同时，通过大数据分析和人工智能技术，可以对非遗项目的市场需求和社会影响进行实时监测和分析，为非遗项目的传承和推广提供数据支持。

非遗文化空间的生产性保护不仅可以为非遗项目的传承提供有力的

支持，也可以为非遗项目的传承者提供经济支持。生产性保护可以使非遗项目得以在市场上得到广泛的传播和推广，也可以为非遗项目的传承者提供经济支持。同时，生产性保护也可以为旅游业的发展提供新的动力，也可以为社会的经济发展做出贡献。

三、文化与科技融合的非遗保护机制模型探索

文化与科技融合的非遗保护机制模型应该以技术创新、管理创新、制度创新和体制创新为基础，借鉴创新集群理论，推动非遗保护机制、非遗保障机制与数字化融合保护平台的融合，从而构建一个全面、高效、可持续的非遗保护体系，促进传统文化的传承与发展。如图 6-2。

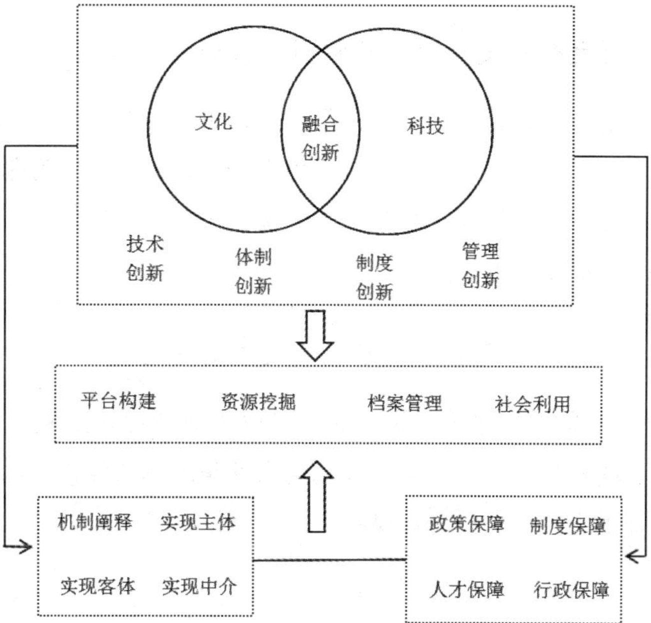

图 6-2 文化与科技融合的非遗保护机制结构模型

（一）技术创新是推动非遗保护机制发展的重要动力

先进的数字技术，如三维扫描、虚拟现实和增强现实等，可以对非

遗资源进行数字化记录和展示，使非遗资源得以在数字平台上得到广泛的传播和分享。同时，大数据分析和人工智能技术的应用，可以对非遗资源的传播效果和社会影响进行实时监测和分析，为非遗保护提供数据支持。

（二）管理创新是非遗保护机制发展的有效保障

构建高效的管理体系，可以对非遗资源进行系统的管理和保护。例如，建立非遗资源的数据库和档案系统，可以为非遗资源的管理提供有力的支持。同时，构建非遗资源的传承和推广平台，可以为非遗资源的传承和推广提供便利条件。

（三）制度创新是非遗保护机制发展的重要基础

完善非遗保护的法律法规和政策体系，可以为非遗保护提供良好的制度环境。例如，制定非遗资源的保护法律和政策，可以为非遗资源的保护提供法律保障。同时，构建非遗资源的评价和认证体系，可以为非遗资源的保护提供制度支持。

（四）体制创新是非遗保护机制发展的重要途径

构建多方参与的非遗保护机制，可以为非遗保护提供多元化的支持。例如，构建政府、社区、企业和公众参与的非遗保护机制，可以为非遗保护提供多方面的支持和保障。

第三节　文化与科技融合的非遗保护机制实现路径

一、文化与科技融合策略的制定

在构建非物质文化遗产保护机制的过程中，文化与科技的融合是一个关键的方面。文化与科技的紧密结合，可以让我们更好地保护和传承非物质文化遗产，同时也能为相关领域带来新的发展机遇。在这个过程中，制定合适的策略是非常重要的。

（一）文化与科技融合发展的政策设计

随着时代的发展，非物质文化遗产的保护越发显得重要，而科技与文化的融合则为非物质文化遗产的保护提供了新的可能。在此背景下，政策设计成为推动文化与科技融合，进而保护非遗的关键环节。适当的政策能为文化与科技融合提供良好的环境和基础，助力非遗保护的长远发展。

在文化与科技融合发展的政策设计过程中，明确政策目标是首要任务。政策应旨在创建一个有利于文化和科技交汇的环境，以促进非遗的保护和传承。设定明确、可衡量的目标，可以为非遗保护提供明确的方向和动力。制定相关政策时，应考虑到非遗保护的多方面需求和现实挑战。非遗保护不仅要保护传统文化，还要考虑如何将非遗与现代社会生活相结合，使其能为社会的发展贡献力量。因此，政策设计应当全面考虑非遗的传承、保护、推广和应用等多方面情况。政策应鼓励跨领域合作。通过提供政府支持、资金投入和税收优惠等措施，激励更多的科技和文化企业参与非遗保护；同时，应当鼓励学术和研究机构与非遗传承人合作，以促进非遗保护技术和方法的创新。另外，政策应重视公众参与，提升公众对非遗保护的认识和理解。加强非遗教育、提供非遗展示平台和增加公众参与度，可以建立良好的社会氛围，为非遗保护提供广泛的社会支持。

在具体操作层面，政策应当明确责任主体和执行机构，设定可执行、可监督的指标，以确保政策能够得到有效执行；同时，建立反馈机制，收集各方面的意见和建议，不断优化政策，以应对非遗保护面临的新挑战和新情况。在国际合作方面，政策应当积极推动与其他国家和地区在非遗保护领域的合作交流。通过共享资源、交流经验和技术，世界各国都可以提高非遗保护的效率和水平，为世界非遗保护的发展贡献力量。

（二）跨领域合作模式的探索

在非物质文化遗产保护的实践中，文化与科技的融合是一种创新的保护机制，为非遗的传承和推广提供了新的可能性。在这一过程中，跨领域合作模式的探索成为重要的环节。跨领域的合作不仅可以汇集多方面的资源和力量，而且可以推动非遗保护的技术和方法创新，为非遗的长远发展提供支持。

跨领域合作可以包括政府、企业、研究机构、非遗传承人和社会组织等多方主体。每个主体都有其独特的资源和优势，通过合作，可以实现资源的共享和优势的互补，进一步推动非遗保护的实施。政府在跨领域合作中起到桥梁和推动者的作用。通过制定合理的政策和提供支持，政府可以激励更多的主体参与非遗保护，同时也可以为跨领域合作提供稳定的环境和基础。企业和研究机构是非遗保护技术和方法创新的主力军。通过合作，企业可以提供资金和市场，而研究机构可以提供技术和知识，共同推动非遗保护技术的研发和应用。非遗传承人是非遗保护的核心主体，他们拥有丰富的非遗知识和经验。通过与其他主体的合作，非遗传承人可以得到技术、资金和市场的支持，从而更好地保护和传承非遗。社会组织和公众的参与，可以增加非遗保护的社会影响力和公众认知度。通过合作，社会组织的影响力和公众的力量可以得到发挥，为非遗保护提供广泛的社会支持。

在具体的合作模式设计中，可以考虑建立合作平台、制定合作协议和明确合作目标等措施，以确保合作的顺利进行；同时，也应当注重合作效果的评估和反馈，以不断优化合作模式，提高合作效率。举办跨领域合作论坛、研讨会和培训活动，可以增进各方的交流和理解，为合作提供良好的沟通平台。同时，公布合作成果和案例，可以展示合作的效果，激励更多的主体参与非遗保护的合作。

（三）促进文化与科技融合的法律法规环境

非物质文化遗产保护的过程中，法律法规环境的完善对于推动文化与科技融合具有基础性和长期的意义。一个健全的法律法规环境能够为文化与科技融合创造良好的外部条件，为非遗保护的实践提供法律保障和指导。

在构建法律法规环境时，明确非遗保护的法律地位和权益保护是基础。通过立法明确非遗的保护原则、保护范围、保护主体以及保护方式，可以为非遗保护提供清晰的法律框架，避免非遗保护过程中的法律争议和纠纷。同时，法律法规应该明确文化与科技融合在非遗保护中的作用和地位，为文化与科技融合的实践提供法律支持。例如，通过法律明确支持使用现代科技手段进行非遗数字化、虚拟化和传播，可以推动非遗保护与现代科技的融合。法律法规还应明确支持和鼓励跨领域合作。通过法律设定合作的基本框架、合作主体的权利和义务，以及合作过程中的法律保障和纠纷解决机制，可以为跨领域合作提供法律基础，降低合作过程中的法律风险。为了适应文化与科技融合的需求，法律法规应保持一定的灵活性和前瞻性。定期的法律评估和修订，可以及时发现并解决法律法规存在的问题和不足，为文化与科技融合的非遗保护提供持续的法律支持。公众的法律意识也是构建良好法律法规环境的重要方面。通过开展非遗法律教育和培训，可以提高公众和非遗保护者的法律意识，帮助他们更好地理解和遵守非遗保护相关的法律法规。

政府通过上述措施，可以构建一个有利于文化与科技融合的非遗保护法律法规环境，为非遗保护的实践提供坚实的法律基础，推动文化与科技融合的非遗保护向前发展。在长期的发展过程中，法律法规的完善和创新将持续发挥关键作用，为文化与科技融合的非遗保护提供有力的法律保障和支持。

二、文化与科技融合平台的构建

在非物质文化遗产的保护和传承过程中，文化与科技融合平台的构建显得尤为重要。这种平台能为非遗保护提供技术、资金、知识和人才支持，推动非遗保护向更加现代化、高效化的方向发展。构建文化与科技融合平台，不仅可以促进非遗保护的技术和方法创新，而且可以提高非遗保护的社会影响力和公众参与度。

（一）建设文化与科技融合的非遗保护平台

非物质文化遗产是民族文化的重要组成部分，而关于其保护工作的有效开展，文化与科技融合起到了不可忽视的作用。为了更好地实现文化与科技的融合，建设专门的非遗保护平台是一项刻不容缓的任务。这种平台不仅能为非遗的保护、传承和推广提供新的途径，也能为相关研究、交流和合作提供有利条件。

建设文化与科技融合的非遗保护平台，须明确平台的功能定位和发展方向。一个完善的非遗保护平台应该包括非遗资源的数字化保存、非遗知识的传播、非遗项目的展示、研究和交流等多个方面。非遗资源的数字化保存是平台建设的基础。利用先进的数字技术，例如三维扫描、虚拟现实、增强现实等，可以将非遗资源以高质量的形式进行数字化保存，为非遗的长期保护提供保障。非遗知识的传播是平台建设的重要任务。通过网络技术和多媒体技术，非遗知识能够以图文、音视频、互动展示等多种形式传播给更广泛的受众，从而提高非遗的社会认知度和影响力。非遗项目的展示是平台建设的重要内容，通过线上展示、虚拟旅游、互动体验等方式，可以让公众更直观、更深刻地了解非遗的价值和非遗保护的意义，增强公众对非遗保护的支持和参与。研究和交流是平台建设的重要功能，通过在线研讨会、论坛、数据库和研究资源共享等方式，可以促进非遗研究者、传承人和公众之间的交流和合作，推动非遗研究和保护的进一步发展。

在平台建设的过程中，还需要考虑到平台的可持续发展和运营管理。合理的运营模式、资金保障和技术支持，可以确保平台的长期运营和持续发展。同时，为了保证平台的效果和影响，需要建立完善的评估和反馈机制。通过定期的平台使用数据分析、用户反馈和效果评估，开发者可以不断优化平台的功能和服务，提高平台的使用满意度和社会影响力。

（二）利用新技术推动非遗数字化与虚拟化

随着科技的不断进步，数字化与虚拟化技术为非物质文化遗产保护揭开了新的篇章。数字化不仅是保护非遗的重要手段，更是非遗传播与研究的有效途径。虚拟化技术则可以将非遗以全新的形式呈现于世人面前，拓宽其影响范围。

数字化非遗保护的核心在于将非遗项目以数字形式记录、保存，包括但不限于采用高清摄像、三维扫描、无人机拍摄等技术，将非遗项目的形态、颜色、声音等多维信息捕捉下来，形成数字化的非遗资源。对于那些可能会随着时间的推移而消失的非遗项目，数字化保存显得尤为重要，它能为未来的研究与传承提供宝贵的素材。虚拟化则是利用虚拟现实（VR）、增强现实（AR）等新兴技术，为公众提供沉浸式的非遗体验。例如，通过 VR 技术，观众可以置身于虚拟的非遗现场，如同身临其境般体验非遗项目的独特魅力。同时，虚拟化还能通过模拟非遗项目的创建、演变过程，帮助人们理解非遗的传承意义和历史价值。非遗数字化与虚拟化的推进，依赖于强大的技术支持。例如，云计算和大数据技术可以为非遗数字化提供稳定、高效的数据存储、分析和管理平台。而人工智能技术如图像识别、语音识别等，能自动为非遗资源打标签，便于辅助分类和检索。同时，为推动非遗数字化与虚拟化，应有明确的标准和指南。这包括非遗数字资源的格式、质量、元数据标准等，以确保非遗数字化的准确性和一致性；同时，应建立相应的评估机制，以监测和评估非遗数字化、虚拟化的质量和效果。

（三）文化与科技融合平台的运营与评估

文化与科技融合平台的运营与评估是一个多方面、多层次的工作，涵盖了运营模式选择、技术支持、内容管理、用户服务、平台推广和评估反馈等多个方面。有效的运营与评估，可以不断提升平台的服务质量和社会效益，为非物质文化遗产的保护、传承和发展做出积极的贡献。

运营模式的选择是影响平台效果的关键因素。平台可以选择政府主导、企业参与或是社区运营等多种模式。各种模式都有其特点和适应条件，应根据非遗项目的性质、资源和目标选择合适的运营模式。例如，对于需要大量资金和技术支持的非遗项目，可能需要政府和企业的参与；而对于侧重于社区传承和参与的非遗项目，社区运营模式可能更为合适。技术是支撑文化与科技融合平台运营的基础。平台应该具备稳定、先进的技术支持，以保证非遗资源的数字化、虚拟化和传播。同时，随着技术的进步，平台应该及时更新技术，以不断提高平台的功能和服务水平。内容是吸引和留住用户的关键。平台应该定期更新非遗内容，包括非遗项目的介绍、图片、视频、研究和活动信息等；同时，应鼓励非遗传承人和研究者参与内容的创建和更新，以丰富平台的内容资源。用户交流和服务是提升平台活跃度和影响力的重要途径。平台应该提供便利的交流和服务功能，如论坛、问答、线上咨询等，以满足用户的交流和服务需求。有效的推广和合作可以扩大平台的影响力和用户基础。平台应与政府、学校、企业和社区等多方合作，开展非遗推广活动，如线上展览、研讨会和教育培训等。评估与反馈是保证平台持续优化的重要机制。应建立完善的评估与反馈机制，定期评估平台的运营效果，收集用户和参与方的反馈，以便及时调整运营策略和优化平台功能。

三、培训与教育的文化与科技融合

非物质文化遗产的保护和传承离不开相关人员的培训和教育。在现代社会，文化与科技融合为非遗保护的培训与教育带来了新的机遇。以下几个方面探讨如何通过文化与科技的融合，促进非遗保护的培训与教育工作。

（一）针对非遗传承人的科技培训体系

非物质文化遗产的保护与传承需要遵循“以人为本”的原则，其中，非遗传承人是非物质文化遗产的直接保护者和传播者。随着时代的进步，科技在非物质文化遗产保护与传承中扮演着越来越重要的角色。科技培训不仅可以提升非遗传承人的科技素养，也有助于他们利用现代科技手段更好地保护、传承和推广非物质文化遗产。

科技培训体系的设计应明确培训的定位和目标，即通过培训，使非遗传承人能够掌握必要的科技知识和技能，以支持非物质文化遗产的数字化保护、虚拟展示和网络传播等。培训内容应围绕非遗传承人在保护和传承非物质文化遗产过程中可能遇到的科技问题和需求，设计包括但不限于数字化技术、虚拟现实技术、多媒体制作技术等在内的培训课程。采用线上、线下或是线上线下结合的培训方法，使用如视频教程、网络研讨会、实地操作演示等多种培训手段，以适应不同非遗传承人的学习需求和习惯。

实际操作练习和项目实践，使非遗传承人能够将所学科技知识和技能应用于非物质文化遗产的保护和传承实践中，管理者还能通过评估反馈，持续优化培训内容和方法。为保证培训效果，管理者需提供相应的技术资源支持，如提供必要的硬件设备、软件工具和技术指导等，以减少非遗传承人在接受科技培训时的障碍。科技是不断发展变化的，非遗传承人的培训不应是一次性的，而应构建长期、持续的科技培训体系，以适应科技进步和非物质文化遗产保护需求的变化。科技培训是提升非遗传承人科技素养，推动文化与科技融合，以及实现非物质文化遗产有效保护与传承的重要手段。精心设计和实施科技培训体系，可以让非遗传承人更好地利用科技手段，为非物质文化遗产的保护、传承和推广做出积极贡献。同时，一个高效的科技培训体系还将有助于吸引和培养更多的年轻人参与到非物质文化遗产的保护和传承工作中，为非物质文化遗产的长远发展奠定基础。

（二）利用科技推广非遗教育与传播

非物质文化遗产的保护与传承，不仅仅是为了保护历史和文化的连续性，更是为了将这些宝贵的文化遗产传递给更多的人，让更多的人了解和认识到自己的文化根源。在这个过程中，科技的运用为非遗的教育与传播提供了新的可能。科技可以将非遗的教育与传播推向新的高度，突破时间和空间的限制，使得非遗的教育与传播更为高效、广泛。

通过现代科技，非遗的教育与传播可以采取多种方式进行。例如，建设线上的非遗教育平台，提供丰富的数字资源，包括非遗的视频、音频、图片和文本资料等。通过这些数字资源，人们可以随时随地了解和学习非遗的相关知识，感受非遗的文化魅力。同时，线上非遗教育平台还可以提供互动学习的机会，例如通过在线的非遗知识问答、非遗文化体验活动等，增强学习者的学习兴趣和参与度。

此外，虚拟现实（VR）和增强现实（AR）技术也为非遗的教育与传播开辟了新的路径。通过 VR 和 AR 技术，人们可以身临其境地体验非遗文化，如身临其境地参与非遗的传统节庆、工艺制作过程等，使得非遗的教育与传播更为生动、直观。同时，VR 和 AR 技术也为非遗的远程教育提供了可能，使得非遗传承人可以在网络上为更多的人传授非遗知识和技能，突破地域限制，将非遗的教育与传播推广到更广阔的范围。科技还可以为非遗的传播提供更多的渠道和方式。例如，通过社交媒体、网络直播、短视频等方式，非遗传承人和非遗爱好者可以将非遗的相关活动和信息传播给更多的人。通过这些网络平台，非遗的教育与传播可以达到前所未有的广度和深度，吸引更多的人关注和参与非遗的保护与传承。

（三）跨领域的非遗保护人才培养

在保护和传承非物质文化遗产的过程中，跨领域的非遗保护人才成为不可忽视的重要力量。他们通常具备文化、技术和管理多方面的知识和能力，能够在非遗保护的多个层面发挥作用。对这种跨领域人才的培养，不仅可以促进非遗的保护和传承，还可以推动文化与科技的融合，提高非遗保护工作的现代化水平。

为了培养具备跨领域能力的非遗保护人才，建立综合性的培训体系至关重要。这种培训体系应包括非遗基础知识、现代科技应用、项目管理和非遗法律法规等多个方面的内容，以确保培养出的人才能够全面地理解和应对非遗保护工作中的各种挑战。非遗基础知识是非遗保护人才培养的基础，包括非遗的定义、分类、保护的重要性以及非遗的传承方式等。这些基础知识能够帮助培训者明确非遗保护的目标和意义，为后续的学习和实践打下坚实的基础。现代科技应用的培训则着重于教授如何利用现代科技手段来保护和传播非遗文化，例如，通过数字化技术记录和展示非遗文化，利用虚拟现实和增强现实技术让更多人以身临其境的方式体验非遗文化，或者利用数据分析工具来评估非遗保护工作的效果等。项目管理的培训能够帮助非遗保护人才掌握项目的策划、执行和评估等基本技能，以确保非遗保护项目能够顺利推进，并达到预期的效果。非遗法律法规的培训则旨在让非遗保护人才了解非遗保护的法律框架和政策指导，以便在实际工作中能够合法、合规地开展非遗保护活动。同时，跨领域的非遗保护人才培养还应该注重实践和创新。通过实践，培训者能够将理论知识转化为实际能力；通过创新，则可以推动非遗保护工作的完善和持续发展。这也是文化与科技融合的重要表现：通过实践和创新，不断探索非遗保护工作的新方法、新思路和新技术，使得非遗保护能够在现代社会中焕发新的活力和意义。

第七章
文旅融合的非物质文化遗产保护性开发
——以广西武鸣“三月三”歌圩为例

第一节　文旅融合与非物质文化遗产开发

一、文旅融合的体现

文旅融合，即文化与旅游的融合，是指将文化元素和旅游资源紧密结合，通过创意和创新为游客提供丰富多彩的文化体验和旅游服务。文旅融合能够提升旅游目的地的吸引力和特色，同时也为当地文化的传播和保护提供了新的途径。

（一）产品融合

产品融合是文旅融合的重要组成部分，它通过将文化元素融入旅游产品，使得旅游产品不仅具有娱乐性，还具有较强的文化价值和教育意义。产品融合能够丰富旅游体验，提高旅游满意度，并通过传播当地文化，促进文化交流和理解。

1. 文化演出

文化演出作为文旅产品的重要组成部分，为地区带来了丰富多彩的文化生活。许多地方会通过举办具有地方特色的文化演出，展现本地区的文化和艺术风貌。如京剧、杂技和民族歌舞等传统文化演出，不仅能吸引游客的目光，更能让游客深入了解和体验到中国传统文化的独特魅力。通过观看文化演出，游客可以在轻松愉快的氛围中，感受到地方文化的深厚底蕴和艺术的魅力。文化演出不仅是文旅融合的重要体现，更是地方文化传承和推广的重要途径。每个地区都有自己独特的文化和历史，通过文化演出，这些地区的文化和艺术能够得到更好的展示和传播。对于地方来说，举办文化演出不仅可以吸引更多的游客，提高地区的知名度和影响力，同时也为本地的文化艺术工作者提供了展示自己才华的舞台，推动了地方文化艺术的发展。同时，文化演出也促进了旅游业的发展。游客在享受演出的同时，也会参观当地的旅游景点，购买当地的特产，从而带动了地方的旅游经济。而且，丰富多彩的文化演出也会成为地区旅游的一大亮点，吸引更多游客前来。

2. 展览

展览作为文旅产品的重要组成部分，能够通过直观、生动的展示方式，为观众呈现非物质文化遗产的独特魅力和深远内涵。而非物质文化遗产，包括了传统手工艺、民间艺术、传统音乐、舞蹈、戏剧、节庆活动等丰富多彩的文化表现形式，是民族文化的重要组成部分，也是民族精神的重要体现。通过展览的形式，更多的人可以了解和感受到非物质文化遗产的价值和意义，从而增强民族文化自信，推动文化旅游的发展。

3. 文化工艺品

文化工艺品作为文化与旅游的重要载体，成为连接两者的纽带，为旅游者提供了更为丰富多彩的体验。它将文化产品与旅游产品的精髓相结合，使得旅游活动不再仅仅是观光，而是通过深入体验当地的文化工艺，让旅游者在愉悦的旅游过程中，感受到文化的传承与创新。文化工艺品中蕴含着深厚的非物质文化遗产元素，这些元素是文化与旅游融合的重要基石。通过参观传统的手工艺工坊，旅游者可以近距离感受到传统文化的魅力与价值。例如，某地区的传统陶瓷制作、刺绣、编织等手工艺，不仅仅是技艺的展现，更是非物质文化遗产的生动体现。通过实地的观摩与体验，旅游者能够深刻感受到文化传承的重要性，而文化工艺品的购买，也成为旅游者带走美好回忆的方式之一。

4. 特色美食

特色美食作为文化和旅游融合的一个绝佳载体，不仅能吸引游客的味蕾，更是将当地的文化和历史传递给了游客。以螺蛳粉为例，它是柳州的传统美食，拥有着浓厚的地方文化特色和悠久的历史传统。螺蛳粉的制作技艺是一种非物质文化遗产，它通过传统的制作方法，将地方特色的食材和独特的味道相结合，为人们展现了柳州地区的饮食文化特色。游客在品尝螺蛳粉的同时，不仅能够感受到地方美食的独特风味，更能通过这种独特的美食体验，深入了解和感受到柳州的历史文化和传统风俗。这种通过美食将文化与旅游紧密结合的方式，让游客在享受美食的同时，也能够更好地理解和感受到当地的文化精髓。

（二）服务融合

在文旅融合的众多层面中，服务融合无疑是其中重要的一环，它让旅游服务和文化服务相互交织，为游客呈现出丰富多彩的旅游体验。在此背景下，非物质文化遗产的介入，进一步丰富了服务融合的内涵，使得文化与旅游的结合更为紧密和有机。

服务融合的核心是提供全方位、高品质的服务体验，旨在满足游客的多元需求。非物质文化遗产作为一种珍贵的文化资源，通过其独特的文化价值和历史意义，为游客提供了深刻的文化体验和学习的机会。在服务融合的过程中，非物质文化遗产的展示和传播，可以使游客在享受旅游服务的同时，深入体验和理解本土文化，感受文化和旅游的完美结合。在实现服务融合的过程中，可通过多种方式将非物质文化遗产与旅游文化服务相结合，例如，通过设立特色的非物质文化遗产展示区或体验中心，让游客亲身感受传统文化的魅力；通过组织特色的非物质文化遗产表演、工艺展示等活动，使游客在轻松愉快的旅游氛围中，自然而然地接触和了解非物质文化遗产；同时，可以通过线上和线下，多渠道、多方位推广非物质文化遗产，例如开发非物质文化遗产主题的旅游产品和服务，让游客在享受高品质服务的同时，也能感受到非物质文化遗产的独特魅力。在服务提供方面，可针对不同的游客需求和兴趣，设计多元化的旅游服务和文化服务项目，为游客打造个性化的文旅体验。

非物质文化遗产不仅是历史和文化的载体，也是服务融合中的重要元素。它让旅游服务和文化服务得以完美融合，使得文旅融合不仅仅是旅游和文化的简单叠加，而是二者在相互交织、相互促进中，共同打造出独具特色的文旅体验。服务融合让旅游者的满意度和体验感得以显著提升，同时也为非物质文化遗产的保护和传承提供了新的途径和平台，实现了文化、旅游和服务三者之间的和谐发展和共赢。

（三）市场融合

市场融合作为文旅融合的重要组成部分，成为推动文化和旅游产业协同发展的重要引擎。非物质文化遗产作为文化旅游融合的重要资源，可以在市场融合中发挥不可忽视的作用。市场融合中，一方面，文化市场通过旅游市场的推广，使文化产品得以在更广泛的范围内展示。非物质文化遗产作为一个国家或地区独特文化的载体，通过旅游市场的推广，不仅能够使外界更好地理解和认识这个地区的历史和文化，还能为文化创意产业提供丰富的素材和灵感。举例而言，某地的传统手工艺、民族舞蹈和传统音乐等非物质文化遗产，通过旅游市场的推广，能够吸引更多的游客和文化爱好者，也为文化产品的开发和推广提供了更广泛的平台。另一方面，旅游市场也可通过文化市场的开发和文化资源的利用，提升旅游目的地的吸引力和知名度。非物质文化遗产的保护和传承既是文化的需要，也是旅游发展的需要。通过合理开发和利用非物质文化遗产资源，旅游目的地能够丰富其文化内涵，提高自身的知名度和吸引力，从而吸引更多游客。以京剧为例，它是中国非常具有代表性的非物质文化遗产，将京剧表演纳入旅游产品，可以吸引国内外游客的关注，同时也为京剧的传承和推广提供了重要的平台。

在市场融合中，文旅融合与非物质文化遗产之间的相互促进，不仅可以拓宽文化产品和旅游服务的市场，还能促进非物质文化遗产的保护和传承。而非物质文化遗产的保护和传承又能为文旅融合提供丰富的文化资源和支持，形成良性的互动和发展机制。这种模式不仅有利于文化和旅游产业的共同发展，也为推动地区经济的发展和文化的传承提供了有力的支撑。

二、文旅融合的特点

文旅融合是一种多方面的合作，旨在最大程度地发挥文化和旅游领域的优势，实现经济、文化和社会的多方共赢。如图 7-1。

图 7-1　文旅融合的特点

（一）资源共享

文旅融合充分利用文化和旅游产业的资源，实现资源共享，提高资源利用效率。这意味着在开发、规划、建设和管理过程中，文化和旅游资源得到充分挖掘和整合，形成一个相互补充、共生共赢的产业链。

1. 文化资源的整合与利用

文化资源是文旅融合的重要基础和核心竞争力。旅游业可以通过开发和利用文化资源，提升旅游目的地的吸引力和知名度，从而促进旅游业的发展。而文化产业也可以通过旅游的方式被更多人所了解和传播，同时也可以通过旅游产业带动相关文化产业的发展。因此，文旅融合可以实现文化资源的最大化利用，实现文化和旅游资源的共享。

2. 旅游资源的整合与利用

旅游资源也是文旅融合的重要组成部分。旅游目的地需要整合和利用其独特的自然、历史、人文和社会资源，为游客提供独特的旅游体验。通过文旅融合，文化资源和旅游资源可以相互补充，达到资源共享的效果，提高旅游目的地的综合竞争力。

3. 人才资源的共享

人才是文旅融合的重要保障。文化产业和旅游业需要各种各样的人才，如策划、设计、营销、管理等类型。通过文旅融合，两个产业可以实现人才资源的共享，加强人才的交流和培养，为产业发展提供更多的人才支撑。

4. 资金资源的整合与利用

文旅融合可以实现资金资源的整合和利用。旅游业需要大量的资金投入，而文化产业也需要资金支持其发展。通过文旅融合，两个产业可以互相合作，共同利用资金资源，为产业发展提供更加稳定的资金保障。

（二）产业互补

文化产业与旅游产业之间存在较强的互补性。首先，文化产业是旅游业发展的重要资源。旅游业需要各种具有文化内涵和历史价值的景区、遗址、博物馆、文化村落等文化景点作为旅游产品的核心吸引力。这些文化资源不仅可以为旅游目的地提供独特的文化氛围和历史内涵，也可以为游客提供深入了解当地文化和历史的机会，从而增加游客的满意度和忠诚度。

其次，旅游业可以为文化产业提供市场空间和推广渠道。旅游业的发展为文化产品的销售提供了广阔的市场空间，同时旅游产业的宣传和推广也为文化产业提供了更广泛的曝光度和传播渠道。例如，当地文化节、民俗活动等文化产品可以通过旅游的方式向全球推广，使更多人了解和认识当地的文化和风俗。

最后，文化产业和旅游产业之间的协同发展可以促进相关产业的互动和合作。旅游业和文化产业在技术、人才、资本等方面可以实现资源共享和协同发展，形成产业间的优势互补、产业链的衔接和协同创新，进而提高产业的整体竞争力和创新能力。

文旅融合正适合充分发挥这种互补性，实现产业间的优势互补、共同发展。

（三）创新驱动

文旅融合强调创新驱动，旨在提高产业的竞争力和发展活力。创新是推动文旅融合不断向前发展的关键因素。在文旅融合中，企业和政府部门需要不断地创新产品、服务、营销方式和管理模式，以满足游客多元化的需求和不断变化的市场环境。创新驱动主要体现在以下几个方面：

一方面，文旅融合需要创新产品和服务。传统的文化和旅游产品已经不能满足游客的需求，经营者需要不断地进行创新和升级，提供更具吸引力的文旅产品和服务，例如，将文化元素融入旅游活动中，如音乐、戏剧、民俗表演等，打造具有地域特色的文化旅游产品；或者推出智能化、数字化的旅游服务，如虚拟导游、智能讲解系统、智能客服等，提升旅游产品的附加值和游客的体验感。

另一方面，文旅融合需要创新营销方式和渠道。传统的营销方式和渠道已经不能满足市场需求，经营者需要采取更加创新的营销方式和渠道，将文旅产品和服务传播给更多的消费者，例如，利用互联网、社交媒体等新兴媒体，开展网络营销和推广；或者采用新型的营销手段，如大数据、人工智能等，提高市场营销的精准度和效果。

此外，文旅融合还需要创新管理模式。传统的管理模式已经不能适应文旅融合的发展需求，经营者需要对旧有的管理模式和方法进行创新，以提高管理效率和效益，例如，采用数字化、智能化管理系统，提高管理流程和效率；或者采用共享经济的模式，实现文化和旅游资源的共享和互助，提高产业整体效益。

（四）可持续发展

文旅融合的可持续发展是指在推进文旅融合的过程中，注重生态环境保护、资源利用的合理性，遵循可持续发展的原则，实现产业的健康、长期、可持续发展。文旅融合的可持续发展是一个综合性的概念，既包括经济、社会、文化发展的可持续性，也包括生态环境的可持续性。

首先，文旅融合的可持续发展需要注重生态环境保护。文旅融合往往会带动大量的旅游流量和相关服务设施建设，如果没有合理规划和管理，会对环境造成严重的破坏。因此，在文旅融合过程中，应该注重环境评估和规划，优化旅游线路和产品，合理利用自然资源，减少对生态环境的破坏。例如，推动绿色旅游、生态旅游和低碳旅游，通过旅游方式和旅游产品的改进，减少旅游对生态环境的影响。

其次，文旅融合的可持续发展需要注重资源利用的合理性。文化遗产和旅游资源是文旅融合的重要组成部分，但是过度利用会造成资源的枯竭和消耗，影响产业的长期发展。因此，在文旅融合过程中，应该注重资源保护和利用的合理性，采取节约资源、循环利用、可持续利用等方式，实现资源的长期利用。例如，通过文化创意产业的发展，将文化遗产转化为经济价值，推动文化产业的可持续发展。

最后，文旅融合的可持续发展需要注重社会、文化发展的可持续性。文旅融合不仅是经济产业的融合，也是文化、社会、历史等多方面的融合。因此，在文旅融合过程中，应该注重保护和传承本土文化，促进社会、文化、历史的发展，实现社会和文化的长期发展。例如，通过文化教育和旅游推广，推动民族文化的传承和发展，提升文化自信和认同感。

三、文旅发展对非物质文化遗产开发的作用

随着社会经济的持续发展，文旅产业逐渐成为国民经济的重要组成部分。文旅产业的繁荣不仅能推动经济发展，同时也对非物质文化遗产的保护与传承具有重要意义。非物质文化遗产是一个国家、一个民族历史与文化的重要体现，同时也是民族文化多样性的重要组成部分。对于非物质文化遗产的开发，能有效地促进文旅产业的繁荣，推动文化的传承和交流。

（一）促进非物质文化遗产旅游经济持续健康发展

文旅发展与非物质文化遗产的结合能够为非物质文化遗产旅游经济

的持续健康发展提供有力支持。非物质文化遗产是一个地区文化底蕴的重要体现，文旅的开发，可以让更多人了解和感受到非物质文化遗产的独特魅力，从而吸引更多的游客，推动旅游经济的繁荣。

文旅融合开发非物质文化遗产，可以为地区的旅游经济增加新的增长点。借助现代传媒和互联网技术，非物质文化遗产能够得到更好的传播和展现，让更多人得以了解它们。非物质文化遗产的吸引力，可为当地旅游业带来更多的客流，促进旅游收入的增加，从而为非物质文化遗产的保护和传承提供经济基础。文旅发展还能帮助非物质文化遗产找到更为现代化、市场化的传承与发展路径。通过将非物质文化遗产融入旅游产品和服务的方式，可以将传统文化与现代服务相结合，为游客提供更为丰富多彩的体验。例如，通过开发以非物质文化遗产为主题的旅游路线、产品和活动，可以让游客在享受旅游服务的同时，更好地了解和体验非物质文化遗产，从而提升非物质文化遗产的社会认知度和市场价值。同时，文旅发展也能够为非物质文化遗产的保护提供支持。通过旅游的方式，可以吸引更多人参与到非物质文化遗产的保护和传承中来。非物质文化遗产的保护和传承需要社会各界的共同努力，而文旅发展为此提供了良好的平台。通过举办各种以非物质文化遗产为主题的活动和展览的方式，可以加深公众对非物质文化遗产重要价值的认识，促进非物质文化遗产的传承和保护。文旅发展的同时，也能为非物质文化遗产的创新提供空间。非物质文化遗产不应仅仅被封存在博物馆里，还应通过文旅的方式让其在现代社会中焕发新的活力。对非物质文化遗产的旅游开发，可以为传统文化的创新与发展提供有益的尝试和探索，让非物质文化遗产在现代社会中得以传承和发展。

（二）增强非物质文化遗产旅游开发的社会效益

文旅发展与非物质文化遗产相结合，不仅为地区的旅游经济注入了新的活力，更重要的是带来了显著的社会效益。

在文旅的推动下，非物质文化遗产得到了更广泛的传播和普及。每个非物质文化遗产都承载着深厚的历史和文化底蕴，而现代的文旅活动如展览、演出、体验活动等，都使得这些遗产能够被更多的人所了解和欣赏。这不仅有助于加深公众对本国及各地区传统文化的了解，还有助于增强民族认同感和文化自信心。此外，文旅发展促使各地更加重视非物质文化遗产的保护和传承工作。在旅游活动中，非物质文化遗产往往会成为一大亮点，从而得到更好的维护和展现。与此同时，各地还会针对性地开展相关的教育和培训项目，使得相关的技艺、传统等得以一代代传递下去，让更多的人有机会深入了解和学习这些宝贵的文化遗产。非物质文化遗产的文旅开发，还能够助力当地社区的和谐与繁荣。传统的文化和技艺，往往与某个具体的社区或族群紧密相连。文旅的开发，可以为这些社区带来更多的经济利益，同时也有助于增强社区内部的团结和凝聚力。当地的居民能够通过参与非物质文化遗产的保护、传承和开发，得到实际的经济和文化双重回报。

（三）促进非物质文化遗产旅游人文的发展

非物质文化遗产是民族与地区文化精髓的重要载体，蕴含着深厚的历史和文化价值。其与文旅发展的紧密结合，不仅可以推动旅游经济的发展，更能促进非物质文化遗产旅游人文的发展，让传统文化得以传承，为旅游增色，让游客在感受文化魅力的同时，收获更为丰富的人文体验。

非物质文化遗产旅游在推动地区文化交流的同时，也为人文的发展提供了宝贵的契机。通过参与和体验非物质文化遗产，游客不仅能深入了解和感受当地的历史和文化，还能对比并融合不同的文化元素，进而丰富和拓宽自身的文化视野。例如，当游客参与到传统手工艺制作、民俗活动演绎等非物质文化遗产体验中时，不仅能够亲身感受到传统文化的独特魅力，还能深化对民族文化和人文精神的理解和认识。通过文旅融合的方式，非物质文化遗产得以以更为生动、直观的方式展现在游客面前，让游客在实际的体验中得以感受到传统文化的精髓和魅力。例如，传统艺术表演、手工艺展示和体验、传统美食烹饪等活动，可以让游客在享受旅游乐趣的同时，更好地理解和认识非物质文化遗产所蕴含的人文价值和意义。在促进非物质文化遗产旅游人文发展的过程中，也不可忽视地方特色和传统文化的保护与传承。文旅发展应注重对非物质文化遗产的尊重和保护，避免过度商业化和失真，确保非物质文化遗产的原真性和完整性。在推广和传播非物质文化遗产的同时，也应充分考虑其与地方特色、传统精神及社区发展的紧密联系，努力实现非物质文化遗产旅游人文与地区社会经济发展的良性互动。

（四）推动非物质文化遗产的传承和创新

非物质文化遗产是一种珍贵的文化资源，它包含了世代相传的知识、技能和传统。文旅发展与非物质文化遗产的紧密结合，不仅仅是对传统文化的继承，也是对传统文化创新的重要推动。精心设计后实施的文旅项目，不仅能够让游客深入体验非物质文化遗产的独特魅力，也为非物质文化遗产的传承和创新提供了有利条件。

在现代社会，非物质文化遗产面临着被边缘化和遗忘的风险。文旅项目的开发可以通过各种途径，比如展览、表演、体验活动等，让公众有更多机会接触和了解非物质文化遗产。同时，文旅活动的举办也为非物质文化遗产的传承人提供了展示和传授技艺的平台，通过与游客的交流，非物质文化遗产的传承也找到了新的途径。与此同时，非物质文化遗产的创新也是文旅发展不可忽视的一个方面。传统文化与现代旅游的结合，为非物质文化遗产的创新提供了良好的契机。例如，非物质文化遗产的现代化展示和解释，可以使其更贴近现代人的审美和体验需求，也让传统文化在现代社会中找到新的生命力。现代技术的应用，如虚拟现实、增强现实等，可以使非物质文化遗产的展示更为生动、更具吸引力，同时也为传统技艺的创新和传承提供了新的可能。

文旅项目的实施，能够为非物质文化遗产的创新提供市场验证和反馈。通过市场的反馈，非物质文化遗产的传承人和相关机构能够了解到哪些方面是市场所接受和喜欢的，哪些方面可能需要进一步的创新和改进。这种及时的市场反馈，为非物质文化遗产的持续发展提供了有力的指导。此外，文旅发展也能为非物质文化遗产的传承和创新提供一定的经济支持。通过门票、纪念品销售和提供相关服务的收入，文旅项目能够为非物质文化遗产的保护和传承提供必要的资金支持。资金的支持是非物质文化遗产传承和创新的重要保障，它确保了传统文化的持续发展，并为其创新提供了必要的资源。

四、非物质文化遗产旅游开发的原则

非物质文化遗产旅游开发是一种特殊的文化旅游形式，其核心是通过旅游活动让更多人了解和传承非物质文化遗产。在非物质文化遗产旅游开发中，运营者应遵循一些基本原则以确保旅游活动的可持续发展和非物质文化遗产的有效传承。如图 7-2。

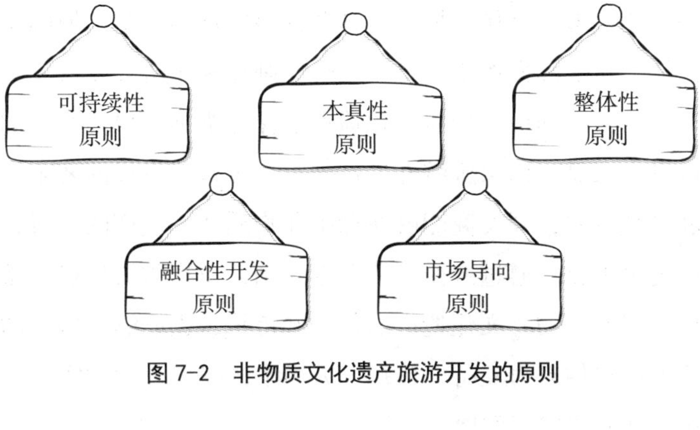

图 7-2　非物质文化遗产旅游开发的原则

（一）可持续性原则

非物质文化遗产旅游开发中的可持续性原则对保护和传承非物质文

化遗产具有重要意义。在保护和开发非物质文化遗产的过程中，可持续发展原则是关键的引导，它能够确保在旅游开发中，非物质文化遗产得以妥善保护和传承。

遵循可持续性原则意味着在旅游开发过程中要充分考虑非物质文化遗产的保护和传承。如果非物质文化遗产的原生环境遭受破坏或传统文化特色消失，那么该遗产的旅游价值也会随之减损。相反，恰当的保护和传承措施能够在旅游开发中实现非物质文化遗产的传承和展现，从而吸引更多游客，推动旅游经济的发展。可持续性原则也强调了以人为本的发展理念。非物质文化遗产旅游开发应以当地社区和游客的需求为出发点，确保旅游活动的开展能够满足各方的利益，同时也为当地社区带来实惠。与非物质文化遗产相关的教育和体验活动可以让游客更好地理解和欣赏非物质文化遗产的价值，同时也为当地社区创造更多的经济收入和就业机会。

可持续性原则不仅仅局限于保护非物质文化遗产本身，更关注如何通过旅游开发，让非物质文化遗产成为地区可持续发展的重要支柱。非物质文化遗产旅游开发的可持续性也体现在与其他旅游资源和活动的协调发展中，通过多方合作，形成互补和共赢，推动整个区域的旅游业持续健康发展。在实际操作中，可持续性原则要求旅游开发者、政府部门和社区共同努力，确保非物质文化遗产的保护措施得以落实，同时也要充分听取各方意见，确保旅游开发计划符合可持续发展的要求。借助现代科技和管理方法，开发商能够在保护非物质文化遗产的同时，实现其旅游价值的最大化。通过遵循可持续性原则，非物质文化遗产旅游开发不仅能够实现对非物质文化遗产的保护和传承，也能够为地区的旅游经济和社区发展提供有力支持，体现以人为本的发展理念，实现非物质文化遗产旅游开发的健康发展。

（二）本真性原则

本真性原则旨在确保非物质文化遗产的原始性和真实性得以保持，避免在商业开发过程中出现“伪民俗”和“伪遗产”现象。本原则的核心是保持非物质文化遗产的真实性和完整性，以确保其在开发过程中的文化价值不受损害。①

非物质文化遗产是一个地区文化和历史的重要载体，它反映了一个地区的传统和特色。在旅游开发中，本真性原则能够帮助保持非物质文化遗产的独特性和原始性，使游客能够体验到真正的传统文化，而非被商业化改造过的“伪文化”。这样不仅能够增加非物质文化遗产的吸引力，同时也能提高游客的满意度和好评度，为非物质文化遗产旅游的长期发展奠定基础。本真性原则可以引导旅游开发者和管理者采取合理的保护和开发措施，确保非物质文化遗产的原始性不受损，例如，制定和执行严格的保护法规和标准，避免非物质文化遗产在开发过程中被篡改或失真；同时，也应该加强对旅游开发者和游客的文化教育，提高他们对非物质文化遗产价值的认识和尊重。在保护和开发非物质文化遗产的过程中，本真性原则还要求维护非物质文化遗产的完整性和连续性，确保非物质文化遗产在传承过程中的真实性得以保持，例如，推广原生态的传统手工艺和表演艺术，避免为了迎合市场而做出过多的改变和妥协。本真性原则不仅仅是对非物质文化遗产保护的要求，同时也是非物质文化遗产旅游开发的基础。只有保持非物质文化遗产的本真性，才能够确保非物质文化遗产旅游的长期可持续发展，为地区的旅游经济提供持久的动力。同时，本真性原则也有助于加深游客对非物质文化遗产的理解和认识，提高他们的文化素养和审美情趣，为推动地区文化旅游的发展提供有力的支持。

① 黄有第．京族文化的传承与发展：防城港市京族文化研讨会论文集[M]．南宁：广西人民出版社，2008：49.

（三）整体性原则

非物质文化遗产旅游开发需要紧紧围绕整体性原则展开。这个原则强调了非物质文化遗产与其生态环境和人文环境之间不可分割的联系。在实际的保护和开发过程中，不能简单地将非物质文化遗产从自然和社会文化环境中“剥离”出来，而是要在更为宽泛的背景中理解和处理它。[①]

任何一种非物质文化遗产都是民族文化长期演变的产物，与本民族的生活习惯、社会制度、信仰观念等密切相关。在进行非物质文化遗产的旅游开发时，应注重对这种内在联系的保护和展示，让游客能够在更为宽泛的背景下理解非物质文化遗产的价值和意义。非物质文化遗产旅游开发中的整体性原则，也要求对非物质文化遗产的生态环境和人文环境给予足够的重视。例如，在开发某一传统工艺的旅游项目时，应考虑到这种工艺与本地的自然资源、社区关系、市场交易等的联系，以确保旅游开发活动不会破坏这些基础性的联系。在遵循整体性原则的基础上，非物质文化遗产旅游开发应采取综合性、多元化的策略，除了开发具体的非物质文化遗产项目，还应考虑如何将相关的历史文化、自然景观、民俗活动等纳入旅游开发的框架中，以构建更为丰富多彩、具有深度的旅游体验。整体性原则不仅仅是保护非物质文化遗产的重要原则，更是实现非物质文化遗产旅游开发成功的关键。只有以尊重和保护非物质文化遗产的生态环境和人文环境为基础，才能充分发掘非物质文化遗产的旅游价值，为游客提供富有意义和吸引力的旅游体验，从而实现非物质文化遗产旅游经济的持续健康发展。同时，应通过法律、政策等手段，加强对非物质文化遗产整体性原则的执行和监督，以确保非物质文化遗产旅游开发始终沿着健康、可持续的方向前进，为推动非物质文

① 《北大讲座》编委会．北大讲座（第七辑）[M]．北京：北京大学出版社，2005：53.

化遗产保护和传承、促进地区文化旅游产业的发展，提供有力的支持与保障。

（四）融合性开发原则

非物质文化遗产旅游开发是一种对传统文化资源的现代化利用，其目标不仅仅在于促进地区经济的发展，更在于推动传统文化的传承和创新。融合性开发原则是指在非物质文化遗产旅游开发过程中，需要将非物质文化遗产与新时代、新媒体、新技术相结合，形成一个文化、旅游、自然、人与媒介组成的“五位一体”融合的开发体系。①

非物质文化遗产旅游开发应充分利用新时代的发展机遇，以现代化、国际化的视野和思维来展示和传承非物质文化遗产。随着时代的发展，人们的审美和需求也在不断地变化，如何在不失传统文化韵味的基础上满足现代人的需求，是非物质文化遗产旅游开发需要考虑的重要问题。新媒体和新技术为非物质文化遗产旅游开发提供了强有力的工具，通过网络、社交媒体、虚拟现实、增强现实等技术，可以将非物质文化遗产以更为直观、生动的方式展示给公众，也可以为游客提供更为丰富多元的体验。同时，新技术的应用也可以提高非物质文化遗产旅游开发的效率和质量，降低开发和运营的成本。融合性开发原则还强调了非物质文化遗产旅游开发应与自然环境和社会环境相结合。每一项非物质文化遗产都是在特定的自然和社会环境中产生和发展的，只有充分理解和利用这些环境因素，才能更好地展示和传承非物质文化遗产。例如，展示非物质文化遗产与自然环境和社会环境的关系，可以加深游客对非物质文化遗产的理解和感受。人是非物质文化遗产旅游开发的主体和对象，也是非物质文化遗产传承和发展的关键。在非物质文化遗产旅游开发过程中，应充分考虑游客和社区居民的需求和利益，促进游客和社区

① 陈炜，唐景薇．旅游开发对少数民族非物质文化遗产保护的影响研究——以广西三江侗族自治县为例[J]. 前沿，2010（15）：142-149.

居民的文化交流和互动，同时也应注重提高社区居民的参与度和获益，以实现非物质文化遗产旅游开发的社会和经济双重效益。媒介在非物质文化遗产旅游开发中起着桥梁和纽带的作用，通过各种媒介，可以将非物质文化遗产的信息传递给更广泛的受众，同时也可以为非物质文化遗产旅游开发提供多元化的传播和推广渠道。有效的媒介运用不仅可以提升非物质文化遗产旅游开发的知名度和影响力，也可以为非物质文化遗产的传承和发展提供有力的支持。

（五）市场导向原则

市场导向原则是非物质文化遗产旅游开发的重要原则之一，通过这一原则，非物质文化遗产的旅游开发不仅可以得到市场的认可，而且可以实现将资源价值转化为经济价值的目标，满足自身保护、传承和发展壮大的需求。将非物质文化遗产的资源转化为旅游产品并推向市场，是赢得市场认可、吸引游客的有效方式。在非物质文化遗产的保护和开发过程中，应当强调市场导向，立足资源，展现其独特的吸引力，以此吸引更多游客的关注和参与。

市场导向性原则要求在非物质文化遗产旅游开发过程中，对非物质文化遗产的文化内涵、民族特色、历史脉络和生存环境有准确的把握。通过对这些要素的深刻理解和展现，可以更好地定位旅游市场，明确非物质文化遗产旅游产品的市场需求，从而提高旅游产品的适销性和经济效益。非物质文化遗产旅游开发应该以市场为导向，以资源为基础，以特色为吸引力，旨在通过市场的力量将非物质文化遗产的价值转化为经济效益。这一原则强调的是在保护和发展非物质文化遗产的同时，应把握市场的需求和趋势，通过有效的市场定位，将非物质文化遗产旅游产品推向市场，赢得市场和游客的认可。借助市场导向原则，可以将非物质文化遗产与旅游市场有效对接，提升非物质文化遗产的市场知名度和影响力，为非物质文化遗产的传承和保护提供强大的市场支持。

同时，市场导向原则也有助于推动非物质文化遗产旅游产品的创新和优化，通过不断地调整和完善旅游产品，满足市场和游客的需求，促使非物质文化遗产旅游市场的持续健康发展。非物质文化遗产旅游产品的开发和推广，应遵循市场规律，结合市场需求，展现非物质文化遗产的独特魅力和价值，通过市场的作用推动非物质文化遗产旅游经济的健康发展。市场导向原则不仅能够保护和传承非物质文化遗产，也能为地区的旅游经济发展提供新的动力和方向，实现非物质文化遗产旅游开发的可持续性，为非物质文化遗产的长远发展提供有力的保障。坚守市场导向原则，可以为非物质文化遗产的保护、传承和发展壮大打下坚实的基础，实现文化和经济的双重效益。

第二节　广西非物质文化遗产——武鸣“三月三”歌圩概况

一、武鸣及“三月三”歌圩的基本情况

武鸣历史悠久，距今已有多个世纪的历史。在中国历史长河中，武鸣经历了多次行政区划的变迁，每个历史时期都为武鸣留下了独特的文化印记。而武鸣“三月三”歌圩是武鸣区独特的非物质文化遗产之一，同时也是广西壮族自治区重要的文化传统。

（一）武鸣人文地理环境

武鸣位于广西壮族自治区南宁市，这个名字有“以武而鸣于天下”之意，地理位置处在南宁市的北部，与百色市平果市、隆安县、南宁市区、宾阳县、上林县和马山县相邻。区域总面积达到 3389 平方公里，其中丘陵地形占据了 63.50%。武鸣正式撤县设区是在 2015 年，在行政

划分上，武鸣区辖有13个镇。据第七次人口普查显示，至2021年末，全区的常住人口为69.01万人，较上年增加了0.54万人，呈现出0.8%的增长趋势。在自然地理上，武鸣的东部有连绵高耸的大明山，西南部有石灰岩群峰耸立，西北部有高土坡连绵，而中部地区丘陵、岗地、平原交错，展现出多样化的地形特征。

武鸣拥有深厚的历史底蕴，其历史可以追溯到秦始皇三十三年（公元前214年），此后几个朝代，武鸣陆续属于不同的行政区划。汉、三国、晋、南朝、隋、唐、五代、宋、元、明、清，每一个历史时期都在武鸣留下了不同的行政印记。直至1949年12月3日，武鸣实现解放，设为武鸣县，进入了新中国的政治版图。1983年10月8日，经国务院批准，武鸣县划归南宁市管辖，成为南宁市的一个重要组成部分。2015年，国务院进一步批准撤销武鸣县，设立南宁市武鸣区，为武鸣区注入了新的发展活力。2016年5月27日，南宁市武鸣区正式挂牌成立，成为南宁市的一个重要区域。

（二）武鸣壮族文化在广西壮族文化中的地位和影响

武鸣壮族文化是广西壮族文化的重要组成部分，以其独特的地域特色和丰富的文化内涵在广西壮族文化中占据着不可忽视的地位。武鸣的壮族文化源远流长，为广西壮族文化的多元发展提供了丰富的素材和灵感。武鸣壮族文化的特色主要体现在民间文化、传统节日和壮族民俗上。其中，武鸣“三月三”歌圩就是壮族文化中的重要活动，每年的农历三月三日，壮族人民通过举行盛大的歌圩活动来庆祝传统节日，展现壮族的歌舞文化和民间艺术。这个传统活动不仅表达了壮族人民对生活的热爱和对传统文化的尊重，也成为壮族文化传承和推广的重要载体。在广西壮族文化的大背景下，武鸣壮族文化呈现出地域特色和独特的文化价值。壮族的语言、服饰、音乐和舞蹈在武鸣得到了很好的保护和传承，为广西壮族文化的发展注入了新的活力。例如，壮族的传统服饰、壮绣和壮锣音乐在武鸣有着广泛的传播和应用，成为壮族文化的重要符号。武鸣壮族文化在广西壮族文化中的地位不仅体现在文化传统和民俗活动上，还表现在壮族文化的传播和推广上。武鸣通过举办各种壮族文化活动，如壮族艺术节、壮族美食节等，不断地推广壮族文化，让更多的人了解和认识壮族文化的魅力和价值。同时，通过互联网和新媒体平台，武鸣壮族文化得到了更为广泛的传播，使得壮族文化在更为广泛的范围内得到了传承和发展。

武鸣壮族文化对广西壮族文化的影响也是深远的。武鸣的壮族文化活动不仅丰富了广西壮族文化的内涵，也为壮族文化的创新和发展提供了重要的参考。保护和传承武鸣壮族文化有助于推动广西壮族文化的传统与现代相结合，使得壮族文化在新的时代背景下焕发出新的活力。

（三）武鸣“三月三”歌圩概况

壮族歌圩不仅是一个民族的传统文化活动，更是中国丰富多彩的非物质文化遗产的重要代表。2006 年，壮族歌圩被正式列入国家第一批非物质文化遗产名录，这标志着壮族歌圩的文化价值和历史意义得到了国家级的认可。在 2007 年和 2008 年，武鸣“三月三”歌圩分别被列入南宁市和广西壮族自治区的非物质文化遗产名录，这些荣誉不仅为武鸣“三月三”歌圩带来了更广泛的社会关注，也为该区域的文化旅游发展提供了重要的推动力。

武鸣“三月三”歌圩是壮族歌圩的重要传播载体，每年的农历三月三，无数的壮族乡亲和各地游客齐聚武鸣，共同参与这个充满民族特色的歌唱盛会。在歌圩的活动中，人们通过歌唱、舞蹈、民俗展演等形式，展现壮族文化的独特魅力，传承民族的优秀传统文化。2011 年，武鸣将“中国壮乡·武鸣‘三月三’歌圩”活动拓展为“中国壮乡·武鸣‘三月三’歌圩暨骆越文化旅游节”，这不仅丰富了歌圩活动的内容，也进一步推动了武鸣文化旅游的多元发展，通过丰富多彩的活动安排和文化展示，使得“三月三”歌圩成为中国壮乡的文化名片和重要的旅游景点。歌圩与骆越文化旅游节的结合，使得武鸣在每年的“三月三”成为文化、旅游、经济交汇的重要节点。众多游客涌入武鸣，参与歌圩活动，享受壮族文化的魅力，同时也推动了本地的旅游经济发展。这种以非物质文化遗产为载体，将传统文化与现代旅游相结合的发展模式，为地区的长远发展奠定了基础。

2013年，武鸣被评为“中国歌圩文化之乡”，这个称号标志着武鸣在民间文化传承和推广方面取得了显著的成就。2014年，武鸣“壮族三月三”被列入国家级非物质文化遗产名录扩展名录，这不仅是对武鸣地区非物质文化遗产的认可，也为“壮族三月三”歌圩活动的未来发展提供了更为广泛的展示平台。2017年，武鸣再次获得“中国骆越文化之乡”和“中国龙母文化之乡”的荣誉称号，此事再次验证了武鸣在文化保存和发展方面的努力和成就。每一个荣誉都是对武鸣文化多样性和传统保护的认可。2021年，武鸣被评为2021—2023年度“中国民间文化艺术之乡”。这样的荣誉不仅提升了武鸣的文化影响力，同时也为地区的文旅融合发展提供了广泛的机遇。至2023年，武鸣“三月三”活动已经连续举办43届，显示出极强的生命力和广泛的民众基础。[①] 在此基础上，从2023年开始，武鸣“歌圩”活动更名为武鸣“壮族三月三”文化旅游节。该旅游节的举办，旨在进一步推广壮族文化，吸引更多的游客和壮族文化爱好者。武鸣山歌在这个文化旅游节上越唱越嘹亮，越唱越精彩，吸引了无数的眼球，为武鸣的文化旅游事业增色不少。

通过系列的荣誉和连续的活动举办，武鸣展示了其深厚的文化底蕴和对非物质文化遗产保护的高度重视。每一个荣誉和每一次活动的举办，都是武鸣文化自信的体现，也为推动文化旅游和地方经济发展做出

① 壮乡三月歌悠扬 骆越古韵谱新篇——2023年武鸣“壮族三月三”文化旅游节精彩举行[EB/OL].（2023-04-24）[2023-09-27].https：//www.nanning.gov.cn/zjnn/mswh/t5557984.html.

了积极的贡献。同时，武鸣的成功经验也为其他地区在非物质文化遗产保护和文旅融合发展方面提供了宝贵的借鉴。

二、武鸣“三月三”歌圩的价值审视与社会功能

武鸣“三月三”歌圩是广西区域内具有代表性的传统文化活动，它集中展现了壮族的文化、艺术和社区精神。这项丰富多彩的活动不仅为社区居民提供了表达自我和传承文化的平台，同时也为外来游客展示了壮族的传统文化和地方特色。

（一）武鸣“三月三”歌圩的价值审视

1. 历史文化价值

历史和文化是一种地区精神和文明的集中展现，歌圩作为武鸣历史长河中不可或缺的一部分，携带着丰富的历史信息和文化内涵。歌圩的历史可以追溯到古代，是武鸣民众生活的重要组成部分。它不仅仅是一种歌唱活动，更是一种历史文化传承和民间艺术的展现。每年的农历三月三，歌圩以其独特的形式吸引着成千上万的民众和游客，为他们展现了一个传统而又独特的文化盛宴。在歌圩的历史文化价值中，还体现了对传统文化和民俗风情的尊重与传承。它是一种传统的、草根的、民间的文化表达形式，它的存在，让更多的人能够了解和感受到武鸣以及广西地区的历史文化和民俗风情。每个参与歌圩的人都能在这个独特的文化活动中，找到历史与现实的连接，感受到传统文化的魅力。通过不断地保护、传承和推广歌圩，武鸣成功地将一个传统的文化活动，发展成为具有广泛影响的文化旅游资源。歌圩的成功举办，吸引了众多游客的关注，提高了武鸣的文化影响力，也为当地的文化和旅游产业的发展提供了有力的支持。

2. 艺术欣赏价值

武鸣“三月三”歌圩作为广西区域内具有代表性的民俗活动，不仅仅是一个传统的文化展现，更是现代艺术与传统民俗的有机结合，它展现了丰富多彩的艺术欣赏价值。传统的歌圩以对歌为主，这种形式简单却能深刻反映壮族民间文化的精髓。然而，在现代社会，人们的审美需求日渐多元，单一的对歌环节已不能满足现代观众的需求，因此歌圩的组织者在保留传统对歌环节的基础上，增加了很多现代文艺活动和民族体育竞技项目，丰富了歌圩的内容，拓宽了活动的视野，使之更具现代艺术性和体验性。这种创新举措使得歌圩不仅仅成为一个传统文化的展示平台，也成为现代艺术与民俗文化交融的舞台。从传统的对歌到现代的舞蹈、戏剧、杂技表演，再到民族体育竞技项目，丰富多彩的活动内容使每个参与者都能找到感兴趣的元素，也使每个观众都能从中体验到不同的艺术魅力。同时，壮族工艺品的展演和销售，让观众在听觉和视觉上都能得到满足，感受到壮族文化的独特魅力。武鸣“三月三”歌圩的举办，吸引了四面八方的游客涌向武鸣，不仅促进了当地旅游经济的发展，也让更多的人有机会近距离接触和了解壮族文化。这不仅是对壮族文化的一种传承和推广，也是对中国多元文化的一种展示。当游客聚集在武鸣，共同领略壮乡深厚的壮民族风情时，也见证了一个传统民俗活动如何通过创新赋予了现代艺术价值，以及如何在现代社会中找到新的生命力。

3. 开发利用价值

武鸣“三月三”歌圩作为具有深厚历史文化底蕴的非物质文化遗产，早已超越了单纯的文化表现形式，成为地区经贸发展的重要载体。自 2011 年起，当地政府明智地把握这一文化盛事，将经贸洽谈、招商引资、商品展销和旅游美食等多种经济活动纳入“中国壮乡·武鸣‘三月三’歌圩暨骆越文化旅游节”中，让传统文化活动和现代经济活动相互融合，创造出一种新的发展模式。这种创新的举措不仅丰富了歌圩的活动形式和内容，也为区内外的游客和商人提供了一个展示和交流的平台。传统的壮族文化得以通过这种形式传播得更为广泛，同时也为当地的经济发展注入了新的活力。随着“中国壮乡·武鸣‘三月三’歌圩暨骆越文化旅游节”的名声日益壮大，众多的游客和商人纷纷慕名而来，使得武鸣在这一时期呈现出了极为火爆的场面。歌圩期间，各类表演活动吸引了成千上万的观众，经贸活动的盛况也是空前的，不仅推动了壮民族文化的传播和发展，也促进了当地的经济发展。由此可以看出，非物质文化遗产的开发利用已经不再是单纯的文化传承，而是向着更为宽广的方向延展，与经济社会发展紧密相连。文化的传播和经济的发展已经形成了良好的互动关系，推动着武鸣向着更为繁荣和多元的方向发展。

通过整合各类资源，武鸣成功地将传统的“三月三”歌圩打造成为具有多重价值的文化经济活动平台。此举不仅仅是对传统文化的保护和传承，也是对现代经济发展的有益尝试和创新。随着时间的推移，相信武鸣“三月三”歌圩会继续发挥其独特的价值，成为武鸣区乃至广西壮族自治区文化和经济发展的重要推动力。这种以文促经、以经促文的发展模式，为其他地区的非物质文化遗产保护和利用提供了有益的借鉴，展示了当地政府如何通过有效地开发利用非物质文化遗产，实现文化和经济双重价值的提升。同时，这也为全国甚至全世界的非物质文化遗产保护和开发工作提供了宝贵的经验和启示。在未来，我们期望看到更多的地区能够像武鸣一样，成功地将非物质文化遗产与现代经济社会发展相结合，共同推动传统文化与现代经济的和谐发展。

（二）武鸣“三月三”歌圩的社会功能

1. 文化传播功能

武鸣“三月三”歌圩不仅仅是一项传统活动，更是一种文化传播的有力手段。每年的农历三月三，武鸣的壮族同胞以及其他参与者，都会通过歌圩这个独特的平台展示和传播壮族的传统文化。歌圩作为武鸣壮民族文化传承的重要载体，具有丰富的文化内涵和独特的社会价值。它不仅为壮族文化的传承提供了一个实实在在的平台，也为壮族文化的推广和传播提供了重要机遇。在歌圩的舞台上，壮族的传统歌曲、舞蹈和民间艺术得以完美呈现，使更多人得以亲身感受到壮族文化的独特和魅力。通过歌圩，壮族的传统文化得到保护和传承，同时歌圩也推动了不同文化的交流和理解。壮族同胞可以通过歌圩这个平台，向外界展示壮族的历史、文化和生活方式。每年的“三月三”歌圩，都吸引了大量的游客和文化爱好者，他们来到武鸣，参与到歌圩的活动中，感受壮族文化的独特魅力。通过亲身参与，他们不仅能够更好地理解壮族的传统文化，同时也为壮族文化的传播和推广做出了贡献。

2. 娱乐休闲功能

武鸣“三月三”歌圩不仅是壮族文化的传承和展示，更具有明显的娱乐休闲功能，为广大民众提供了丰富多彩的文艺享受和休闲体验。每年的农历三月三，武鸣都会变得喜气洋洋，人流如织，人们从四面八方聚集到这里，共同庆祝这个属于壮乡的特色节日。

在歌圩的举行期间，传统壮族山歌对唱成为最具吸引力的节目之一。壮族山歌以其独特的音乐节奏和浓郁的民族风格，让每一个到场的观众都能感受到壮族文化的独特魅力。不仅如此，各种文艺演出、地方戏剧和传统体育竞技项目也是歌圩的重要组成部分。壮族的地方戏剧、舞蹈和杂技表演让观众目不暇接，为人们展示了壮族文化的多元和包容。为了让壮族民众有更多展示自我、释放才华的空间，歌圩借助文化旅游的发展契机，推出了诸多富有壮乡特色的活动项目。其中，“山歌擂台赛”让有才华的民众得以在更为广阔的舞台上展示自我，感受到与众不同的荣耀和成就。而千人竹竿阵、抢花炮、碰蛋、斗牛等活动项目，则让人们有机会亲身参与、零距离体验壮乡民族的传统娱乐项目。这些活动不仅丰富了歌圩的内容，也让人们在欢乐中感受到了壮族文化的魅力。跳竹竿舞、抛绣球、抢花炮、爬山、碰蛋、斗牛等活动充满了欢笑与挑战，让人们在欢快的气氛中释放压力，找到久违的轻松和快乐。这些富有民族特色的娱乐活动让每一个参与者都能忘却尘世的烦恼，找到属于自己的快乐。

在现代社会，人们的生活节奏日益加快，而武鸣“三月三”歌圩为人们提供了一个放慢脚步，享受生活的好机会。这不仅是一场文化的盛宴，更是一种生活态度的展现。歌圩的举行让更多的人得以了解和感受壮族的传统文化，也为壮族文化的传承和推广提供了极好的平台。同时，歌圩的举行也对促进当地的文化旅游产业发展，提高武鸣的文化软实力产生了积极的推动作用。

3. 交际择偶功能

武鸣“三月三”歌圩是壮族地区独特的文化传统，其源远流长，充满了丰富的民俗色彩。在歌圩的发展历史中，交际择偶功能始终是一个不可忽视的重要方面。壮族歌圩自萌芽期便具有明显的择偶功能，可以说择偶是歌圩活动最早的目的之一。随着时间的推移，歌圩的形式和内容都在不断地丰富和发展，但其择偶的社会功能始终贯穿其中。

在古老的壮族社区中，传统的择偶方式受到了严格的社会和家庭规范的约束，而歌圩提供了一个相对开放和自由的交流平台，让年轻男女有了一个相互了解和接触的机会。在歌圩上，年轻人通过歌唱展现自己的才华和个性，通过对歌交流感情和思想。壮族歌圩以其独特的交际方式，为年轻男女提供了一个展现自我、寻找心仪对象的平台。歌声的交汇不仅仅是文化表达的交流，更是心灵中情感的交融。歌词中充满了对生活、爱情、未来的期许和向往，折射出壮族青年对美好生活的追求和对传统文化的尊重。随着社会的发展和变化，歌圩的择偶功能也在逐渐演变。现代的歌圩活动中，交际择偶功能仍然存在，但可能不再是唯一的主要功能。歌圩已经逐渐成为壮族文化传统的重要载体和社区文化生活的重要组成部分。尽管如此，歌圩对于壮族社区年轻人来说，仍然是一个重要的社交和交际的场所，也是一个寻找未来伴侣的重要平台。通过歌圩，壮族年轻人能够在传承文化的同时，寻找到属于自己的幸福和未来。

4. 教化认知功能

“三月三”歌圩作为壮族传统非物质民俗文化的重要组成部分，成为连接过去与现在、传统与现代的重要桥梁。在歌圩的舞台上，天文地理的知识被巧妙地编织进歌词之中，生活习俗通过歌者的妙语和真挚的表达得以传播，生产技能以及伦理道德则通过生活实例和故事得以呈现。这种以歌传道、以歌教化的方式，使得壮乡人民得以在轻松愉快的氛围中，自然而然地学习和传承了丰富的民间知识。每个参与“三月三”歌圩的人，不仅是传统知识的学习者，也是传统文化的传承者。他们通过个人的经验和理解，为传统知识赋予了新的生命和内涵。在歌声的交织中，参与者的教化认知得以不断地深化和拓展，传统的天文地理知识、生活习俗、生产技能和伦理道德得以在现代社会得到新的诠释和传播。同时，“三月三”歌圩也为不同年龄层、不同社会背景的人提供了一个交流和学习的平台。老一辈的人通过歌圩传授传统知识和生活智慧，而年轻一代则在歌圩中找到了与传统文化交流和对话的机会。这种世代间的交流和传承不仅丰富了歌圩的社会教化功能，也使得壮族的传统文化得以在新的时代背景下持续发展和传承。

歌圩的教化认知功能，是壮族传统文化得以延续和发展的重要因素。它以独特的形式，激发了人们对传统文化的认知兴趣，也为传统文化的传承和发展提供了有力的支持。通过歌圩，壮乡人民得以以一种积极、开放和包容的方式，重新认识和理解了自己的文化传统，也为壮族文化的未来发展注入了新的活力和可能。在这个过程中，歌圩的教化认知功能得到了充分的体现和发挥，使得“三月三”歌圩成为壮族文化传承的重要载体，也为壮族文化的未来发展奠定了坚实的基础。

三、武鸣“三月三”歌圩保护性开发

武鸣“三月三”歌圩是壮族文化的瑰宝，其丰富的文化内涵和传统元素不仅记录了壮族历史和文化，也是壮族民间智慧的重要体现。保护性开发不仅仅是对武鸣“三月三”歌圩的物质保护，更是对其非物质文化价值的认识和传承。通过保护性开发，歌圩的传统文化元素得以在现代社会中得到传播和推广，为更多的人提供了了解和认识壮族文化的窗口。

（一）武鸣“三月三”歌圩保护性开发的意义

通过保护性开发，武鸣“三月三”歌圩得到了丰富和弘扬，使得更多的人能够认识和理解其文化价值和社会意义。同时，保护性开发也为壮族文化的未来发展提供了有力的支持，使壮族文化得以在新的时代背景下持续传承和发展，为壮族文化的交流和传播注入了新的活力。

1. 传承歌圩，保障民族凝聚力和文化认同感

保护性开发武鸣“三月三”歌圩，实际上是对壮民族传统文化的珍视和传承。通过旅游开发的方式，壮族文化在现代社会环境中得以生生不息的传承和推广，这不仅为壮族文化的长久发展奠定了基础，而且增

强了壮乡民众的文化自信和认同感。这种特定的文化传承方式，不仅使歌圩文化得到保护，还为壮乡民众提供了一个展示和体验传统文化的平台，促进了壮乡民众对自身传统文化的认知和尊重。

武鸣“三月三”歌圩的保护性开发，同时也揭示了经济价值与文化传承同步实现的可能性。在旅游开发的过程中，歌圩的文化价值得以充分展现，吸引了众多游客的参与和体验。这不仅为当地的经济发展带来了积极的推动力，而且为壮乡民众提供了与外界交流和学习的机会，促使他们更加珍视和保护自己的传统文化。歌圩文化的保护性开发，更是对民族凝聚力和文化认同感的加强。壮乡民众通过歌圩活动的参与，感受到了壮族文化的独特魅力和价值，增强了他们对自身文化的自信和骄傲。而且，歌圩的保护性开发，为壮乡民众提供了一个共同的文化交流和体验的场所，加深了他们之间的文化联系和交流，从而增强了壮族民众的民族凝聚力和文化认同感。随着歌圩的保护性开发，壮乡民众的文化认知能力得到了提高，他们的自我保护意识和发展壮族文化的能力也得到了增强。在旅游开发的推动下，保护性开发武鸣“三月三”歌圩，确保了壮族文化在新时代的生生不息和薪火相传，也为壮族文化的未来发展注入了无限可能和期待。

2. 弘扬壮民族文化，为了解壮民族风情提供途径

“三月三”歌圩是壮族传统文化的集中体现，它以一种独特的方式呈现了壮族的历史、文化和社会生活。通过保护性开发，“三月三”歌圩可以成为壮民族文化传播和交流的重要平台。在歌圩的舞台上，每一个表演、每一个展示都是对壮族传统文化的尊重和传承。每一个民族服饰的细节、每一种艺术工艺的展示、每一次传统歌曲的演绎，都让人们感受到了壮族文化的魅力和深刻内涵。旅游开发不仅可以带动武鸣地区的经济发展，更是对壮民族文化的一种推广和传播。它为外来游客提供了一个深入了解壮族文化的机会，也为壮族地区的文化交流和民族团结

提供了有益的支持。在旅游的推动下，壮族的传统习俗和文化价值得以在更广阔的空间中传播和认知，壮族的文化特色和民族精神得到了更为广泛的展现。“三月三”歌圩的保护性开发，是对壮族非物质文化遗产的重视和保护，也是对壮族文化传统的尊重和推广。它通过旅游这个载体，让更多的人了解到壮族的历史文化和社会风俗，感受到壮族民众的热情和友好。同时，保护性开发也为壮族文化的传承和发展提供了有力的支持，为壮族文化的未来发展打下了坚实的基础。

在全球化和现代化的大背景下，保护和推广民族文化是一项重要的任务。武鸣“三月三”歌圩的保护性开发不仅是对壮族文化传统的传承和保护，也是对中国多元文化的展现和推广。它以其独特的方式，为世人呈现了壮族文化的风采，为了解中国多元文化和壮族民族风情提供了珍贵的机会。通过旅游开发的方式，可以使“三月三”歌圩成为壮族文化交流和展示的重要场所，为壮族文化的传播和壮族文化的推广提供了有力的支持。在歌圩的舞台上，壮族的传统文化得以生动展示，歌圩为推动壮族文化的发展和传承提供了良好的条件和广阔的空间。

3. 拓展壮文化的生存发展空间

经济收入的增加为壮乡民众带来了实质性的利益，同时也让他们看到了传统文化的价值。壮族文化在“三月三”歌圩的保护性开发中得到了有效的传承和推广，壮乡民众的文化自信得以提升，也更加珍惜和保护自己的文化遗产。他们开始主动探寻壮族文化的根源，进而参与到非物质文化遗产的保护与传播中来，实现了传统文化与现代生活的有机结合。歌圩的保护性开发，为壮族文化提供了一个与时俱进的展示平台。在这个平台上，壮族文化得以以更为现代、更为开放的方式展现在人们面前，吸引了更多的人关注和认识壮族文化，也为壮族文化的传播和推广注入了新的活力。随着越来越多的人参与到歌圩的保护性开发中来，壮族文化的影响力逐渐扩大，壮族文化的生存发展空间也得以拓宽。同时，保护性开发也带动了相关产业的发展，如文化旅游、手工艺品制作等，这些产业的发展为壮族文化的传承提供了更为丰富的载体和渠道，也为壮族群众提供了更多的就业和创业机会。在实实在在的经济利益推动下，壮族群众的文化保护意识逐渐增强，他们开始主动参与到非物质文化遗产的保护和传承中来，从而能推动了壮族文化的传播和发展。

（二）武鸣“三月三”歌圩保护性开发的必要性

武鸣“三月三”歌圩作为壮族文化的重要载体，其保护性开发的必要性不言而喻。随着社会的发展和文化交流的日益频繁，传统文化的保护和传承面临着前所未有的挑战。保护性开发为武鸣“三月三”歌圩提供了新的生命力，使其在现代社会中得以继续传承和发展，也为壮族文化的传播提供了新的途径。

1. 实现歌圩自身价值的需要

歌圩自身价值的体现在于它所承载的历史、文化和社会价值。它是壮族人民生活智慧和文化精髓的集中展现，其中蕴含了丰富的民族历史、民俗学和社会学资源。保护性开发能够帮助将歌圩中所包含的价值，以一种创新而不失传统特色的方式展现出来，让更多人能够通过歌圩，了解和感受壮族的历史文化和生活智慧。

在现代社会，随着经济的快速发展和生活节奏的加快，许多传统文化面临着被遗忘的风险。歌圩作为壮族传统文化的重要组成部分，也面临着类似的挑战。保护性开发歌圩，不仅可以保护这一传统文化的传承，也能将它推向更广阔的舞台，让更多的人有机会接触到壮族的传统文化，增强社会大众对传统文化的认知和理解。通过保护性开发，歌圩将得以在尊重和保护传统的基础上与现代社会生活相结合，以新的形式和内容呈现在公众面前。这不仅有助于实现歌圩自身的价值，也为推动壮族文化的传承和发展提供了有益的探索。同时，保护性开发也能够将歌圩提升到新的高度，使其不仅仅局限于一个地区或民族的活动，更是成为能够为更多人熟知和接受的文化品牌。

2. 传统歌圩现代转型的需要

传统歌圩作为壮族文化的重要载体，其保护性开发的必要性不言而喻。旅游开发正是实现传统歌圩现代转型的有效途径，它旨在将传统文化与现代旅游业结合，使传统歌圩焕发新的生命力，吸引更多人的关注和参与，同时推动地区的经济发展。

在现代社会的背景下，传统歌圩面临着许多前所未有的挑战，包括人们生活节奏的加快、传统文化传承困难以及现代娱乐方式的多样化。这使得传统歌圩的存在感逐渐减弱，甚至面临失传的危险。而旅游开发能够为传统歌圩注入新的活力，通过吸引游客，增加地区的知名度和影响力，从而为歌圩的保护和传承提供支持。将传统歌圩与现代旅游业结合，不仅可以推动地区的经济发展，还能为游客提供丰富多彩的文化体验。通过参与歌圩活动，游客能够亲身感受壮族文化的魅力，了解其独特的历史和传统。同时，歌圩活动的举办也为当地人民提供了展示和传播自己文化的机会，使他们更加珍惜和自豪于自己的文化传统。

3. 发展文化旅游，促进地区经济增长的需要

随着文化旅游业的兴起，许多地区开始认识到传统文化对于地区经济增长的重要推动作用。武鸣“三月三”歌圩就是一个具有显著特色和广泛吸引力的文化旅游资源。其独特的壮族民俗文化，以及通过歌圩展现出的天文地理、生活习俗、生产技能、伦理道德等民间传统知识，为游客提供了一种独特的文化体验。

“文化搭台，经济唱戏”，保护性开发武鸣“三月三”歌圩，可以实现文化和经济的双重价值。对歌圩的保护性开发不仅可以保持其传统文化的原貌，还能为地区带来经济效益。通过适度的商业开发，如举办

民族文化节、发展民俗文化旅游商品、提供特色民族文化表演等，歌圩活动可以吸引更多的游客，增加旅游收入，从而推动地区的经济发展。同时，通过保护性开发武鸣“三月三”歌圩，也可以进一步提升歌圩以及武鸣地区的知名度，吸引更多游客和文化爱好者，从而成为推动地区文化旅游的重要力量。壮族的民俗文化旅游产品可以丰富旅游市场的多样性，满足现代人对传统文化、民族文化的探求和体验的需求，提高地区旅游业的竞争力。与此同时，通过合理的规划和开发，武鸣“三月三”歌圩可以成为连接壮族文化与现代社会、传统与现代的重要桥梁。这种保护性开发不仅有助于传统文化的保护与传承，同时也为地区经济的持续健康发展提供了强大动力。发展文化旅游，挖掘民俗文化的经济价值，不仅能够促进地区的经济增长，也是对壮族非物质文化遗产保护和传承的有力支持，更是推动武鸣乃至更广大地区文化旅游业持续发展的重要动力。

（三）武鸣“三月三”歌圩保护性开发的可行性

保护性开发的可行性也得到了充分的体现。通过合理的规划和科学的管理，保护性开发能够确保武鸣“三月三”歌圩的传统文化元素得到有效的保护和传承，同时也能够吸引更多的人参与到对壮族文化的认知和传播中来。保护性开发能够为公众提供直观、生动的认识壮族文化的途径，使人们能够在实际的参与中感受壮族文化的魅力，从而增强民众对歌圩的保护意识和参与意愿。

1. 经济可行性

武鸣的“三月三”歌圩是壮族传统文化的重要载体，具有深厚的历史底蕴和文化价值。对于“三月三”歌圩的保护性开发具有明显的经济可行性。区内政府通过将“三月三”歌圩的专项保护资金列入部门年度财政预算，展现了对此非物质文化遗产保护的重视和支持。由武鸣财政局、文化主管部门共同管理的保护资金，确保了资金的有效利用和监管。

规划清晰、目标明确是保护性开发的基础。武鸣制定了近、中、远期的保护规划，为“三月三”歌圩的持续保护和发展提供了长远的指导。近期的保护措施着重于举办歌圩活动和资料的汇编整理，旨在保护和传承现有的非物质文化遗产；中远期的措施则更加注重于传统歌圩活动的挖掘、拓展与创新，以及重点歌圩活动的编排创作，期待通过不断的创新和拓展，使得“三月三”歌圩成为活生生、与时俱进的文化现象。资金的投入和规划的制定为“三月三”歌圩的传统活动提供了稳定的支持。举办歌圩活动，以及对传统歌圩活动的挖掘、拓展与创新，不仅可以保护和传承传统文化，同时也为当地经济的发展注入了新的活力。每一次歌圩活动的举办，都能吸引众多的游客和文化爱好者，推动了当地旅游、餐饮、交通等相关产业的发展，为武鸣带来了丰富的经济收益。“三月三”歌圩的对外宣传和展示，是将壮族文化推向更广阔舞台的重要途径。多渠道、多形式的宣传和展示，可以提高“三月三”歌圩的知名度和影响力，吸引更多人的关注和参与。定期举办的“中国壮乡·武鸣‘三月三’歌圩”等活动，为外界提供了了解和体验壮族传统文化的窗口，也为武鸣的文化旅游发展提供了强有力的支撑。通过专项保护资金的投入和多方面的开发措施，武鸣成功地实现了“三月三”歌圩的保护性开发，保护了非物质文化遗产，推动了地区文化和旅游经济的发展。而这种保护性开发的模式和经验，也为其他地区非物质文化遗产的保护与开发提供了借鉴和参考。

2. 社会可行性

广泛的群众基础使得歌圩成为连接壮族人民与传统文化的重要纽带。历史的积淀和文化的底蕴让歌圩不仅仅是一个娱乐活动，更是一种文化的传承和展现。通过歌圩的活动形式和内容，人们能够看到壮族生活生产实践的影子，感受到壮族的生活意愿和审美习惯，深刻体会到鲜明的壮族文化风格。

在现代社会，随着全球化和现代化的推进，许多传统文化面临着被淡忘和消逝的危险。然而，歌圩作为武鸣壮乡独特的文化表现形式，其社会可行性主要体现在对传统文化保护和传承的重要性。歌圩的活动形式简单而富有吸引力，使得不同年龄层的人都能参与其中，感受和了解壮族的传统文化。这种文化交流和传承的方式，有助于增强社区的凝聚力，促进文化多样性，也为壮族文化的传承和发展提供了良好的社会环境。同时，保护性开发意味着在传承和推广传统文化的同时，也注重对传统文化的保护，避免商业开发对文化的侵蚀和破坏。歌圩的保护性开发能够通过各种方式如展览、演出、教育和宣传等，让更多的人了解和认识壮族文化，感受壮族文化的魅力，同时也能够为地区的文化旅游和经济发展提供支持。

3. 政策可行性

《保护非物质文化遗产公约》的签署及《非物质文化遗产保护法》的颁布实施，为各地非物质文化遗产的保护和合理利用提供了有力的法律支撑。这些法律法规的实施，明确了对非物质文化遗产保护与传承的重要性和必要性，同时为相关的开发活动提供了明确的指导和规范。广西作为我国的少数民族自治区，也是国家西部大开发的重点扶持区域之一。这里独特的民族文化及丰富的非物质文化遗产，是区域社会经济发展的重要资源。武鸣作为广西壮族自治区的重要组成部分，其独特的壮族文化及丰富的非物质文化遗产，被视为是区域发展的重要支柱。在政府的积极推动下，一系列的政策支持和扶持措施促进了武鸣产业结构的现代化调整，改善了地区的产业结构，也为武鸣旅游业的发展和非物质文化遗产的旅游开发创造了有利的条件。同时，鉴于武鸣对于壮族文化的特殊意义，当地政府也为“三月三”歌圩的保护性开发提供了大量的政策支持。此外，高层次的政策支持也为吸引社会资本参与“三月三”歌圩的保护性开发提供了有利条件。通过政府和社会资本的合作，有可能实现“三月三”歌圩保护性开发的可持续性，以实现非物质文化遗产的有效保护和合理利用，并促进地区旅游业的持续发展。

政策可行性不仅体现在法律法规的支持上，也体现在具体实施过程中的多方合作上。通过政府、企业和社区的共同努力，以及与高校和研究机构的合作，“三月三”歌圩的保护性开发能够被推向深入，从而实现非物质文化遗产的传承与发展，以及地区旅游业的繁荣与壮大。

第三节　非物质文化遗产保护性旅游开发路径

一、武鸣“三月三”歌圩保护性旅游开发应注意的问题

武鸣“三月三”歌圩作为壮族文化的重要载体，其保护性旅游开发不仅是对传统文化传承的需要，也是地区旅游经济发展的重要途径。在推进保护性旅游开发的过程中，应注意以下几个问题，以确保旅游开发的可持续性和非物质文化遗产的有效保护。

（一）正确处理好开发与保护的关系

在武鸣“三月三”歌圩的保护性旅游开发中，最核心的议题莫过于如何正确处理开发与保护的关系——二者不是对立的，而是互补和互促的。在保护的基础上进行合理的开发，可以使保护工作得到有效的支持和推动，也使壮族的传统文化得以在更广泛的范围内传播和传承。武鸣“三月三”歌圩不仅是一个传统的文化盛事，更是壮族文化的骄傲和历史的见证。因此，任何开发行为都必须确保它的原始性、真实性和完整性。以保护为前提的开发思路意味着：在进行任何形式的开发活动之

前，都要进行充分的考察和研究，确保开发行为不会对歌圩的文化内涵和传统形式造成破坏。这就要求开发者必须深入了解壮族文化、历史背景以及歌圩的传统形式和活动内容，确保开发行为是在对其有深入了解的基础上进行的。

武鸣“三月三”歌圩不仅是壮族文化的重要载体，也是吸引游客和学者的重要旅游资源。在开发过程中，应着重保护和传承歌圩的传统元素和文化内涵，避免使其过度商业化，而应保持其原有的民俗特色和文化价值。透过展示传统的山歌对唱、民族服饰和传统习俗，让游客在参与和体验中感受壮族文化的魅力，了解壮族人民的历史和生活。在开发过程中，需保持适度的商业运营，以确保项目的可持续发展，同时也为保护工作提供必要的资金支持。门票、纪念品销售和相关服务的收入，能够为歌圩的保护和维护提供稳定的资金来源；同时，也应引入多方资本和资源，包括政府支持、企业合作和社会捐赠，共同推动歌圩的保护性开发，使其成为区域文化旅游的亮点。在推动歌圩保护性旅游开发的过程中，应广泛征求当地社区和群众的意见和建议，确保开发活动符合当地的文化和社会环境；同时，还应加强与文化、旅游、学术机构的合作，促进交流和研究，提升歌圩在文化、旅游和学术领域的影响和知名度。

（二）尊重歌圩活动主体，避免伤害民族感情

在谋划武鸣“三月三”歌圩的保护性旅游开发时，尊重歌圩活动主体和避免伤害壮乡民族的感情是至关重要的。传统的山歌对唱和歌圩仪式不仅仅是武鸣壮乡村民的文化展现，更是他们对原始文化追随和向往的具体体现，表达了他们对壮族祖先的崇高敬仰和深情悼念。在这样的文化表达中，每个细节、每个仪式都蕴含着深刻的民族文化内涵和历史积淀。

对于旅游开发来说，把握好保护与开发的平衡是非常重要的。如

果仅仅为了满足游客的好奇心而擅自更改歌圩的原本面貌，很可能会导致歌圩失其原有的文化价值和民族特色。例如，擅自更改传统仪式的内容、形式，可能会破坏壮民族的文化传统，影响壮民族的精神信仰和民族凝聚力。这样的开发是不可取的，因为它可能会引发壮乡民族的不满，甚至对壮民族的感情造成伤害。同时，这种做法也会对歌圩的原真性和传承发展造成极大的破坏，削弱歌圩在壮族文化传承中的重要地位。因此，在武鸣“三月三”歌圩的保护性开发中，尊重歌圩活动的主体是非常重要的。要全面了解和掌握歌圩的文化内涵和历史价值，以确保旅游开发活动能够与本土文化和民族传统相协调。同时，也要充分听取壮乡村民的意见和建议，保证旅游开发活动能够符合壮乡村民的文化认知和民族情感。此外，应注重保护歌圩的本真性，维护其在壮族文化中的重要地位，避免为了商业利益而对歌圩进行非原创性的改造或者变形。另外，借助现代传媒技术，对外展示武鸣“三月三”歌圩的真正面貌和深刻内涵，让更多的人了解并尊重壮乡的非物质文化遗产，增强社会各界对非物质文化遗产保护和传承的认识和重视。同时，加强对旅游者的文化引导和教育，通过各种方式传播壮族文化，让旅游者在享受旅游服务的同时，也能够深入了解和尊重武鸣“三月三”歌圩所代表的壮族文化和历史传统。这样，旅游开发不仅能够带动地区经济的发展，还能为壮族文化的传承和发展提供有力支持。

（三）协调好政府、投资商及传承地居民的关系，兼顾各方利益

武鸣“三月三”歌圩的保护性开发是一个多方参与的复杂过程，涉及武鸣区政府、投资商以及歌圩的传承人及广大壮乡民众等多个主体。在推动“三月三”歌圩的保护性开发过程中，协调好各方关系，兼顾各方利益，是确保项目顺利进行的重要前提。

武鸣区政府在此过程中起着主导作用。政府需要制定明确、合理的

政策和规划，为歌圩的保护性开发提供法律和政策保障，同时也要为投资商和传承人提供必要的支持和服务。政府的引导和监管可以确保项目按照既定的目标和标准推进，同时也能够及时解决在开发过程中出现的问题和矛盾。投资商是推动“三月三”歌圩保护性开发的重要力量。他们的资金和资源投入，对于项目的顺利实施具有关键意义。投资商在追求经济回报的同时，也需要认识到非物质文化遗产保护的重要性，积极履行社会责任，与政府、传承人和民众保持良好的沟通与合作，以确保项目的长远发展。歌圩的传承人和广大壮乡民众是“三月三”歌圩非物质文化遗产的直接传承者和参与者，他们与歌圩的保护和发展有着直接的利益关系，在开发过程中，应充分尊重和保护他们的合法权益，让他们在参与歌圩保护性开发的过程中得到应有的利益回报，也能够真正感受到传统文化保护和传承的重要价值。

协调好政府、投资商及传承地居民的关系，是歌圩保护性开发过程中不容忽视的重要环节。只有各方的利益得到充分的尊重和保障，才能为歌圩的保护性开发提供持久、稳定的动力，让“三月三”歌圩成为地区文化旅游的重要品牌，同时也能够在传承壮族优秀传统文化的过程中为地区的经济社会发展贡献力量。通过各方的共同努力，打造一个有利于非物质文化遗产保护，也有利于地区旅游经济发展的良好格局，实现多赢共赢的目标，对于推动武鸣乃至整个广西壮族自治区的文旅产业健康发展具有重要意义。

二、武鸣“三月三”歌圩保护性旅游开发的模式

武鸣“三月三”歌圩作为广西壮族文化的重要载体，保护性旅游开发模式的选择关乎着非物质文化遗产的传承与保护，同时也影响着区域的旅游经济发展。保护性旅游开发有以下三种模式，如图 7–3。

民族节庆开发模式	通过丰富多彩的民族节庆活动，吸引游客来武鸣体验壮族的传统文化，进而推进歌圩的保护和传承。在“三月三”歌圩期间，可以举办各类民族歌舞、传统技艺展示、民俗活动等。
生态博物馆开发模式	武鸣的自然环境优美，将“三月三”歌圩结合生态博物馆开发模式可以为游客提供丰富多彩的旅游体验。
旅游商品开发模式	通过开发具有壮族特色的旅游商品，将“三月三”歌圩的文化元素延伸至旅游市场，为游客提供丰富的选择，同时也为保护性开发提供经济支持。

图 7-3　武鸣“三月三”歌圩保护性旅游开发的模式

（一）民族节庆开发模式

民族节庆开发模式具有深刻的文化内涵和广泛的市场潜力。武鸣以壮族为主体，被赞誉为“中国壮乡”，其丰富多彩的民族节庆活动不仅是地区文化的重要体现，也是吸引游客、推动旅游业发展的重要手段。

在武鸣，“三月三”歌圩是壮族传统文化的重要载体，每年的“三月三”歌圩节不仅能吸引大量游客，也为传统文化的传承提供了宝贵机会。除了“三月三”歌圩节，武鸣还有吃立节、大王节、陇端节、牛魂节、庙会等多种多样的民族节庆活动，这些活动具有深刻的民族文化内涵和广泛的群众基础。精心策划和组织这些民族节庆活动，不仅可以使武鸣的传统文化得到传承和弘扬，也能为旅游地打造独特的文化形象和精神内核，增强旅游地的市场竞争力。每一个节庆活动的成功举办，都会为武鸣吸引更多的游客，推动旅游业的持续发展。

例如，在 2023 年第 43 届武鸣“三月三”活动中，通过民族节庆开发模式，各大景区设计了一系列具有壮族特色的活动，为游客提供了深入体验壮族文化的机会，同时也为非物质文化遗产的传承和保护提供了良好的展示平台。伊岭岩风景区推出的壮民俗风情大展演、民俗歌舞表演、山歌手即兴表演和壮族服饰模特美拍合影等活动，将壮族的传统文化和现代娱乐元素相结合，让游客在观赏壮族传统表演的同时，也能亲身参与跳竹竿舞、走板鞋、跳同乐圆圈舞等民族传统活动，感受壮家人的乐趣，增进对壮族文化的理解和喜爱。花花大世界景区则以“遇见三月三 慢享趣生活”为主题，推出了一系列“壮族三月三”活动。非遗文化嘹歌巡游、篝火晚会、热气球落日婚纱摄影展、非遗美食会、啤酒狂欢节、露营挑战赛、热气球节、露营大会等活动丰富多彩，为广大市民和游客创造了在盛大民族节日里慢享“趣”生活的美好体验。这些活动不仅展示了壮族的非物质文化遗产，也为游客提供了多种多样的娱乐选择，使他们在欢乐的氛围中感受到壮族文化的独特魅力。商贸美食节上的千人壮乡宴、大型啤酒 DJ 音乐节、全国各地名小吃美食展、广西土特产及水果展等活动，将美食文化与民族文化紧密结合，让当地群众和游客在品尝美食的同时，也能感受到壮族文化的传统和魅力。这种将民族文化与美食、音乐和现代元素相结合的开发模式，打破了传统旅游的单一形式，为游客提供了更为丰富多彩的体验。

武鸣“三月三”歌圩保护性旅游开发的民族节庆模式充分发挥了壮族非物质文化遗产的独特价值，为游客打造了一个既能感受民族文化，又能享受现代娱乐的旅游体验。同时，这种开发模式也为壮族非物质文化遗产的传播和保护提供了有力的支持，有助于提升地区的文化自信和民族文化的传承。每一个活动，每一个展示，都能让更多人感受到壮族文化的深远和独特，对于推动壮族非物质文化遗产的长远传承具有积极意义。

（二）生态博物馆开发模式

生态博物馆开发模式强调对原生环境和文化遗产的保护，这意味着在开发过程中需要严格遵循保护原则，避免对文化遗产和环境造成破坏；同时，应充分发挥当地民众的主体作用，让他们参与到文化遗产的保护和管理中来。可以通过培训和引导，提高他们的文化保护意识和管理能力，形成由地方政府、专业机构和民众共同参与的文化遗产保护机制。

生态博物馆开发模式是一种新型的文化旅游开发模式，借助博物馆这一平台，将自然、文化和社区融为一体，为游客提供了一种全新的文化体验。武鸣“三月三”歌圩具有深厚的历史文化底蕴和丰富的非物质文化遗产资源，是广西壮族文化的重要组成部分。为了更好地保护和传承这些珍贵的文化资源，借鉴融水安太苗族生态博物馆的成功经验，武鸣可构建壮族生态博物馆，以此为载体推动武鸣的文化旅游发展，同时也为广大民众提供一个深入了解和体验壮族文化的平台。通过整理、展示与“三月三”歌圩有关的文字、图片、影像资料，游客能够直观地了解歌圩文化的历史和现状，感受壮族文化的独特魅力。同时，通过设立“三月三”歌圩杰出传承人或壮文化杰出代表人物展示平台，游客能够近距离接触到传统文化的传承者，听他们讲述关于“三月三”歌圩的故事，更加直观地理解壮族文化的精髓。生态博物馆的开发模式也能将武鸣优秀的壮民族文化资源（如骆越文化等）与“三月三”歌圩文化相结合，形成丰富多彩的文化展示，拓宽文化传播的渠道，提高文化传承的效果。同时，生态博物馆注重环境的保护和可持续发展，以循环经济和绿色发展为基础，将文化、环保与社区发展相结合，为区域的可持续发展提供了新的思路和方向。此外，生态博物馆开发模式也为地方经济的发展提供了新的动力。发展生态文化旅游，可以吸引更多的游客来到武鸣区，推动旅游消费，带动地区的经济发展。同时，也为当地的民众提供就业和创业的机会，提高人们的收入水平，改善民生。

（三）旅游商品开发模式

武鸣“三月三”歌圩作为壮族文化的重要载体，其保护性旅游开发的成功离不开旅游商品的合理开发。将非物质文化遗产的文化底蕴转化为旅游商品，不仅可以吸引更多游客，也有助于非物质文化遗产的传播和保护。将壮族刺绣、武鸣壮族手工技艺类非物质文化遗产与武鸣“三月三”歌圩旅游有机融合，可以形成独具特色的旅游商品开发模式，进而推动壮族工艺品的产业化发展。

壮族刺绣和壮族手工技艺是壮族文化的重要组成部分，具有很高的艺术价值和文化价值。通过产业化开发，这些传统技艺可以得到传承和发展，游客也能获得丰富多样的旅游体验。设立壮族手工技艺展示中心，不仅可以为游客展示壮族手工技艺的制作过程，还可以为游客提供参与体验的机会，让游客在参与传统手工艺制作的过程中，更好地了解和感受壮族文化的魅力。将壮族的传统手工技艺制作过程与武鸣“三月三”歌圩旅游进行融合，是对壮族文化进行创新性传承的重要方式。通过旅游的方式，可以让更多人了解壮族的传统技艺和文化，同时壮族手工技艺的传承和发展也可以找到新的渠道和平台。游客在参与传统手工技艺制作的过程中，不仅可以得到愉悦和满足，还可以通过亲手制作和体验，更加深刻地理解壮族文化的内涵和价值。武鸣区政府和相关部门可以通过政策扶持、技术指导、市场推广等方式，支持壮族手工技艺展示中心的建设和运营，推动壮族工艺品的产业化进程；同时，也可以通过举办手工技艺展览、工艺品交易会、技艺大赛等活动，为壮族手工技艺的展示和交流提供更多的平台和机会。

三、武鸣“三月三”歌圩保护性旅游开发的主要措施

武鸣“三月三”歌圩的保护性旅游开发应以尊重和保护非物质文化遗产为基础，通过合理的规划和管理，确保壮族文化的传承不会因商业开发而失真或消失。

（一）发挥社会各界力量，筹集歌圩保护资金

武鸣“三月三”歌圩的保护性旅游开发是一项具有深远意义的文化

保存和传承工作，对于此类的开发任务，资金的筹措自然成为推进的基础。在资金筹集方面，可以发挥多元化的社会力量，形成多渠道的资金筹集体系，以保障武鸣“三月三”歌圩保护性旅游开发的顺利进行。

政府层面是资金筹集的重要方面，可以通过转变政府职能，加大招商引资的力度，为投资者提供税收优惠等政策支持，并适度放宽市场资源配置的权利，吸引更多的投资者参与到武鸣“三月三”歌圩保护性旅游开发中来。政府的引导和支持，可以为歌圩的保护和旅游开发提供稳定的资金支持，为壮乡的文化传承和旅游发展提供有力保障。社会层面的资金筹集也是不可忽视的一环，开发工作可以依靠企事业单位和社会各界能人志士的出资资助，如通过冠名赞助、经营权租让、广告场地租赁等方式，筹集到为歌圩保护性旅游开发所需的资金。社会的参与和支持，能够为歌圩的保护和旅游开发提供更为广泛和多元化的资金来源，同时也表明了社会对壮族文化传承的重视和支持。群众方面，可以通过自主经营的方式来筹集资金。例如制作、销售富有壮乡特色的民族工艺品，不仅可以为歌圩保护性旅游开发提供资金支持，还可以提高民众对武鸣“三月三”歌圩旅游开发的支持度和参与度。民众的积极参与是保证歌圩保护性旅游开发成功的重要条件，也是实现壮族文化传承和发展的重要保障。

政府、社会和群众三方面的合力，形成多方参与、多渠道筹资的良好格局，为武鸣“三月三”歌圩保护性旅游开发提供了坚实的资金保障。只有在充足的资金支持下，保护性的旅游开发才能得以顺利推进，壮族的非物质文化遗产才能得到有效的保护和传承，武鸣“三月三”歌圩的文化价值和历史意义才能得到充分的展现和传播，从而为壮族文化的繁荣发展做出积极贡献。

（二）加强歌圩艺人培养，建立歌圩传承体系

保护和发展武鸣“三月三”歌圩，需要从多方面加强歌圩艺人的培

养，并建立健全的传承体系，为歌圩的保护性开发提供强有力的保障。政府、学校、合唱团和歌圩艺人是传承武鸣“三月三”歌圩文化的主体，需要让这些主体形成合力，共同推动歌圩文化的传承和发展。

政府是推动歌圩文化传承的重要力量，通过制定有利于非物质文化遗产保护和传承的政策，为歌圩艺人的培养和传承体系的建立提供法律和政策保障。同时，政府也可以通过拨款支持、技术指导、场地提供等方式，为歌圩艺人的培训和演出提供必要的支持和帮助。学校作为知识传授和文化传承的重要场所，可以通过开设相关课程，组织歌圩文化的讲座和展示，以及与歌圩艺人合作，为学生提供学习和体验歌圩文化的机会，同时也为歌圩艺人提供传授技艺和分享经验的平台。合唱团和歌圩艺人是歌圩文化传承的直接执行者，在歌圩文化传承中起着核心的作用。组织各类歌圩文化活动和演出，不仅可以让更多人了解和欣赏歌圩文化，也为歌圩艺人提供了展示和传承技艺的机会。

建立健全的传承体系是保护和发展歌圩文化的基础。可以通过建立歌圩艺人的培训和认证体系，设立专门的歌圩文化传承基地和展示中心，编制歌圩文化的教材和传承手册，以及开展歌圩文化的研究和交流活动，逐步形成系统完善、内容丰富、具有生命力的传承体系。为了确保歌圩文化得以长久传承，开发者还需要加强与社区、企业、民间组织等多方的合作，形成广泛的社会支持网络，同时也要加强对歌圩文化的宣传和推广，提高社会各界对歌圩文化的认知和重视，为歌圩文化的传承和发展创造良好的社会环境和舆论氛围，通过多方合力，为歌圩文化的保护性开发提供坚实的基础，让歌圩文化成为武鸣乃至广西壮族自治区的文化名片，为推动民族文化的繁荣和社会的和谐发展贡献力量。

（三）宣传推广歌圩文化，提高民众保护意识

宣传推广是任何文化传承和旅游发展的重要环节。对武鸣“三月三”歌圩文化的推广，通过电视、网络和旅游推荐会等多种渠道，能够

让更多人了解并理解这一独特的文化现象。确立壮族节庆文化形象，不仅有助于传承壮族文化，同时也能够提高广大民众对非遗的保护意识。

电视的宣传推广，可以通过视觉和听觉的双重刺激，让观众感受到武鸣“三月三”歌圩的独特魅力和文化价值。通过专题节目、纪录片等形式，展示歌圩的丰富内涵和壮族文化的精髓，有助于提高公众的认识和了解。网络是现代社会信息传播的重要渠道，通过网络，可以迅速广泛地传播武鸣“三月三”歌圩文化的信息；还可以通过官方网站、社交媒体、网络直播等多种形式，展示歌圩的活动内容和文化价值，吸引更多人的关注和参与。同时，也可以通过网络平台收集公众的意见和建议，为歌圩文化的保护和发展提供参考。旅游推荐会是宣传推广的重要平台，可以吸引旅游业内的专家、企业和公众的关注，即通过展示武鸣“三月三”歌圩的旅游文化价值，吸引更多的旅游企业和游客，提高武鸣“三月三”歌圩的知名度和影响力。旅游推荐会也是交流经验、拓展合作的重要场合，可以推动武鸣“三月三”歌圩文化旅游与相关产业的合作和发展。

着重宣传武鸣“三月三”歌圩的旅游文化价值，是传承壮族文化、推动武鸣旅游发展的重要措施。可以通过多种形式和渠道，展示武鸣“三月三”歌圩的独特文化和旅游价值，吸引更多游客的关注和参与；同时，宣传推广可以提高公众的文化保护意识，让更多人参与到武鸣“三月三”歌圩文化的保护和传承中来。多渠道、多形式的宣传推广，能够有效地提高武鸣“三月三”歌圩文化的社会认知度和影响力，为武鸣“三月三”歌圩文化旅游的发展提供有力的支持；同时，也为壮族文化的传承和发展、武鸣区文化旅游产业的发展贡献力量。在全社会形成尊重和保护非物质文化遗产的良好氛围，为推动壮族文化的创新发展和传承保护提供有利条件。

（四）强化歌圩区域合作，构建协同保护机制

武鸣“三月三”歌圩以其深厚的文化底蕴和民族特色，成为广西非物质文化遗产保护的重要依存地。然而，壮族歌圩的影响并不局限于武鸣区，广西多个主要壮语区如大新县、德保县、田东县等，都有壮族歌圩的盛行。特别是德保九曲桥歌圩一度超越武鸣“三月三”歌圩的影响，同时上林、宾阳等与武鸣接壤县的壮族歌圩也具有不小的影响力。田阳、凌云两县的壮族歌圩甚至被列入自治区非物质文化遗产拓展项目，显示了壮族歌圩文化在广西的广泛分布和重要地位。

从艺术角度来看，不同地区的歌圩活动各有特色，同时又存在许多共同之处，这为构建区域合作与协调保护机制提供了可能。强化歌圩区域合作，构建协同保护机制，不仅能够为武鸣“三月三”歌圩的保护性开发提供有力的支持，也有助于壮族歌圩文化的整体保护和传承。建立武鸣“三月三”歌圩与其他地区歌圩的区域合作与协调保护机制，需要明确合作的目标和方向，即在保护壮族歌圩文化的基础上，促进壮族歌圩的创新发展和文化交流。可以考虑通过区域性的壮族歌圩文化节或交流活动，增加各地区歌圩之间的互动和交流，推动壮族歌圩文化的交流和融合；同时，也可以通过制定共同的保护和开发标准，协调各地区的资源和力量，形成壮族歌圩保护和开发的联合力量。在资源整合方面，可搭建一个共享平台，整合各地壮族歌圩的资源和信息，促进各地区壮族歌圩保护和开发的信息共享和资源互补。例如，可以将各地区的壮族歌圩艺人、非物质文化遗产传承人、相关的研究和保护机构等纳入一个共同的框架，共同探讨壮族歌圩文化的保护和开发路径。在实施方面，需要有明确的组织和协调机构来负责区域合作与协调保护机制的实施和监督。可以考虑成立一个由各地区政府文化部门、非物质文化遗产保护机构和壮族歌圩传承人组成的协调组，定期召开壮族歌圩文化保护和开发的协调会议，共同研究和解决壮族歌圩文化保护和开发过程中遇到的

问题。这样的区域合作与协调保护机制不仅可以为武鸣“三月三”歌圩的保护性开发提供支持，也有助于推动壮族歌圩文化在广西乃至全国的传播和推广，为壮族歌圩文化的长远发展奠定坚实的基础。

（五）挖掘歌圩文化内涵，打造文化旅游品牌

武鸣“三月三”歌圩是壮族文化的瑰宝，其丰富的文化内涵和独特的民俗传统为文化旅游品牌的创建提供了不可多得的资源。对于武鸣“三月三”歌圩的保护性开发，深挖其文化内涵，弘扬传承工作是重要的基础。研究和解析歌圩的历史背景、活动形式和文化价值，可以让游客和社会公众更好地理解歌圩文化的深刻含义和独特魅力。

歌圩活动形式丰富多样，既有传统的山歌对唱、民间舞蹈展演，也有各种民俗体验活动，这为拓展和维护活动场所提供了广泛的可能。加强对活动场所的建设和管理，能够保障活动的顺利开展，同时也为游客提供了舒适的观赏和参与环境。在活动的组织和推广中，应注重创新和多元化，打造特色鲜明、吸引力强的文化旅游活动，使歌圩文化得以在更广泛的领域中展现和传播。引导壮乡民众增强对歌圩进行旅游开发的经济意识，是推动武鸣“三月三”歌圩保护性开发的重要方面。还应该通过培训和宣传，让壮乡民众认识到歌圩文化旅游开发的经济价值和社会意义，激发他们参与歌圩保护和旅游开发的热情和积极性。同时，可以通过政府支持和市场引导，鼓励和帮助壮乡民众投身于歌圩文化的保护、传承和推广工作，使歌圩文化得以在广大民众中传播和弘扬。

将武鸣“三月三”歌圩打造成集观光旅游、商品经济、民族文化展示于一体的壮乡文化品牌，是提升歌圩文化影响力和活力的有效途径。打造独具特色的歌圩文化旅游品牌，可以吸引更多游客和社会公众的关注和参与，进而促进武鸣“三月三”歌圩保护性开发的良性循环和发展。同时，歌圩文化旅游品牌的创建和推广也为壮乡文化的传播和推广提供了新的平台和渠道，有助于增强壮族文化的自信和影响力，为促进

民族团结和社会和谐贡献力量。系统的规划和精心的组织，使武鸣“三月三”歌圩成为展现壮族文化魅力、促进文化交流和经济发展的重要平台，为壮乡的繁荣和发展注入了新的活力和希望。

（六）筹建专门管理机构，培养歌圩管理人才

武鸣区“三月三”歌圩是壮族文化传统的重要载体，对歌圩的保护和开发对于壮族文化传承具有深远意义。为此，筹建专门的管理机构，培养专业的管理人才成为保护性开发工作的关键环节。

建立专门、统一的“三月三”歌圩保护性开发的管理机构是实现科学管理、避免资源浪费的必要措施。将分散的“三月三”歌圩事业纳入统一的管理体系，可以形成合力，减少重复建设和资源浪费，提高管理效率。对该管理机构的行政级别的设定至少要达到科级，这样可以保证其在政府体系中的权重，为“三月三”歌圩保护性开发的决策提供真实、有力的依据。此外，这样的设定也有利于该机构获取更多的政策和资金支持，为“三月三”歌圩保护性开发提供有力的保障。在“三月三”歌圩保护性开发工作中，人才是推动工作进展的重要力量。培养专业的文化旅游管理策划人才，可以为“三月三”歌圩保护性开发制定出科学、合理的发展规划。专业的文化旅游管理策划人才具有丰富的文化旅游理论知识和实践经验，可以为“三月三”歌圩保护性开发提供专业、科学的指导。制定合理的发展规划，可以保障保护性开发工作更加规范，避免破坏式开发现象的发生，确保“三月三”歌圩的文化价值得到有效保护。

专门的管理机构和专业的文化旅游管理策划人才的培养，为“三月三”歌圩保护性开发提供了坚实的基础。在未来的工作中，武鸣区可以通过与高校、研究机构、业界合作，吸引和培养更多的文化旅游管理策划人才，加强对“三月三”歌圩保护性开发工作的支持；同时，也可以通过举办各类培训、研讨、交流活动，提升现有管理人员的业务水平，

为“三月三”歌圩保护性开发工作的顺利推进奠定坚实基础。通过细致的规划和科学的管理，对“三月三”歌圩文化价值的保护和发掘，为武鸣区的文化旅游发展贡献了力量，也为壮族文化的传承和推广打下了坚实基础。

（七）完善基础设施建设，提高旅游接待能力

在武鸣“三月三”歌圩保护性旅游开发中，完善基础设施建设以及提高旅游接待能力是至关重要的一环。完备的基础设施和高效的接待能力，不仅可以为游客提供舒适便利的旅游体验，还可以展示武鸣区良好的旅游环境和高度的服务水准。

“食、住、行、游、购、娱”旅游六大要素的满足，直接影响到游客满意度和旅游业的发展速度。在此背景下，对于武鸣“三月三”歌圩的保护性旅游开发来说，须全面考虑并着手完善这六大要素的相关基础设施和服务。食，发展具有地方特色的餐饮业，推广壮族传统美食，同时保证食品安全，提供多元化的餐饮选择，以满足不同游客的需求；住，加快酒店、宾馆等住宿设施的建设和升级，提高住宿条件和服务质量，满足游客的多层次住宿需求；行，优化交通网络，完善公共交通设施，提供便利的交通服务，以便游客能够轻松到达武鸣并在当地自由流动；游，增强武鸣“三月三”歌圩的旅游吸引力，通过丰富的旅游项目和优质的导游服务，增加游客的旅游体验和满意度；购，发展具有壮族特色的手工艺品和纪念品市场，为游客提供丰富多样的购物选择，同时推动地方特色产品的推广；娱，举办多样化的文娱活动和展览，如壮族传统文化展示、音乐会、戏剧表演等，丰富游客的娱乐选择，展示壮族文化的魅力。

通过逐步完善这些基础设施，武鸣能够在保护和传承“三月三”歌圩文化价值的同时，有效提高旅游接待能力，推动旅游业的快速发展。每一个细节的考虑和完善，都为推动武鸣“三月三”歌圩保护性旅游开

发的成功奠定基础，同时也有利于提高武鸣区的整体旅游品牌影响力，吸引更多游客前来体验壮族的传统文化和自然风光，进而实现旅游经济与文化保护的双重效益。

（八）开发体验式旅游产品，提高游客参与度

体验式旅游产品的开发成为现代旅游业发展的重要方向，它满足了游客对旅游活动参与度的高要求。武鸣“三月三”歌圩具有丰富的壮民族文化元素，为开发体验式旅游产品提供了得天独厚的条件。通过设计多种富有壮民族特色的活动，比如对歌、跳竹竿、抛绣球、抢花炮、碰蛋、斗马等，游客可以在参与的过程中深刻感受到壮民族的独特韵味和风土人情。

对歌是壮民族的传统文化活动，它不仅是音乐的交流，更是情感和文化的交流。通过参与对歌活动，游客可以亲身体验壮民族音乐的美感，同时也能感受到壮民族人民的热情和友善。跳竹竿、抛绣球、抢花炮等活动则是富有趣味和挑战的体验，让游客在欢笑和尖叫中感受到壮民族传统文化的乐趣和活力。碰蛋、斗马等活动是壮民族传统的游戏和竞技活动，具有很高的观赏性和参与性。通过这些活动，游客不仅可以观看精彩的表演和比赛，还可以自己参与其中，感受壮民族传统游戏和竞技活动的刺激和乐趣。同时，这些活动也是壮民族文化的重要组成部分，通过参与这些活动，游客可以更好地了解壮民族文化的内涵和特色。

开发体验式旅游产品是满足现代游客需求、提高武鸣“三月三”歌圩旅游吸引力的重要举措。它不仅可以提高游客的参与度和满意度，还可以为壮民族文化的传承和推广提供新的途径和平台。通过设计丰富多样的体验式旅游产品，游客可以在愉快和满足的体验中，深刻感受到壮民族文化的魅力和价值。武鸣区政府和旅游开发企业可以结合当地的文化资源和旅游资源，设计多种有趣、富有创意的体验式旅游产品；同

时，也可以通过广泛的宣传和推广，让更多游客了解和参与武鸣“三月三”歌圩的体验式旅游活动，感受壮民族文化的魅力，推动武鸣“三月三”歌圩旅游业的持续发展和壮民族文化的传承与推广，在享受壮族传统文化的同时，也为地区的社会经济发展做出贡献，实现文化、旅游和经济的多方共赢。

（九）进行旅游线路设计，整合区域旅游资源

武鸣“三月三”歌圩不仅是壮族传统文化的独特展现，更是连接区域多元旅游资源的重要纽带。武鸣得天独厚的旅游资源如四季恒温的灵水、伊岭岩的壮观群峰、历史悠久的明秀园、被称为“广西庐山”的大明山及花花大世界等，为打造多元化的旅游线路提供了丰富的素材和可能性。

围绕着武鸣“三月三”歌圩的核心价值，可以将区域内的旅游资源进行有效整合，设计一条旅游线路，展现出丰富多彩的民族风情、壮丽的山水风光、珍贵的文物古迹和优美的生态环境；通过合理的旅游规划，让游客在享受自然美景的同时，也能深入感受壮族的传统文化和历史底蕴。在这条特色旅游线路中，游客能充分领略到武鸣壮族古老的历史和文明，感受壮族的传统音乐、舞蹈、服饰、礼仪以及独特的节庆文化。在旅游线路的设计上，应注重旅游资源的合理利用和保护。如何在展现民族风情、山水风光和文物古迹的同时保护这些旅游资源，避免过度开发，是需要深思和探讨的问题。可以借鉴国内外成功的旅游线路开发经验，将可持续发展原则贯穿于旅游规划和开发的各个环节，确保旅游资源的长期保护和利用。此外，应加强对旅游线路的宣传和推广，让更多的游客了解武鸣“三月三”歌圩以及武鸣的旅游资源，吸引更多游客前来体验。可以通过网络、社交媒体、旅游展览等多渠道宣传，同时与旅行社、旅游网站等机构合作，推出有吸引力的旅游产品和优惠活动，吸引更多游客。

例如，借鉴桂林“两江四湖”的建设经验，武鸣可以以武鸣河、香山河、西江河三河两岸为主体，发挥自然风光和文化底蕴的双重优势，通过整合定罗湖、狮子山、起凤山、灵水湖等景点，以及深厚的武鸣“三月三”歌圩文化和古骆越文化，将三河两岸景区建设成为集自然美景和人文景观于一体的旅游区域。而此类综合性的景区对于吸引不同偏好的游客具有非常明显的优势。

在区域合作方面，强化合作关系是推动区域旅游发展的重要方式。通过与大明山、明秀园、花花大世界、起凤山、伊岭岩等知名景区的合作，武鸣的旅游资源可以与周边区域的旅游资源进行有效的整合，被共同打造成为“大明山旅游区”。此举不仅能够丰富旅游线路的内容，还能为游客提供更多样化的旅游选择。开辟跨县域的旅游线路，推出2—4日游为主的精品旅游线路，是武鸣旅游开发的新方向。这种跨区域的旅游线路设计可以使不同区域的旅游资源得到合理的利用，提高旅游资源的使用效率；同时，也可以通过资源共享、优势互补和客源互流，推动区内外的旅游网络建设，形成一个完善的旅游体系。这种跨区域的合作和整合，不仅能提高武鸣旅游的吸引力，也能为周边县区的旅游业发展提供新的机遇。通过这样的旅游线路设计和区域资源整合，武鸣的“三月三”歌圩旅游开发将具备更加完善和多元化的特点。游客可以在游览自然风光的同时，深入了解壮族文化，体验不同区域的特色，享受丰富多彩的旅游体验；同时，也能为武鸣区以及广西壮族自治区的旅游业发展注入新的活力，推动地区经济的持续发展，在保护和传承文化遗产的同时，通过旅游开发实现文化与经济的双重收益，为地区的长期发展打下坚实的基础。

参考文献

一、专著

[1] 王文章 . 非物质文化遗产概论 [M]. 北京：教育科学出版社，2013.

[2] 向云驹 . 人类口头和非物质遗产 [M]. 银川：宁夏人民教育出版社，2004.

[3] 苑利，顾军 . 非物质文化遗产学 [M]. 北京：高等教育出版社，2009.

[4] 刘自强，邹积超，王芳 . 非物质文化遗产传承与数字时代图书馆功能的扩展研究 [M]. 长春：吉林人民出版社，2021.

[5] 李荣启 . 非物质文化遗产保护研究文集 [M]. 北京：文化艺术出版社，2016.

[6] 白以娟 . 东北地域文化研究 [M]. 沈阳：东北大学出版社，2020.

二、期刊

[7] 孙建农 . 小儿科大文化 [J]. 上海文博论丛，2012（4）：5.

[8] 周耀林，王咏梅，戴旸 . 论我国非物质文化遗产分类方法的重构 [J]. 江汉大学学报：人文科学版，2012（2）：7.

[9] 黄文伟 . 解构日本宗教法人法 [J]. 世界宗教文化，2002（1）：51–52.

[10] 梅显懋 . 周代“采诗观风”制考论 [J]. 语文学刊：高等教育版，2006（7）：4.

[11] 严永和 . 对文化部《非物质文化遗产保护法》草案送审稿的几点建议 [J]. 中国版权，2007（4）：3.

[12] 费孝通 . 关于“文化自觉”的一些自白 [J]. 学术研究，2003（7）：5.

[13] 郭慧丽．非物质文化遗产保护关键在于唤起文化自觉 [J]. 大众文艺：学术版，2010（1）：1.

[14] 范周，杨矞．改革开放四十年中国文化产业发展历程与成就 [J]. 山东大学学报：哲学社会科学版，2018（4）：14.

[15] 汪欣．对非物质文化遗产生产性保护理念的认识 [J]. 艺苑，2011（2）：97–100.

[16] 吕洁，徐昕，吴桂清．毛南族花竹帽文化的保护与传承 [J]. 广西民族大学学报（自然科学版），2012（4）：18–20，46.

[17] 李荣启．对非遗传承人保护及传承机制建设的思考 [J]. 中国文化研究，2016（2）：20–27.

[18] 王伟杰，肖远平．民族文化生态保护区：少数民族非遗整体性保护的“中国模式”[J]. 深圳大学学报：人文社会科学版，2020（5）：28–37.

[19] 陈炜，陈能幸．论少数民族非物质文化遗产保护性旅游开发——以壮族嘹歌为例 [J]. 改革与战略，2008（3）：97–100.

[20] 陈炜，唐景薇．旅游开发对少数民族非物质文化遗产保护的影响研究——以广西三江侗族自治县为例 [J]. 前沿，2010（15）：142–149.

[21] 刘宇青，徐虹．非物质文化遗产原真性保护和旅游开发助推乡村文化振兴 [J]. 社会科学家，2022（10）：69–75.

[22] 马蓉，朱英兰．非物质文化遗产传承保护与利用研究——以泰山石敢当文化为例 [J]. 文化学刊，2022（10）：10–13.

[23] 谢菲，韦世艺．新时期非物质文化遗产保护中政府角色定位的转向 [J]. 青海民族大学学报（社会科学版），2022（1）：134–139.

[24] 夏晓虎．旅游开发中少数民族非物质文化遗产的法律保护 [J]. 产业创新研究，2021（22）：77–79.

[25] 郭翠潇．构建科学、合理的非物质文化遗产分类体系——以《保护非物质文化遗产公约》名录数据库的统计分析为中心 [J]. 民族文学研究，2021（6）：158–168.

[26] 李步容 . 非物质文化遗产旅游产业开发模式研究 [J]. 合作经济与科技，2021（15）：26–27.

[27] 严宽荣，林婉玲 . 非物质文化遗产保护与旅游协同发展探讨 [J]. 合作经济与科技，2021（4）：39–40.

[28] 叶飞 . 加强旅游开发工作及非物质文化遗产保护与继承的策略探讨 [J]. 上海商业，2021（2）：179–180.

[29] 王江丽 . 非物质文化遗产旅游开发分析——以山西省为例 [J]. 中国民族博览，2020（20）：43–45.

[30] 田宇，梁宏章 . 广西非物质文化遗产名录体系建设中的问题与对策 [J]. 广西民族大学学报（自然科学版），2020（2）：36–41.

[31] 张魏，张锦贤，和丽春 . 非物质文化遗产旅游开发系统的模型研究 [J]. 中国商论，2020（7）：86–90.

[32] 赵尔文达，王月月 . 基于名录统计的壮族非物质文化遗产保护传承研究 [J]. 贺州学院学报，2020（1）：23–29.

[33] 周思聪，俞逸晖 . 关于非物质文化遗产旅游资源开发与保护的研究综述 [J]. 旅游纵览（下半月），2020（2）：69–70.

[34] 严华 . 论旅游开发与非物质文化遗产保护 [J]. 大众标准化，2020（2）：137–138.

[35] 王成成，黄鹤，张洋等 . 非物质文化遗产保护与旅游发展研究 [J]. 传媒论坛，2019（23）：29–30，33.

[36] 陈曦 . 浅析非物质文化遗产保护与旅游资源开发的互动发展模式 [J]. 中国民族博览，2019（10）：77–78.

[37] 苑潇卜 . 非物质文化遗产的旅游开发策略探讨 [J]. 中国民族博览，2019（4）：70–71.

[38] 刘爽，金露 . 非物质文化遗产的旅游开发研究——以宁波骨木镶嵌为例 [J]. 特区经济，2019（2）：105–108.

[39] 陈炜，黄碧宁 . 非物质文化遗产旅游开发与保护协同发展研究——以广

西北部湾地区为例 [J]. 中南林业科技大学学报（社会科学版），2018（5）：92–99.

[40] 王璐，王萍，苗童童. 国内历史文化名城非物质文化遗产旅游研究综述 [J]. 忻州师范学院学报，2018（2）：70–73.

[41] 李行，郭东林. 非物质文化遗产在高校的传播与保护——以湖南省常德丝弦为研究中心 [J]. 戏剧之家，2023（26）：48–50.

[42] 何银春，施晓莉，曾斌丹等. 西南地区非物质文化遗产空间分布特征及影响因素分析 [J]. 浙江大学学报（理学版），2023（5）：628–638，650.

[43] 李燕琴. 中国非遗传承与发展笔谈——非物质文化遗产赋能乡村振兴的有效路径与实践创新 [J]. 云南民族大学学报（哲学社会科学版），2023（5）：40.

[44] 全小国. 媒介·对象·方式：非物质文化遗产传承模仿论 [J]. 四川戏剧，2023（7）：97–100.

[45] 赵惠娟. 非物质文化遗产的创新发展之路 [J]. 文化产业，2023（25）：4–6.

[46] 鲁春晓. 非物质文化遗产权利流转与嬗变研究 [J]. 民俗研究，2023（5）：120–130，160.

[47] 李垚. 公益诉讼视角下非物质文化遗产原告资格初探 [J]. 法制博览，2023（25）：148–150.

[48] 全小国，苑利. 非物质文化遗产系统性保护研究 [J]. 东南文化，2023（4）：6–13.

[49] 薛莹，刘文祥. 非物质文化遗产助力乡村旅游产业发展研究 [J]. 商展经济，2023（16）：67–70.

[50] 王晓我. 非物质文化遗产视角下的客家仪式音乐研究 [J]. 戏剧之家，2023（24）：60–62.

[51] 田静波. 从“天人合一”到“观物取象”——非物质文化遗产中的“观念表述”浅析 [J]. 戏友，2023（4）：43–45.

[52] 徐娜娜 . 传统文化教育的新路径：非物质文化遗产与新文化生产空间的结合 [J]. 民族艺林，2023（3）：23–30.

[53] 吴淑梅 . 非物质文化遗产和旅游融合对策研究——以厦门市思明区为例 [J]. 文化学刊，2023（8）：44–47.

[54] 孟志军 . 非物质文化遗产影像保护的探索与实践 [J]. 今传媒，2023（8）：100–103.

[55] 张舟，王仲智，林柄全等 . 中国国家级非物质文化遗产空间分布特征与影响因素 [J]. 资源开发与市场，2023（8）：949–956.

[56] 刘宇青，徐虹 . 非物质文化遗产原真性保护和旅游开发助推乡村文化振兴 [J]. 社会科学家，2022（10）：69–75.

[57] 任一帆，徐险峰，付志伟 . 旅游视角下非物质文化遗产保护与传承研究——以张家界市武陵源攀岩采摘技艺为例 [J]. 边疆经济与文化，2022（10）：71–74.

[58] 夏晓虎 . 旅游开发中少数民族非物质文化遗产的法律保护 [J]. 产业创新研究，2021（22）：77–79.

[59] 李步容 . 非物质文化遗产旅游产业开发模式研究 [J]. 合作经济与科技，2021（15）：26–27.

[60] 叶飞 . 加强旅游开发工作及非物质文化遗产保护与继承的策略探讨 [J]. 上海商业，2021（2）：179–180.

三、论文

[61] 林双双 . 少数民族非物质文化遗产旅游开发与保护研究 [D]. 桂林：广西师范大学，2021.

[62] 胡容 . 非物质文化遗产活态保护与旅游开发研究 [D]. 湘潭：湘潭大学，2021.

[63] 刘宵 . 广西北部湾地区非物质文化遗产旅游开发与保护协同发展研究 [D]. 南宁：南宁师范大学，2022.

[64] 黄佩佳 . 基于 RMP 分析的南宁市非物质文化遗产旅游产品开发研究 [D]. 南宁：广西师范学院，2019.

[65] 唐俊杰 . 非物质文化遗产保护性旅游开发研究 [D]. 徐州：江苏师范大学，2021.

[66] 黄艳全 . 广西少数民族传统技艺非物质文化遗产旅游开发研究 [D]. 南昌：江西师范大学，2018.

[67] 史亚萍 . 非物质文化遗产旅游开发的适宜性评价研究 [D]. 宜昌：三峡大学，2016.

[68] 王磊磊 . 真实性视角下的非物质文化遗产旅游开发研究 [D]. 上海：华东师范大学，2008.

[69] 范玉娟 . 非物质文化遗产的旅游开发研究 [D]. 上海：上海师范大学，2008.

[70] 肖曾艳 . 非物质文化遗产保护与旅游开发的互动研究 [D]. 长沙：湖南师范大学，2006.